激変時代リーダーの

ヒューマン マネジメント

The Human Management

「心理」で紐解く 成功と幸福の方程式

黒澤 克彦
Katsuhiko Kurosawa

はじめに

今起きている変化〜日本の危機

　2015年の夏、私は香港に向かう機内にいた。日系液晶パネルメーカーからの出向駐在員として、広東省の珠海市にある中小型液晶モジュール製造孫会社へ赴任するための事前渡航だった。この関係会社は元来、台湾系資本の液晶モジュール製造会社として操業していたが、日系メーカーが台湾子会社を通じて買収、そのまま1〜2年ほど操業するも業績が低迷、何らかのテコ入れが必要な状況だった。

　とはいえ、中国語もろくに話せない自分が、中国現地法人の管理部門責任者として立て直しのミッションを授かった時は正直、頭の中が真っ白になった。しかも聞くところでは、その現地法人はいまだ欧州出身のコントローラーが指揮を執っていて、日本人などかつて一人も働いたこともないという。何が何やらわからぬまま、まずは駐在員の住居の目星をつけなければいけないということで、飛行機に飛び乗ったのである。

　当時務めていた企業は、大手電機メーカーの液晶部門が統合され発足しており、「日の丸液晶」とも言われていた。そんな企業に身を投じた動機は、「もう一度、日本の技術で世界をリードする」という夢に共感したためだった。確かに日本の液晶技術は世界屈指で、その技術が時代を席捲するスマートフォンの先進性を生み出したとも言える。
　当時の幹部たちは、「我々の技術にはそう簡単に他社は追い付けない」と豪語していたし、自身も中国へ赴くにあたり、「経験不足な現地の従業員に、我々の技術と経験値を植え付ければ勝機はあるだろう」と安易

に考えていた。しかし、現地で見た現実はそう簡単なものではなかった。

　香港からフェリーを乗り継ぎ、降り立った中国は、一言でいうと「熱気の塊」だった。到着前のフェリー航路からして、何やら海上に延々と立ち並ぶ巨塔の姿に圧倒された。聞けば、それらの巨塔は、港珠澳大橋（こうじゅおう）という、香港から珠海・マカオまで、ただただ海の上を50キロ以上にわたり結ぶ、建設中の世界最大の海上橋の橋脚だという。驚いた。今の日本だったら「税金の無駄遣い」とか何とかで、まずこんなものは作らない、というか、作れないのではないだろうか。

　そうして、やっと辿り着いた珠海の街は、やけに建設工事現場が多く、建設中の巨大ビルの裏手にスラムのような住居がひしめき合い、一歩裏手に入ると、半裸の中年男たちがタバコを咥え、路上でマージャンをしている。そうだ、昔見た中国映画はこんな感じだった。何もかもが混然一体で、混沌としていた。

　夜になると、街はますます賑わいを増す。深夜22時を過ぎても人の数が減る気配がない。別に若者ばかりでもなく、小さな子供を連れた家族や老人も、愉快そうにぶらついている。昭和の日本のショッピングセンターや遊園地で味わった、あの喧噪を思い出しながら、明確に感じた。「ここには『希望』が溢れている」。

　そんな驚きを胸に、一旦、日本へ戻り、22時頃、自宅最寄り駅に到着してまた驚いた。暗色のスーツなど、似た姿の人々が背中を丸め、無言で一方向にぞろぞろと歩いている。まるで「死者の国」ではないか。

　まず、赴任前にイメージしていた「日本 VS 中国」ではなかった。もうメイン市場は中国だった。ここには希望と熱量が溢れている。国の成

長は当然の未来であり、その船にどう乗り込むかで皆がしのぎを削っていた。縮む国内市場の中で失敗を恐れる日本とはかなり雰囲気が違う。

　少しぐらい失敗してもいい。投資しなければ何も始まらないし、するなら早い方が良い。躊躇しない。日系企業はライバルというよりも、技術を吸い取る辞書や本棚のようなもので、国家とタッグを組んだ企業がそこから技術を吸収している。その上で、先進国よりも安い労働力に加え、国内の逞しい競争力と、ここぞという時と場所では桁の違う国の補助金も得て市場を席捲、他国のライバル企業を放逐していた。
　ましてや彼の国は自由民主主義国家ではない。国家の利得を最大優先し、ある意味、「勝つ」ための限りなく合理的な手法と、世界有数規模のマーケットをもって挑んでいる。誰がこの流れを止められるだろうか。

　思えば近年、戦後日本の高度成長を支えた製造業の国内拠点が、いつの間にか次々と姿を消しつつある。テレビ、オーディオ、パソコン、衣料品等々。一方で、巨大化した中国市場には、世界中から国際的な大企業が進出し、ビジネス作法も言語も中国流や欧米流となる。
　日系企業が国内で良いものを作り、日本的な共通感覚をもって日本企業に売り込み共に成長していた時代は過去となり、日本市場も中国企業や欧米巨大企業に買って貰わなければ拡大できないグローバルマーケットに飲み込まれたのである。「合理合情」。ビジネスにも情は大切ではある。が、グローバルでもある。まずは限りなく合理的であることが常に求められる。私は直感的に感じた。「このままでは負ける」。

「合理」の目で見つめ直した「日本のリアル」

　「何を言うのか、日本だって戦後、奇跡の成長を演じたはずだ」。その気持ちはわかる。何より勤勉な国民性を一種の武器に、マーケットを席

巻したそのころの日本は熱気に溢れていたことを私自身も覚えている。

　昭和の頃、「サラリーマンは気楽な稼業」という言葉が流行ったことがある。実際はそんなに気楽でもないのだが、そういう言葉が違和感なく多くの人々の会話に出てくる雰囲気があった。いわゆるサラリーマンであることは、あたかも多くの国民大衆にとって、人生を楽しむための基本前提のような雰囲気があった。

　とにかく高等教育までは出て、一旦、企業に入ってしまえば、その企業によほどのことがない限り、雇用は保証される。そこそこまじめに働いていればある程度の役職までにはなる。それにつれ賃金も子育てサイクルとシンクロする形で上昇するので、家庭のニーズにも合致する。
　定年後は長期雇用の恩恵である退職金を蓄えとして、年金をうまく使って老後を楽しむ…そんなシナリオが日本の典型的サラリーマンの"デファクトスタンダード（事実上の標準）"だったように思う。

　ところが、これらは今になってみると、敗戦国の辛酸をなめた先人の粉骨の努力による面も大きいものの、同時に、この時期に国家を取り巻く外的環境要素において、いくつもの有利な状況が重なって生み出された、非常に幸運な環境によるところも大きかったことがわかる。

　元来、海洋に隔てられた島嶼国家の隔絶性もあり、ヒト、モノ、情報は流出しにくい。同質性・同調性が高い勤勉な民族性もあって、戦前時点で既に工業技術は急発展してきていた。そんな特性は敗戦国となってもなくなるわけではない。結果、「為替格差」を逆手にとった「質の割に低廉な労働コスト」という成長ドライバーを手に入れた。戦後ならではの人口増もテコとし、企業は年功序列と終身雇用という独特のシステムで、良質かつ安価な労働力を安定的に抱え込むことにも成功した。

　こうして、世界でも稀な格差のない"総中流"国家として「皆が同じように幸福になれる」という同質の"夢"を見させ、比類なき「努力の総量」を得たことで、「奇跡の時間」が生み出されたのである。その時は、その構造をもって成功することが「合理」だったのだ。

経済のグローバル化がもたらす真の衝撃〜かつてない世界

　だがその後、急激な円高により為替差が縮小、人口構造においても労働力人口比率の大幅な低下が始まった。加えて、情報通信、国際金融、モビリティなどの技術発展等により、日本を含む世界は人類史上、類のない「経済のグローバリゼーション」に突入した。急速なIT化は、勤勉な日本人が長年かけて積み上げたアナログ的差別化情報の蓄積を、デジタル化し高速ネットワークに乗せ、地球の裏側でもミリセコンドの速さでいともたやすく共有することを可能にしてしまった。

　今や、かつて金融機関が、労働者たちの預金を元手に行っていた企業への投資とはスケールの違う金額が、コンピューターネットワーク上のアルゴリズム投機によって瞬時に動いている。そうしてあまりにも巨額な「元手」は、世界中のあらゆる場所に投機先を求め循環し、時に人智を超える出来事も生み出す。

　リーマンショックの際の引き金の一つに「サブプライムローン」の問題があった。これは、従来であれば貸せなかった層に貸し出した住宅ローンの債権を、高度金融技術による様々なデリバティブ取引の組み合わせでリスクを分散し仕立てた証券化商品に、巨大なマネーが流れ込んでしまっていたものだった。後になれば、破綻も必然だったと誰しもが感じたのだが、その時が来るまで誰も止められなかったのである。

そんな変化の一方で、日本企業は、右肩上がりの成長環境が前提の"夢を見させる"機構でもあった年功序列型終身雇用制度を抱え続けている。ゆえに、事業成果に関係なく時間経過で積み上がる労務コスト構造に苦しみ、優位性を失ってきた。そうして、かつて日本が持っていた「為替差」「低廉な労働力」を手にした国々からの、デジタル化で複製された日本発ノウハウも携えた攻勢に晒されるようになったのである。

　そう考えると、日本の凋落は、ある面で歴史の必然でもあった。バブル崩壊、リーマンショック、急速な少子高齢化によるマーケット縮小…、これらの象徴的事象の背景には前述のような国際社会構造の不可逆的変化があり、必然的に右肩上がりの成長は過去のものとなった。

　さらに悪いことに東日本大震災などの自然災害も発生し、追い打ち的な状況も生じた。かつて名門とされた企業の名前が再編、吸収合併で消えることも増え、そこまでいかずとも数百、数千人規模のリストラで企業が存続を図ることが当たり前となり、いまや「サラリーマンは気楽な稼業」などという空気感を感じ取ることは難しくなっている。

　こうして、人類がその歴史上はじめて体験するほどの大規模な「社会、経済のグローバル化、高度情報化、ネットワーク化」という変化は、先々の予測がほぼ不能な世界を生み出し始めている。だが、我々はその子孫のためにも、人々に幸福をもたらし続ける社会を必要とし続け、そこへ松明をつなぐ者としての幾ばくかの義務も負っていると言えよう。

　世の仕組みや技術が変わっても、変わらないものもある。それは「人間の本質」であり「心理」である。人類は、人間心理への洞察を深め、集団の力を最大化する努力によって変化に立ち向かってきたし、これからもそうであろう。

　この先、社会にどんな変化の波が訪れるか、予測は困難だ。だが、人間という生物の持つ心のありようは、文字によって人類の歴史が刻まれ始めた頃から、今日の我々の日常まで、その心理的行動原理は何ら変わっていない。アテネの市民政治の盛衰や、古代ローマの為政者の物語など、驚くほど現代の社会と同じ悩みや葛藤に溢れ、今も我々の心を惹きつけている。

　そこで改めて、この激動の中だからこそ、変わらない人間の本質的行動心理への洞察を深め、変化の中でも見誤ることなき本質的な幸福と成功の追求を実現するために、我々、おそらく社会の大多数であろうミドルビジネスマンがどう生き、どう社会を活性化していくべきかについて考えてみようと思い至った。

　今回は、この辺りをいくつかの項目立てで整理し、多少なりとも纏めながら、思考を巡らせてみたいと思う。全体は3部構成で、第1部では、今日の社会状況をまず俯瞰的に考察し、第2部ではビジネス組織を中心とした組織マネジメントを、第3部では「自己」にフォーカスしたセルフ・マネジメントについて考察する。各部にはそれぞれ異なる視点要素も含まれているため、ご関心のありようによって読み飛ばしていただいても構わない。

　予測不能で先の見えない不安の多い今日、同じ悩みや葛藤を感じているかもしれない読者の皆さんにとっても、明るく幸福感ある人生を営むための何らかのヒントや気づきのための一助となれれば幸いである。

【目　次】

はじめに………………………………………………………………………… 3
　今起きている変化〜日本の危機………………………………………… 3
　「合理」の目で見つめ直した「日本のリアル」……………………… 5
　経済のグローバル化がもたらす真の衝撃〜かつてない世界………… 7

第1部　「今」を考察する

第1章　日本社会と組織の現在地点
　人生を飲み込む社会経済環境の激変…………………………………… 16
　人口ボーナスと人口オーナス ………………………………………… 18
　テクノロジーにより剥き出しにされた競争社会の本質 …………… 20
　"競争"という呪縛 ……………………………………………………… 22
　果て無き競争の行き着く先……………………………………………… 23
　「製品技術、品質の戦い」から「マネジメントの戦い」へ………… 24

第2章　深まる日本の苦悩「雇用システム」
　不思議な低失業国家、日本 〜 強制維持されてきた雇用慣行………… 27
　メンバーシップ型雇用とジョブ型雇用………………………………… 28
　役職層が膨張するメンバーシップ型雇用……………………………… 31
　デメリットがあっても避けにくい"ジョブ型雇用"の浸透………… 34
　ミッドライフ（中高年）・クライシス………………………………… 38
　「会社と従業員」という関係性におけるパラダイムシフト………… 39
　意識を「変える」ことの難しさ………………………………………… 42

第2部　組織マネジメント

第3章　求められる「人間本質」マネジメント
　組織リーダー、マネージャーに本来必要なスキル…………………… 46
　「コンセプチュアル・スキル」を伸ばすには………………………… 49
　これからの日本に必要なエクセレント・マネージャー……………… 50
　これまでのマネージャーの「真実」…………………………………… 51
　エクセレント・マネージャーの役割「連結ピン」…………………… 53
　フォロアーシップの重要性……………………………………………… 54
　エクセレント・マネージャーに求めたいマインドセット…………… 57
　30年で激変した職場の風景……………………………………………… 59
　今日のビジネスマンは「スーパーマン」？…………………………… 60
　求められる、組織心理アプローチによるロジカルシンキング……… 62

第4章　コミュニケーションの基本概念

社会生活の基礎となるコミュニケーション能力……………………… 64
重視される「空気を読む力」…………………………………………… 65
IT 化、グローバル化で変容するコミュニケーション周辺事情……… 66
コミュニケーションとは「違いを含めて理解共有すること」……… 68
コミュニケーションを構成する多様な要素…………………………… 68
コミュニケーション能力向上のための「4 段階」…………………… 70
積極的傾聴（アクティブリスニング）………………………………… 72
傾聴が生み出す「自己不一致からの解放」…………………………… 74
交流分析（Transactional Analysis）………………………………… 76
人間に不可欠な「ストローク」………………………………………… 77
大切な肯定的ストロークの貯蓄………………………………………… 79
よりポジティブなプラスのストーク交換のためには………………… 80
職場のストローク環境を整える………………………………………… 81
「自我状態」から紐解く「構造分析」と「交流パターン分析」……… 81
脚本分析 ～ 知らず知らずに描かれる「人生脚本」………………… 86
自己や他者に対する基本的な姿勢「人生態度（Life Position）」……… 89

第5章　リーダーのコミュニケーション

リーダーシップとコミュニケーション………………………………… 92
重要な「リーダーへの信頼感」………………………………………… 94
部下は上司の「何を」見ているのか…………………………………… 96
周囲との関係を妨げる対人行動の「悪い癖」………………………… 98

第6章　組織とリーダーシップ

「組織」というものの本質……………………………………………… 101
困難が伴う、組織の共通目的維持……………………………………… 102
成果を生み出し続ける職場とは………………………………………… 104
インテルの盛衰とリーダーシップ……………………………………… 110
傑出したリーダーのいない時期こそ組織づくりのチャンス………… 113
心理的安全性 ～ Google の挑戦……………………………………… 114
米軍司令官が目指したEyes on, hands offマネジメント…………… 117
「失敗」を最大活用する「高信頼性組織」…………………………… 121

第7章　リーダーシップと権力

「権限」と「権力」の違いとリーダーシップ………………………… 124
「権限」に付随する「権力」の問題…………………………………… 126
権力の腐敗 ～ 権力を持つほど自己利益に走りたくなる………… 128
サーバント・リーダーシップ…………………………………………… 131

第8章　チームビルディング

ますます重要となるチームビルディング……………………………… 135
プロセス・ロス ～ 組織はいつも"問題だらけ"……………… 137
チームの発展段階状況を踏まえた対応～タックマンモデル………… 139
成果を出すチームが必ず通る4つ（後に5つ）のステージ（発展段階）… 140
タックマンモデルが示す重要な示唆とは……………………………… 144
重要な「チームの現状把握」…………………………………………… 146
チームで育むべき「2つの関係性」…………………………………… 147
協働的状態と競争的状態………………………………………………… 149
相互の高い信頼感に基づく協働的な職場のイメージ………………… 150
チームビルディングの5つの次元……………………………………… 151

第9章　モチベーション管理

モチベーション向上のターゲット……………………………………… 153
2つの動機づけ…………………………………………………………… 157
外発的動機づけから内発的動機づけへと変化を促すには………… 160
内発的な動機を呼び覚ます「状況の法則」………………………… 162
メンバーの「何」に働きかけるのか………………………………… 164
トータル・リワード（総合的報酬）という考え方………………… 166
「情緒的な報酬」とは…………………………………………………… 168
「幸福感」について考えることの必要性…………………………… 171
「カネも出世も二の次」な若者が求めるもの……………………… 173
次世代層における意識変化の必然性………………………………… 177
キャリア・アンカー…………………………………………………… 179
変わりゆく「求められるリーダー像」……………………………… 181
「違い」を「なくす」のか「伸ばす」のか……………………… 182

第10章　組織風土を味方にする

組織固有の「風土」という存在………………………………………… 184
「文化」と「風土」……………………………………………………… 185
日本企業の弱点ともなり始めた「組織風土」……………………… 188
風土が作る組織の「暗黙」規範……………………………………… 189
組織風土へのアプローチ……………………………………………… 192
組織風土を洞察する…………………………………………………… 193

第11章　チームの混乱と再生のマネジメント

チームの成長と崩壊…………………………………………………… 195
「サボタージュ・マニュアル」からの示唆………………………… 196
チーム崩壊の予兆……………………………………………………… 197

チームに危機をもたらすリスクケース･･････････････････････ 198
時に果断な判断も必要･･････････････････････････････････ 206
難局打開のタイミング･･････････････････････････････････ 207
リーダーが日々感じ取るべきもの･･････････････････････････ 208

第3部　セルフ・マネジメント

第12章　セルフ・アウェアネス（自己認識）

良きリーダーに不可欠な「自己認識」･･･････････････････････ 212
「己を知る」ことの難しさ･･････････････････････････････ 213
「メタ認知」による自己認識･････････････････････････････ 215
「内面的自己認識」と「外面的自己認識」････････････････････ 216
ジョハリの窓（Johari Window）･････････････････････････ 219
他者の協力が不可欠な「外面的自己認識」を高める工夫･･･････････ 222
フィードフォワード･･･････････････････････････････････ 224
フィードフォワードによる変化･･･････････････････････････ 227

第13章　自己認識を妨げるもの

現実社会に満ち溢れている「思考の偏り＝認知バイアス」･･････････ 229
快適に暮らすために必要な機能でもある「バイアス」････････････ 230
陥りがちな「管理者（上司）イメージ」バイアス･･････････････ 232
自己認識を妨げる「豊かな経験」「権力」････････････････････ 233
歪んだ自己概念･･････････････････････････････････････ 235
自己認識を妨げる、人間としての「エゴ」･･････････････････ 238
人間心理を支配しがちな「解釈」「意味づけ」「思い込み」･･････････ 239

第14章　多様であることの許容

日本の強み、「ゆとり」が支えていた「多様性」の喪失････････････ 241
ITリテラシーの世代間ギャップから生じる価値観の断層･･････････ 242
世代によるポジショニング・イメージ･･････････････････････ 243
世代、年齢、環境でも大きく変わる「人生の意義」････････････ 244
ライフキャリア・レインボー･･･････････････････････････ 246
自己概念への追求がもたらすキャリア発達･･････････････････ 247
生きる意義を見失いがちな50代･･････････････････････････ 249

第15章　就労環境とメンタルヘルス

いまや珍しくもない「メンタル」課題･･････････････････････ 253
看過できないメンタルダウンの社会ロス････････････････････ 255
魚にもある「うつ状態」････････････････････････････････ 257

日常化する扁桃体の暴走…………………………………………… 257
うつ病のメカニズム ……………………………………………… 259
組織管理の重要項目となったメンタルヘルス…………………… 261
「うつ状態」出現率の高い日本のビジネス界…………………… 265
逃げ場の少ない日本の労働市場………………………………… 266
職場は嫌いだが、転職もしたくない日本人…………………… 268
「脳にとってはつらい」日本社会………………………………… 272
スパルタ・パワハラ指導が引き起こす脳のダメージ………… 275

第16章　人を育て自分も成長する「人材育成」

大切なのに後回しにされる「人材育成」………………………… 277
「育てる」のか「育ってもらう」のか ～ 動機付けとの闘い………… 278
簡単には両立しない「仕事のプロ」と「教えのプロ」………… 279
優れたビジネスマンは何によって学ぶのか…………………… 280
経験学習モデル…………………………………………………… 281
リーダーの「内省（セルフコーチング）」……………………… 284
「抽象的概念化」とは……………………………………………… 286
「一皮むけた体験」………………………………………………… 288
成長を阻害する「学習性無力感」……………………………… 291
挑戦的ストレッチを可能にする「自己効力感」……………… 292

第17章　ライフ・マネジメント

大切な「人生のマネジメント」………………………………… 294
必要になってくる人生の「自己コントロール感」…………… 297
欲しいのは「自身らしく伸びていくことができる場所」…… 298
人生を過ごす場としての職場…………………………………… 299
職場は本来、多様な価値観が出会う場所……………………… 301
計画された「偶発性」がチャンスを作る……………………… 302
人生は競争が全てではない……………………………………… 303
健康なパーソナリティの規準…………………………………… 306

おわりに……………………………………………………………… 307

第1部 「今」を考察する

第1章　日本社会と組織の現在地点

人生を飲み込む社会経済環境の激変

　1980年代くらいまでの高度成長期の日本は熱気に溢れ、夢と成長の香りに満ちていた。終戦から日も経ち、悲惨な戦争の記憶は徐々に薄れ、成長の波に乗り「今日より明日、明日より明後日はもっと豊かで幸せな社会になる」と本気で感じたものだ。

　実際、モノはどんどん良く、便利になった。ラジオはモノラルからステレオに、テレビは白黒からカラーになった。同級生の父親に乗せてもらって驚いた自動車という乗り物が、遂に我が家に来た時の感激は忘れない。とにかくワクワクするばかりの日々だった。社会全体で賃金は上がり購買力も上がって、正直、今ほどギリギリまで努力の限りを尽くさずとも社会全体が成長し、よほど変な失敗でもしない限り、大方の従業員は楽しい職業生活の香りを吸い込むことができた。

　そんな日本の高度成長は世界史的に見ても目覚ましかった。1979年、戦後の日本経済の成長要因を分析し、日本的経営を高く評価した社会学者エズラ・ヴォーゲルの著書『ジャパン・アズ・ナンバーワン』は国内外でベストセラーにもなっている。筆者が就職した平成元（1989）年頃でも、とにかく先輩の後ろ姿を追って頑張れば、定年の日には花束と記念品を手に拍手で送り出される先輩のように、バラ色の将来が約束され

ていると信じて疑わなかったものだった。

　とにかく、終身雇用に象徴される家族的な日本企業に就職しさえすれば、後はひたすら企業内社会に適応するだけで明るい未来が保証されている感覚であり、今にして思えばその頂点が、「バブル景気」の頃だった。

　しかし直後の 1990 年代、日本経済はいわゆる「バブル経済の崩壊」を迎える。突如として新卒採用が凍結され、「これは何か変だな」と感じた事を覚えている。そうして「失われた十年」や「リーマンショック」などを経ながら、日本の労働経済界は激変の歴史を辿ることになった。

　景気の谷のたび、国際競争力を失った企業や業界が没落、雇用は不安定化し、賃金水準は停滞、企業は必死のコストダウンで生き残りを図るようになる。だが、社会全体は長いデフレのトンネルに入り、いくらコストを下げても利益は出ず、かといって日本では企業の人員削減に制約も多く、既存従業員の労働生産性最大化に頼るしかない。それゆえに、多くの企業は、採用を抑制しつつ、既存従業員への精神的な「成果向上」プレッシャーを増大させる形で凌がざるを得なかった。

　この状況は、就職できない「就職氷河期」世代を生み出す一方、企業内では、業務は増えても後輩は増えず、長時間労働やサービス残業の蔓延状況まで生み出してしまった。さすがにそれは社会的にまずいと、「働き方改革」と称し、国が法改正対応したが、仕事の負荷は変わらぬまま「法律で働き方改革が必要だから時間外を減らせ」とよくわからないことを要求され、ビジネスマンの迷いと悩みは深まる一方となっている。

　わかってきたのは、もう 1980 年代までの日本の成功物語は、すでに歴史教科書の 1 ページに過ぎないということだった。それでも日本社会は、敗戦のどん底から世界有数の経済大国となった驚異的成功体験ゆえ、意識の奥底では依然、「ひたすら努力すれば何とかなる」との思いに囚

われ続けた。結果、1990年代以降の日本は、次々と見えてくる「日本経済の衰退」を食い止めようとはしつつも、本質的な変化対応を先送りし、対処療法に終始し続けたゆえの「苦悶のプロセス」を辿り続けた。

　この現実は、数字も物語っている。名目GDP（国内総生産）を見ると、日本は2005年には4兆8千億ドルで世界全体の10.1%を占めたが、2019年には5兆1千億ドルと、総額こそ上昇したが、比率的には世界全体の5.9%に低下してしまった。高い成長を続ける米国だけでなく、2010年に逆転された中国との差も開く一方である。その影響は、企業淘汰の加速や、雇用の不安定化といった社会状況の変化として現れ始めている。かつて高い成長率を誇り、"ジャパン・アズ・ナンバーワン"とまで言われたのがほんの30年ほど前と考えると、その勢いの変化には愕然とせざるを得ない。ではなぜ、このような状況が生まれたのか。

人口ボーナスと人口オーナス

　まずは単純明快な話から始めよう。日本の人口動態である。一般に国や社会単位での経済成長は、総人口に占める生産年齢人口（労働に従事しうる世代：日本の場合は15歳以上65歳未満）の割合状況や、その増減傾向に左右されるといわれている。これは、生産年齢人口に含まれない、子供と高齢者の人口（従属人口）の割合に対し、生産年齢人口が相対的に多い状態となると、社会全体で労働力が豊富な状態となり経済成長が促進されると考えられるからである。

　1998年、米ハーバード大学のデビッド・ブルーム（David Bloom）教授が、総人口に占める生産年齢人口割合が上昇し、労働力増加率が人口増加率よりも高くなり、人口に対する労働力が豊富な状態となることで経済成長が促進されることを「人口ボーナス」、対して、生産年齢人口

の割合が下降して経済成長を妨げることを「人口オーナス」とする概念を提唱したことで、この視点はより注目されるようになった。

　人口ボーナス期は、働き手の割合が高いため、生産性が向上し消費も拡大する一方、高齢者はまだ少ないので 1 人当たりの社会保障負担は低く、経済成長が促進される時期である。これに対して、急激な高齢化や少子化によって、生産年齢人口（労働力人口）の割合が下降して経済成長が鈍化した状況になるのが人口オーナス期である（オーナス（onus）：「重荷」や「負担」の意）。日本では、戦後のベビーブーム世代が生産年齢に達した 1960 〜 70 年頃が人口ボーナス期に当たり、少子高齢化が顕著となってきた 1990 年頃から人口オーナス期に入ったとされる。

　人口オーナス期は、それまで経済成長を促進していた人口構成が、比率変化により一転して経済成長の重荷となる時期である。こうなれば、労働力人口よりも、高齢者など福祉で支えられる人口が多くなり、かつての日本のように若くて安価かつ大量の労働力にものをいわせて、世界中から大量の仕事を受けるという成長戦略は通用しなくなっていく。特に日本は世界でも有数の長寿国家ながら少子化が急激に進んだことで、先に人口オーナス期を迎えた欧州諸国などよりも急激に突入した感が強く、十分な準備対応ができぬままに事態の混迷に拍車がかかっている。

　冷静に振り返れば、第二次世界大戦後の高度成長も、その後の低成長も、日本の人口動態変化が生んだ当然の帰結とも言える。そう考えれば、1990 年代以降の成長率低迷も全く予測不能だったわけでもない。
　ただ、筆者の感覚で言えば、今、直面する変化の大きさは、そのような単純な人口構造による問題だけでなく、人類がかつて体験したことのない、社会のある種の質的変化も相まって生み出されている面が大きい気がしている。このあたりを、もう少し見てみよう。

テクノロジーにより剥き出しにされた競争社会の本質

　日本社会が拠って立つ自由主義社会の根幹要素の一つに、「資本主義」がある。資本主義とは、一定のルール下で社会経済価値を生み出す資産＝資本の私的所有と、利益のための自由な運用を認める経済システムである。その中心的特徴は、「権利や財産を持ちたい、増やしたい」という人間の本能的欲求に基づく競争行動によって、市場が活性化し成長する、という市場原理にある。

　競争優位者はその優位性で富、財産、生産能力を蓄積し、利益の拡大再生産を図り得る仕組みだが、一方で財・サービスの価格と分配は、市場競争で決定されるため、自ずと適正に調整されると考えられている。

　『国富論』で有名なアダム・スミスは、自由競争による市場経済では、各個人が私的利益を追求することは一見、社会の全体利益と関係なく見えるが、競争による価格調整の働きによる、需要と供給の自然調節機能＝「見えざる手」によって、社会全体の適切な資源配分や健全な発展が促されるとした。現実に、第二次世界大戦後の世界経済は、この資本主義を掲げた、いわゆる「先進国」を中心とした競争原理により、大きな発展を遂げたことに疑問の余地はないだろう。

　そもそも競争とは何か。競い合えば勝者と敗者が生まれる。勝者は多くの利得を占有し、その利得をさらなる競争優位の源にできる。一方、敗者は競争に投じた資本の回収もままならず、多くの資産を失うことも珍しくない。敗者の辛さ、惨めさを知れば知るほど、人はそうならないよう努力する。その必死の努力が、社会の発展を促す、というわけだ。

　ただ、この「人間という生物の競争心理」が厄介なのは、他の動物と

異なり「適度なところで止められない」ことだ。考えてみると、ライオンやシャチなど、人間以外の食物連鎖上位者たちは、個体の維持、生存のために戦っているだけで、「最終勝利者」や「世界一」になること自体にはおそらく関心がなく、一定量以上の食料を欲してはいない。

　だが、人間だけがそれでは飽き足らず、競争優位者は、得た資本をさらなる成功、拡大のために再投資し続け、可能な限りの高みまで競争し続けようとする。その心理は、没落への恐怖だけでなく、「存在を認めさせたい」という肥大化し続ける承認欲求、競争勝利の達成感や名誉の獲得といった、人間ならではの心理的欲求に駆り立てられている。

　結果、人間だけが他の生物とは別次元で成功への欲求をエスカレートさせるという、一種の "業" のような性質を内包している。そんな "業" を背負う人間の競争世界に、テクノロジーの進化は、地球上をたった1つの競争市場に変えるという、かつてない変化を引き起こしたのだ。

　アダム・スミスが『国富論』を著した頃は、市場がまだ一定の物理的、地政学的制約において区分されており、資本の集約規模や競争範囲にも実態的な上限があって、今日ほどには大きくなかった。それでも、国家や地理的一定範囲の市場内では、絶えず新興勢力が勃興し新陳代謝が促され、必要とあれば国家が過熱防止や弱者救済などの調整機能を果たし得たので、トータルで見れば新陳代謝による活性化のメリットの方が大きく、発展への原動力となり得ていたといえる。

　だが、今や地球全体が、国家や地域を超えた一つの市場としてドラスティックな自然調整を受ける "ゼロサムゲーム" の場となってしまった。巨大マネーは最適地を求め無統制に世界中を移動するが、主体的コントローラーはおらず、一国家だけではこのゲームの調整のしようもない。

　一方で、人間にとっての生活基盤は相変わらず国家や地域にあり、経

済合理性の下で経済市場は１つになれても、人間の生活や安全保障は国家単位に依存し続けざるを得ない。また、国家間には引き続きイデオロギーや宗教、歴史背景等による対立や争いが絶えず、利害対立も反映した経済競争は、貧困への転落や悲惨な紛争への危険を常に孕んでいる。

　そうして複雑化する政治と経済の二重構造の歪みは、人類社会の趨勢をますます不確実で予測不能なものとする。結果、各国の民に過去に類を見ないほどに大きく短い振幅の変化を特徴とした、冷徹で終わりのない競争を強いることとなってしまった。それでも人類は、その背負った“業”ゆえ、競争を止めることはできない。それどころか、勝者が手にする利得規模はますます巨大化し、「勝者総取り」の様相も帯びて、我々現代人は過去にないほど、“競争という呪縛”を意識し、支配されるようになってしまったのである。

“競争” という呪縛

　今日、この「競争」の呪縛には、経営者だけでなく、ほとんどの人間が大なり小なり囚われている。現代社会では、TV やインターネットなどの情報メディアに触れない日はほとんどない。このような「マス」メディアから押し寄せる情報は、大衆の興味を惹く事が必要でもあり、コンテンツの多くは、大多数の人間が本能的に関心を持つ内容となっていく。「美味しそうな食べ物」「楽しい旅行」「華やかなショー」「人も羨む成功話」や「幸せと不幸」のストーリー等々…。

　そんなメディア情報で社会を「見せる」測定値は、わかりやすくなければならない。収入、肩書、属する組織の立派さ、世間からの注目度、わかりやすい裕福さ等々が注目される。そしてこういった物差し比較による主観的な勝ち負け、羨ましさ、ちょっとした比較優位による優越感などで、大衆の感情を掻き立てる必要があるのである。「物質的な欲望

を捨て、漠然とした不安からも解脱、達観し、何でもない日常に幸せを味わおう」、そんなメディア的には訳の分からないもの（それこそ大切な気もするが…）ではダメなのである。

このように我々は、人間の基本心理を突くことでインスタントに欲望を刺激する情報に誘われ、知らず知らずのうちにこれらの価値基準による比較競争の中で、自分の社会的な立ち位置を確認し一喜一憂すること、にモティベートされ続ける生き方に「まみれて」いく。

そもそも人間は「比較すること」が大好きだ。生きる上では何の不足もないのに"上には上がいる"と知った瞬間から、嫉妬心を持ったりする。その嫉妬ゆえに、自分に自信が持てず、満足感のない日々を送ることもある。「満足感の無い日々は嫌だ」とばかり、努力し競争し、果てにはそんなエネルギーを動力源とする人間の集まり≒企業の果てしなき国際競争を生み出していく。そんな経済競争の結果、ある国の基幹産業が廃れてしまっても、競争は終わることがない。人間はその本能が持つ社会性ゆえに、比較優位に立ちたいという欲求を燃料に生き、自ら終わりのない競争に引きずり込まれているような気がしてならないのだ。

果て無き競争の行き着く先

行き過ぎた競争は人間性のバランスも崩しかねない。負ける者がいるから勝者がいる。「負けてもまた立ち上がればいい」とよく言われるが、かつてそこには程よい「程度感」があった。

ところが、テクノロジーの発展は、この程度感を失わせつつある。国境のない果てしなき競争の中で、人間の基本的な心理的安定性を損ねてでも集団的競争行為を続け、勝利しなければならないという心理バイアスは強くなる一方だ。そこから解脱できない大多数の者たちは疲弊し、自ら不安や不幸感を生み出し、苦しみ続けるとしても、である。

そんな巨大規模の競争は、地球規模で見れば、勝者となったある国の巨大企業が適所で生産する製品が世界中で販売され、その利潤による更なる品質向上が、多くの人々の生活を向上させ続けるかもしれない。

　だが、安全保障、生活運営の基盤たる国家・民族視点で見れば、敗者となった企業のあった国では自国産業は空洞化し、資本は安定・定着せず、他国マーケットに依存した需要に振り回されるという、実にボラティリティの大きな不安定社会にならざるを得ない。

　アダム・スミスの言うところの健全な競争は、彼の時代においては社会経済に一定の地理的・物理限界があったために、最も合理的な発展のロジックといえた。だが、現代はテクノロジーの力を背景とした地球規模の経済戦争の様相となり、競争の結果、ある国家から基盤産業が蒸発し、国家が没落してしまう可能性も現実味を帯びるほどの状況となったことを、いまだに健全といえるかは非常に難しい面がある。

　確かに、自国産業の過度な保護は結局、競争力低下を招く事も事実だが、一方で民族対立、国家対立、イデオロギー対立、宗教対立と、経済分野以外での解決困難な対立の種もまた絶えない。地球上を単一市場として競争すれば、「見えざる手」が世界全体に健全な発展をもたらすかどうかは、現代を生きる我々への壮大なクエッションのような気もする。

　とはいえ、この状況は一朝一夕で大きく変えることはできない。良い悪いは別として、経済産業力の中心として社会を支える企業も、本質的視座をもって課題考察し続けることが重要であることは間違いない。

「製品技術、品質の戦い」から「マネジメントの戦い」へ

　「経済大国」とも呼ばれた日本を支えてきたのは企業である。元来の同質的勤勉性に加え、時代背景ゆえの国際的経済優位性を活かす形で企

業群が発展、繁栄することで日本は史上稀にみる発展を実現してきた。

　しかし、1990 年代以降の人口構造変化や、テクノロジーの進化による急速なグローバル化、フラット化を特徴とした異次元競争の中、日本企業ゆえの横並びな技術、品質、コストだけでは勝負できなくなった。

　労務コストの低廉さは東南アジア諸国に敵わないし、ここぞというときの資金力や意思決定スピードは欧米や中国、韓国の大企業には及ばない面がある。ましてや日本語という言語は、文化としては素晴らしいが、ビジネスの世界で多く使用されている英語や中国語と比較すれば、使用言語比率としては圧倒的少数派であり、システム開発言語もほとんどは英語ベースである。交渉事や多国間マネジメントの分野で、ネイティブ言語で対応可能かどうかは大きな違いであり、世界に出てみるとこれがいかに大きな障壁であるかが良くわかる。これからの戦いには、単純に言ってもこれだけのハンデキャップがはじめから横たわっている。

　しかも競争上の優位者たちは、最先端テクノロジーを背景に、過去に類を見ないほど徹底的な経済的成功を希求する。また、グローバル化は経済面だけでなく、例えば未知のウィルスによる世界的パンデミックや、特定国家のイデオロギーや宗教観に基づく世界秩序変更への挑戦行為等も起こりやすくしている。このような状況下では、今後の変化もますます早く大きく、かつて見たことのない予測不能なものとなるだろう。

　従って、単に先を読む力というよりも、変化に対し変幻自在に対応し続ける能力が、過去にないほどに求められるようになっている。変化対応を怠れば、予測不能な突発的ゲーム・チェンジ等で、過去の優位性などはすぐに消え去ってしまう。ワールドワイドな同一土俵上での戦いには、世界規模でのリソースを臨機応変に組み合わせ、常に明快な付加価値を生み出し続けるという新次元の力が必要とされているのだ。

そうなると、日本企業が得意としてきた地道なコスト削減や、品質向上だけで競争優位を維持することは、残念ながらもはや不可能と言わざるを得ない。起きている変化の本質と、自組織のリソースを常に正確かつリアルに把握し、地球上のどこで誰とどのように組んで、どのようなビジネスを実行するかという構想力、革新力、チャレンジ精神を、組織内人材に自律的かつ多元的に発揮させる「組織戦略マネジメント」や、「多様人材活用マネジメント」の戦いにならざるを得ないからだ。

　これまでのように、島国の中で、経営者の想いを具現化した商品を、従業員が指示通りにコツコツと作って輸出してみると、労務コスト差や為替差も幸いし飛ぶように売れた、というストーリーはもう考えにくい。
　過去の成功体験や他社戦略の二番煎じではなく、過去にないものを概念から構想し実現することが求められている。誰かの成功事例の単純なコピーではなく、自らの頭で考え、適切な方向へ限りあるエネルギーやリソースを投入し戦略的に努力していかないと、ひたむきで膨大な努力も必ずしも成果を生み出せず、ただただ疲弊していくという、見方によっては非常に「残酷な」現実が待ち受けているのである。

　一般に日本人は、行動の前に、物事の本質を踏まえ、戦略と努力のベクトルを考え抜くというロジカルな脳内作業をやや軽視する面がある。ロジカルであることには一種、「小賢しさ」感を感じる一方、ひたむきであることに精神的な美しさを感じるという国民的な気風、空気感も影響しているのかもしれないが、精神的な美しさだけで国際競争は勝ち抜けない。
　殊に、巨大マーケットのあらゆる場所で非連続的、突発的な変化が起き続ける状況下では、企業トップが全てを把握し判断することなどとても不可能だ。最前線のリーダーたちが自律的かつ合理的に判断し的確にマネジメントすることなく、トップから言われたことをひたむきにやっているだけではどうなってしまうかは、皆さんにはよくお分かりだと思う。

第2章　深まる日本の苦悩「雇用システム」

不思議な低失業国家、日本 ～ 強制維持されてきた雇用慣行

　これほどの劇的変化の中で、呻吟している日本経済界だが、実は現在も、数字的には安定した「低失業率国家」である。2020年のIMF - World Economic Outlook Databases（2021年10月版）での失業率ランキングでは、日本は2.79％で全106か国中102位と、数字だけ見れば依然、雇用安定国家である。米国の8.11％（44位）、福祉国家で知られるスウェーデンの8.29％（43位）などと比較しても、段違いに低い。国家間の国際比較では低成長が際立つものの、失業率だけは異様に低いという日本の状況は、ショックの大きい雇用構造の大転換はなるべく避け、雇用維持を死守してきた日本社会の必死の努力の賜物なのかもしれない。

　だがその副作用は、社会構造の劇的変化に対応できず制度疲労気味の仕組みを無理矢理存続させることにもつながり、その歪みが日本のビジネスマンを苦しめ始めている面がある。生産性向上が見込めない中で雇用に拘れば、賃金上昇を抑制するしかなく、結果は先進国中でも特異的な賃金上昇率の低さとして現れている。そんな状況は、激しさを増す国際ビジネス競争の中で、日本のビジネスマン諸兄にとって所属企業の先行きや、自身の雇用や今後の人生、あるいは今後の子供たちに残すべき社会の先行きに対するそこはかとない不安となって影を落としている。

数字から見ても、日本人の平均賃金はこの20年来ほとんど変わっていない。先進国の中で賃金がこれほど上がっていないのは珍しいといえる。この背景事情の一つには、年功序列賃金、終身雇用に高いプライオリティを置き続けるがゆえの「雇用流動性の低さ」がある。

図表 1　平均給与の推移

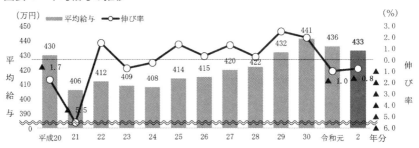

（国税庁：令和 2 年分民間給与実態統計調査より）

　考えてみて欲しい。激化する一方の国際競争の中で、一度雇用した労働者を合理的に解雇することもできず、今や65歳まで（そのうち70歳になるだろう）雇用し続けなければならないうえ、パフォーマンスにかかわらず賃金引き下げは多くの場合「不利益変更」として認められず、それどころか、労働界の基本認識として一定の昇給も求められている。

　このような、世界的にみると非常に珍しい雇用環境の中で、押し寄せる経済危機や、景気停滞を乗り越えなければならない企業側に、賃金を引き上げようというモチベーションが湧きづらいのは自明の理である。結果、日本は顕著なデフレスパイラルから抜け出すことができずにきた。

メンバーシップ型雇用とジョブ型雇用

　日本は今日まで、世界でも特異なほど、新卒一括採用・年功序列・終身雇用等の雇用慣行に重きを置き、よほど問題でもない限り「解雇され

る心配」のない雇用システムを堅持してきた。「メンバーシップ型雇用」とも称されるこの雇用スタイルでは、国が明快かつ合理的な解雇法制を持たないこともあり、雇用は確保する代わりに、就職後はひたすら会社の都合による、転勤を含めた社内のジョブローテーションに応じてもらう"キャリア形成は会社にお任せ"型の働き方が極められている。数年で部署を移ることも多く、尖った能力は身に付きにくいが、幅広い経験を持ち、社内事情に詳しく、従順で何でも応じてくれる、とても便利な"ゼネラリスト型社員"を生み出す仕組みを発達させたのである。

　社会環境に変化が少なく、横並び経営でも十分だった頃は、上層部が特段優れた組織運営を行わずとも、同質化された分厚い中間層が、一定以上の実務レベルで「阿吽の呼吸」的に勤勉に働く組織体が形成された。
　競争は同質性の高い国内企業との競争に限られていたため、会社は尖った優秀さよりも、扱いやすく幅の広い便利プレイヤーの人材プールを求めていた。従業員は社外でも通用するスキル獲得に関心もなく、多少無茶な命令や人員配置をしても辞めたり、文句を言ったりすることも少ない。実のところ、平凡な経営者にとってこんなに便利な組織はない。

　そうであったから、現在の日本人中高年ビジネスマンは「一度入った会社で全うする」就労意識の下、社外、殊に国際的なビジネス環境を勝ち抜く経験値や専門性をどう身につけるか、などという視点は持たずに来てしまった。「どのようなビジネスマンになるべきか」は自分ではなく会社が考えてくれるもの、というキャリア観、職業観が出来上がってしまっている者も多い。そんな中高年ビジネスマンが近年の急激な雇用流動化の前で立ちすくみ、茫然自失とする状況が増えてきている。

　このような背景の下、近年、注目されるようになってきたのが、いわゆる「ジョブ型雇用」と呼ばれる、現在の欧米諸国等によく見られる雇用ス

タイルである。こちらは、賃金が、年齢や勤続期間に関係なく職務やポストそのものに紐づいているため、時間経過による総額賃金の膨張は生じにくい。さらに、そのポストに必要な能力要件を満たす優秀人材は必要に応じて外部から採用する前提で、社内ではなく社会全体を優秀人材のプールと捉えるところに特徴がある。求職者側としても必要基準が明確化され社会内で雇われうるチャンスが増えるので、自己研鑽の意欲とレベルが上がり、自助努力によって優秀人材が生まれ育ちやすくなる。

　長い間、雇用の流動性が相対的に低かった日本では馴染みにくいとされてきたが、近年、インターネットを介した転職支援サービスの普及により、企業も必要な時にそのような優秀人材を得て国際競争に挑むことが容易となったことも背景として大きい。

　ただ、人材マーケットがオープンとなるため、企業側から見ると、良い人材の報酬は高騰するし、納得感ある評価ができなかったり、企業に人材を惹きつける魅力がなかったりすれば人材の流出リスクが高まるというデメリットが生じる。また、労働者側にとっても、企業の状況により、自身の業務ニーズがなくなれば契約解除の危険性が高まり、上手くキャリアが形成できないと社会的漂流のリスクが上がり、社会に新たな格差問題が生まれる可能性がある点も、デメリットとなる側面がある。

　かといって、今日の日本企業にもはや自前の人材プールを維持する余力はなく、現状打破のための有為人材を自社だけで育成する力もない。その現実認識に立てば、社会内にこれまで以上の就業機会さえあれば、雇用調整もそこまで悲観的にはならずともよいのではとの見方もある。
　多くの有識者の中では「どちらが優れているか」という次元ではなく、今日の社会環境変化への対応性の点で、メンバーシップ型よりも合理性があると考えられ始めているのである。

役職層が膨張するメンバーシップ型雇用

　ここで、「メンバーシップ型雇用」と「ジョブ型雇用」の違いをもう少し掘り下げてみよう。参考として、やや古いデータではあるが、日米の年功昇格状況比較を見てみたい。日本は20代で役職者（部長・課長・係長のほか、主任・職長も含む）になる比率は1割にも満たないが、50歳になると、何と4分の3が役職についている。アメリカは「役職者」のデータがないので、エグゼンプション率（残業代が支払われない）で見てみた。エグゼンプションには係長以上の管理職以外に、裁量労働で働く企画職・技術職・営業職などを含む。それでも熟年世代で4割台に留まるという率の低さにまず着目したい。さらに年代推移は、30歳前後で35%になり、それ以降、40%台でほぼ一定となっている。

図表2　日米の年功昇格状況比較（男性フルタイマー雇用者）

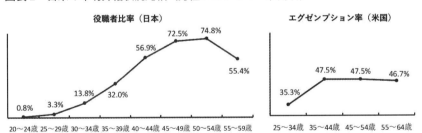

※いずれも男子フルタイマー雇用者（非正規含む）で比較。日本は賃金構造基本統計調査（厚労省）2010年、米国はUsual Earnings 2010年（Department of Labor）。
※日本の役職者には、係長・課長・部長のほか、主任・職長など下級管理職を含む。米国のエグゼンプションには、係長（Project Mgr）の他に、法定の企画・技術職を含む。

　このデータからも、大半の日本人サラリーマンは、何らかの役職には就けるものと「期待して」働いてきたことが推察される。真面目に頑張っていれば、50歳位になる頃までには何らかの役職くらいは付けてくれて、賃金も僅かでも上げ続けてくれる、と期待させることで、横並びの

画一的賃金制度でも、高いモチベーションと忠誠心を持って、一企業で長期間努力をさせる仕組みを作ってきたことがわかる。

　これに対して、逆に年功要素が小さく、30歳までに昇格できるかできないかが決まるのが米国型の特徴であり、そもそも役職者の割合から彼我の差がある。全男性雇用者に占める役職者の比率は、アメリカが1割程度に対して、日本は3割を超えている。日本と違って管理職にまでなれる社員はごく少数なのだ。多少乱暴ながら、総じて言うと、入口は一緒で多くが管理職への階段を昇れるのが日本、入口から分かれていて、30歳過ぎまで抜擢・入れ替えのチャンスはあるものの、総じて一生非管理職の人が多いのが欧米、とそれぞれの特徴を纏めることができる。

　では、それぞれのメリット、デメリットはどうなのか。まず欧米型から。非管理職が原則ということは、具体的仕事内容が曖昧で分かりにくい「役職」は念頭になく、具体的に「この仕事をいくらで」、というように業務とサラリーの関係が非常にわかりやすいという特徴がある。
　賃金が職務に見合っているため、企業の出入りもしやすい。育児のため休職した女性でもすぐに復職できる。しかも、仕事の質と量はほぼ一定で、残業も休日出勤も少ないし、転勤もない。男性も育児や家事に十分な時間を割くことが可能となり、ワークライフバランスが充実する。これがメリットといえる。また、年功で賃金を上げずとも熟練の腕が確保できるため、年齢が上がっても企業は辞めさせようとしない。これも働く人にとってのメリットだろう。
　ただ、人生の早い段階で社会での位置関係が固定化しがちなため、格差意識が強まりやすい。また、同じ賃金ならスキルが不足しがちな若年者より、安定性がありスキルが高い中高年者のほうが選ばれやすいため、むしろ若年失業率があがる。これらはデメリットといえるだろう。

　日本型のメリットは、建前的には全員が出世の階段を昇り得る訳だから、明日の部長、役員を目指し、皆のモチベーションが非常に高くなることだ。しかも企業が望めば、残業、異動、何でもござれ、で対応してくれるし、それを50歳位まで期待を持たせて続けさせられる。ゆえに、採用時にその人間が「何ができるか」など深く考えずに、とりあえず入れてから何か仕事をやらせてみればよい。

　そうして、欧米型処遇システムよりも多めの人間が役職を意識して働き続けるので、勤勉感も高くなる。日本企業の特色でもある勤勉な分厚い中間層はこうして生まれた。ただ、いわずもがな、このシステムは単純に労務コストたる人件費だけで見ればやや非効率的である。

　米国的ジョブ型システムが、人材市場での能力と対価のリアルな現実反映に重きを置くのに対して、日本的メンバーシップ型システムは、能力と雇用のシビアな現実反映よりも「中高年になってもチャンスはありますよ」という建前を見せ続けることに重きを置いている感がある。

　「出世できるかもしれない」と期待させること自体は悪いことではない。が、本当にその数だけの上位役職者が必要かと言われると、正直、微妙である。だが期待させた以上、「誰もなれない」とはできないので、否が応でも一定数までは何らかの役職をつけてそこそこの給料を支給していかないと、この「期待維持」システムは機能しない。

　高度成長期は大半の企業がその恩恵に預かり、横並びで普通にやっていれば成長できたために、組織ライン長ポスト数も自然に増えた面がある。たとえ増えなくても副部長、付課長、副長、○○代理とか、□□代行など、ライン長でない役職名を生み出して賃金だけは上げてなんとなく凌いできた。しかし、1990年代に入った頃から、多くのビジネスマンが感づき始めていた。「それで企業は成り立つのであろうか」。その答えは今日のビジネスシーンが冷徹に示している。

日本型のシステムでは、若いうちは役職者を夢見て勤勉に努力し、役職手前までは成長していく。が、ある年齢に差し掛かると、周囲に給与だけは上がって成長が止まったような「役職もどき」職人材が徐々に増えてくる。すると、本当の理想形たる役職者ロールモデルが不明瞭になってくる。"こんなものでいいんだ"という感覚を持つ役職予備軍も増え、全体としての人材レベル低下が生まれ始める。

　一方の欧米型システムでは、30代で選別された少数精鋭のビジネスエリートに、グローバルビジネスの場で切磋琢磨し経営センスを含め磨かれていく機会が与えられる。そこには、いい意味でのエリート意識や、ノブレス・オブリージュ的な高い規範意識も生まれてくる面もある。
　均質な中間層の「勤勉さ」や「ビジネス基礎能力」の高さを追求する日本型に対して、欧米型は、組織マネジメント層の「頭脳の優秀さ」、「組織指揮指導能力の高さ」を追求している、ともいえる。

　よく言われるように、日本企業は中堅人材の勤勉さに支えられるものの、トップが鍛えられにくいため、ビジネスインテリジェンス不足となりやすく、欧米企業はワーカーの士気は高くなくとも一部のエリートが引っ張っていく、というイメージもこの辺の違いからきているのかもしれない。つまり、勤勉ではあるが、実力的には玉石混淆でやや水ぶくれしたような高コストの中間管理職層と、その連続線上にあるがためにビジネスインテリジェンスに欠け、ロジカルな組織指揮指導力に劣る面のある経営トップ層、というのが日本産業界の特徴にもなっている。

デメリットがあっても避けにくい "ジョブ型雇用" の浸透

　これらの雇用スタイルは、それぞれ一長一短があり、一概にどちらが優れているとは言えない。日本企業の躍進を支えたメンバーシップ型雇

用にも多くのメリットがある。だが、激変を続ける今日のグローバル競争下では、生産性に関係なく時間と共に賃金コストが膨張しがちな、年功型賃金制度をもつメンバーシップ型雇用の弱点が顕在化しやすい。

　一方、「変化する世界市場で戦うスキルを身に着けた優秀な人材」の迅速な獲得は経営上の必須事項となり、メンバーシップ型雇用の限界を感じ始めた日本企業の多くが、「ジョブ型雇用」のありようを模索し始めているのは、確かに一種の道理ともいえる。少子化による人材不足も相まって、この流れが今後一層強まるのは必然とも言えよう。

　だが、理解しておくべきは、このような人事処遇制度の改革は日本社会の潜在課題を一気に解決し、バラ色の将来へ導く魔法のような手段では決してないということだ。特に、各種の雇用システムは、本来、職種や職階層によって相性の良し悪しが異なる面があり、全ての職種に一律に取り入れることには無理がある。その点、ジョブ型雇用は職種別の賃金体系となっている米国型の社会では馴染みやすいが、企業別賃金体系が中心の日本では、その落とし込みに大きな意識改革が必要となろう。

　欧米社会においては、「キャリアは自己責任」として個の自立を重んじる意識の下、ある程度の格差の存在を容認する文化的バックボーンがあり、ゆえに、長い年月を経てジョブ型雇用が根付いている。

　これに対し、かつて"一億総中流社会"と言われたほど格差の少ない環境下で、高い同質意識をベースに、一定以上の"民度"の高さをもって高度成長を成し遂げた日本社会の持つメンタリティには、格差社会の受容や、個において自立した人間観・人生観や就労観の下で人が人を真剣かつシビアに評価するという行為にあまり慣れていない側面がある。

　1990年代に「成果主義」として、数値で現れる結果を最重視し、個人ごとに事前に設定された目標に対する達成度をメインの評価対象と

し、「やった者こそが報われる」というコンセプトの下、評価制度を改革する"成果主義ブーム"のような現象が巻き起こった。だが、人々はそれまで以上に、事前設定された"自分に都合の良い"数値目標の達成にばかりこだわるようになり、チーム内の協力意識が薄れ、ベクトルがバラバラになり生産性が落ちてしまう事態に至り、「行き過ぎた成果主義こそ停滞の元凶」とまで言われるようになったことは記憶に新しい。

　また、一時期、「職務給制度」という形でポストごとに賃金を紐付ける、「ジョブ型雇用」と似た形態が話題になったが、日本人の就労意識との親和性が低いなどデメリットも多く、定着できなかった過去もある。
　そもそも、ジョブ型雇用形態に切り替えれば企業が良くなるから、と言うよりも、「メンバーシップ型ではもう持ちこたえられないから」という消極的な理由から変化が必要となっている面もあって、やるのならそれらの持つ本来的なメリット、デメリットをしっかり企業や社会が理解し、吸収して乗りこなしていかなければいけないものである。

　ジョブ型の処遇・雇用スタイルとなれば、企業の側は、より納得性の高い評価システムを整備し、個人のキャリア形成欲求と、会社の人的リソースニーズを高い次元でバランスさせなければならない。それが出来ないと、働き手には魅力のない企業として見限られる時代となる。優秀人材ほど流動性が高まり、自社、自職場に魅力がなかったり、人間関係が悪かったりすると、優秀な人材から他社へ逃げられていく運命となる。

　これまでの日本企業の多くは、新規学卒者を中心に採用し、「会社に身を任せていれば安心」という空気感の下、協調と順応を育成のベースとし、時に会社都合的なキャリアステップも強いてきた。だが、ジョブ型的な雇用体系のもとでは、組織の大きさに見合った数しかないポストに就けない限り昇給は頭打ちになるし、会社の都合ばかり聞いていては

キャリアが形成できず、万一の際の転職もできない不安に見舞われるため、従業員側も真剣に自分のキャリア形成を考えざるを得ない。

　とはいえ、会社も本人希望ばかり聞いてもいられないので、互いに本音で合意を目指す評価面談や、個々の本質的欲求や人生観まで踏み込む深いキャリア面談などが自ずと必須となる。ジョブ型雇用を真に活かすためにはこれらのハードルを乗り越える必要があるのだが、正直、現在の日本企業の多くはそこまでの準備ができていない、というのが筆者の見立てである。この点、企業側に強く「意識改革」が求められよう。

　そして、さらに問題なのは、今日、すでに中堅どころ以上となったビジネスマンの多くは、この意識変化に簡単にはついていけそうにないことである。一定期間をすでに社会で過ごした世代にとって、染み込んだ意識の改革はそう簡単ではないからだ。だが、この社会経済環境変化の奔流の前では、雇用システム変化の流れは止めようもない。現時点で明快かつ合理的な解雇ルールのない日本では、意識面でついていけない中堅ビジネスマンが、パフォーマンスの割にコストの高い〝お荷物社員〟とか、〝働かないおじさん〟として、半ば「合法的解雇手段」と化した早期退職制度のメインターゲットとされる流れが強まる可能性は高い。

　そうなると、旧来的感覚で「私は結構、貢献してきたから」などと安心し、「頑張りますアピール」で乗り切ろうとしても、来るべき大波をかわすことは難しい。過去の歴史を見ても、日本社会における変化行動は、一旦、半数以上が舵を切ると、組織ごとのポリシーや哲学などお構いなしに、流行り物的に一気に展開し染まりゆく国民性を持っている。
　国際競争下での業界事情や、社会構造変化からの影響度などで、個別企業ごとの状況に濃淡はあるものの、社会的同調性の高い日本社会のこと、ある一線を超えるとこの流れは大きな奔流になりかねないだろう。

いずれにしても今を生きるビジネスマンには、様々な変化に対応すべく、まず「社会環境変化を正しく認識し」「自己を知り」「意識を変え」「マネジメント感覚を身につける」ことが必要だ。そうして対応力をつけることこそが、長く続く日本の停滞状況脱出の大きなポイントとなろう。

　今まさに、多くの日本人、そして戦後日本にとって、最大級の意識変革が求められる時がひたひたと迫ってきているように思われるのだ。

ミッドライフ（中高年）・クライシス

　「ミッドライフ（中高年）・クライシス」。この問題は、単に企業ビジネス分野だけの話にとどまらず、世界有数の長寿で知られる日本人の人生観にも大きな影を落とし始めている。日本人の大多数を占める被雇用者＝サラリーマンは、その人生時間の多くを、企業から求められるまま競争努力に捧げ尽くしてきた。しかしながら、世界でも珍しいほどに多くの時間を、時に盲目的と言えるほど企業活動に捧げているにもかかわらず、ビジネス環境の劇的変化の中で、多くの日本企業がいともたやすく淘汰される時代となっている。端的に言って、この日本人ビジネスマンの盲目的努力量と、それによって本人が得られるリターンの量は、今日において、著しくバランスを失ってしまっている気がする。

　もちろん、献身的な労働そのものが悪いと言っているわけではない。そこで働く者たちが、自分以外の何かから他律的に行動させられているだけの状態から、個々のありたいキャリアを踏まえた、自律的かつ合理的マネジメント志向への転換に挑むことが重要なのである。

　考えてみて欲しい。ビジネス戦士たちの人生時間はたった1回きりである。永い盲目的尽力の挙句、40～50代で会社や仕事を失うことは、多くの者にとって人生のアイデンティティを見失い、自信や生きる元気を喪失するに余りあるものである。よしんば、定年まで辿り着いても、

人生 100 年時代の今日、企業に依存してきて何の計画もないままに、余生というには少々長過ぎる時間を迎えることは、"生きがいの喪失"の苦しみに直結しかねない。しかし、そんな中高年者にとっての危機「ミッドライフ・クライシス」は、今日、すでに現実のものとなっている。

「会社と従業員」という関係性におけるパラダイムシフト

　筆者も、50 歳手前で 20 年以上勤めた企業を退職した。実のところ、望んでの退職ではなかった。会社への愛着は人一倍あったし、今思えば、会社と自身の人生をほぼ同一化していた。そんな人間にとって意図せぬ離職は、「ミッドライフ（中高年）・クライシス」の幕開けだった。

　勤めていた企業は、長期勤続が前提の年功序列的な処遇を行っている典型的な日系メーカーだった。キャリア・デベロップメント・プラン（CDP）と呼ぶ、人材育成方針に沿って様々な経験をさせていただき、育ててもらった。そうして自然と育まれた自社への愛着を胸に、管理職にも昇進し、素直に「会社のために」との想いで日々の業務に励み、それなりに充実した感覚で日々を送っていた。今思うと、その頃の自身にとって会社は、ホームであり、また厳しくも自分たちを気にかけてくれる優しき父親のように思えていたような気がする。

　しかしそんな状況は長くは続かなかった。時はバブル崩壊後の混迷期を迎え、企業業績は低落を余儀なくされる。会社の盛衰と自身の人生を重ね合わせていたこともあり、「こんな時こそ会社を救わねば」とばかり、配属されていた建材事業工場の立て直しに必死になった。

　会社は経営混乱の中、かつての生え抜きプロパー経営陣から、金融機関出身者を中心とした新経営陣に交代しており、抜本的な改革を検討し

ていることは何となく伝わってきていた。その後、新経営陣が、金融機関から収益性が低いとしてスピンオフを奨励されている建材事業について、黒字化できない場合の閉鎖撤収を検討しているらしいこと、そのため、本社内で建材事業部門の主要幹部たちと反目していることなどの背景状況も徐々にわかってきた。とはいえ、目の前には愛する工場と事業、従業員たちがいる。ますます必死になった。

　長い間、自部署の都合ばかり主張し反目し合っていた工場幹部たちに粘り強く語りかけ、改革への協力も取り付けていった。その甲斐もあってか、黒字化が目前まで見えてきた。これで存続できる、と期待したが、本社から聞こえてきたのは「黒字でも撤収」という決断と、自社での過去の構造改革事例にはなかった「工場従業員は全員解雇とし、後はその撤退遂行に全力を挙げよ」との、前代未聞の指示だった。指示を受けた日の帰路、とぼとぼ歩く筆者の目は不覚にも涙が止まらなくなった。

　結局、育ててくれた先輩、東北や北海道の家庭を回って採用し可愛がってきた後輩社員たちを含め、400人弱を解雇した。これは辛かった。会社はひたむきに身を捧げてきたことを見てくれないのか…。俺たちのホームじゃなかったのか…。そうこうしているうちに自分だけが残ることの罪悪感もあって提出した辞表が保留となり、本社人事部へ戻った。
　本社では当初、功労者のようにも扱われたが、後にプロパー勢力と外部出身経営陣との対立が先鋭化すると、自身も含め200名近いプロパー管理職に希望退職への応募が打診されるようになった。様々な経緯から、「もはや潮時」と考え、結局応じることにしたが、正直なところ"自分は何がしたくて、この後どう生きていくか"の方向感など何もなかった。突然わが身を襲った「ミッドライフ（中高年）・クライシス」の始まりだった。

　ただ漠然と、定年まで会社にいるんだろうと考えていただけの人生で

ある。それが全てだったし、会社を愛して会社のために頑張ることに、会社は何であれ応えてくれると考えていた。「だからこそこんなに働いたんだ。こんなに会社を知り尽くした人間が他にいるのか」と、半ば憤りの感情と共に頭の中で何度も反芻した。結局、辞めてみて、いかに自分が会社というものに依存していたかを痛感することとなった。急に放り出されても、自分に何ができるかなど考えたこともない。自分の献身的な貢献は、勤め上げることを前提に、どちらかというとキャリアの後半に報いてもらう期待値を動機としていたことも何となく自覚され、それが木っ端微塵に砕かれたことに大きなショックを受けたのである。

　振り返れば、会社が従業員に期待させ続けた様々な「個人との心理的約束」を、もはや顧みることは難しいというパラダイムシフトは、2000年代以降、日本の産業界でもほぼ確定したように思う。表向きは、定年制度は今や65歳定年法制が秒読みで、年功型賃金もまだ多くの企業で継続運用されてはいる。だが、会社は「生涯を預け得る働きがいある職場」を作り、従業員は「協働の精神を持って、会社と会社の仲間のために」長く働くという関係性が維持され、長期的には共に報われる、という約束はもはや過去の遺物となったことが認知されたのである。

　そうなれば、従業員の意識も変革せざるを得ない。「会社のために何ができるか」よりも「会社で何が得られるか」に変わる。献身的、貢献的行為に応えてくれる大きな存在はもうないのだ。明確な見返りもないのに、長い目の視点で他者に尽くしてなんかいられない、その空気が蔓延していくのに、そう時間はかからなかった。

　しかし、だ。資源もなく、マーケットもそれほど大きくなく、日本語という一国だけのマイナー言語に拠る日本のこれまでの発展は、企業と従業員の心理的な契約に裏付けられた信頼をベースとした、従業員の献

41

身的貢献に拠るところも大きかった。その心理的契約が崩れるパラダイムシフトは起きながらも、国際的に独自かつマイナーな終身雇用前提のシステムはいまだ変わっていない。そうなれば、その歪みに一番苦しめられるのは、個としては非常に弱い存在である中堅以降のビジネスマンたちそのものではないか。

　従来の終身雇用システムを当たり前の空気として、ただ勤勉にやってきただけでは、残念ながら時代の変化に十分に太刀打ちできる能力が身についているかは心許ない。これからしばらくの間、この点において日本人中高年ビジネスマンに、「ミッドライフ・クライシス」が降りかかる気がしてならない。生き死にとはいかずとも、漠然とした不安、精神的不安定、アイデンティティの喪失、代償的行為への依存などが懸念されよう。今、40代以上の世代においては、このパラダイムシフトにおいて、精神面で十分に準備のできている者がどのくらいいるだろうか。

意識を「変える」ことの難しさ

　「意識を変える」…言葉にすればとてもシンプルだ。とはいえ、これまでも意識や行動の自己変革の難しさに我々人間は悩み、また努力のドラマを生み出してきた。特に、齢を重ね経験を積めば積むほど、自身の思考パターンは一定化し、「変われない」苦悩も深くなる。
　人間は誰しも自分の存在になるべく高い価値を見出したいと願っている。年齢を経た中堅以上のビジネスマンにとっては、人生の残り時間が減るごとに未来よりも過去の自分の価値づけに関心が移り、変えられない過去の自身や人生のあり方に高い価値があった、と信じることで自我の安定を図りたくなる。幼少期に承認欲求を十分に満たされなかった心理をバネに頑張ってきたような場合などは、なおさらである。

　だが、外的状況の変化などにより、信じてきた価値観を変えなければならない現実に直面すると、自己のアイデンティティが揺るがされる不安や恐怖を感じることにもなり、その克服には大きなエネルギーが必要となる。ましてや齢を重ねるほどに、積み上げてきた立場や考え方などが自身の長年の「努力の結晶」にも感じられるようになると、そんな「結晶」を自ら捨てることは、そうそう簡単にはできないものだ。

　ゆえに、意識を「変えねばならない」状況に直面しても変えられないことが飛躍的に増えてしまう。そうして、ミドルの頃あれほど輝いていた人が、いつの間にか"老害"と陰口を叩かれることも珍しくない。

　とはいえ、時計の針は戻らない。言えることは「変化には対応せざるを得ない」ということだけだ。良き思い出に溢れた過去への郷愁やプライドに囚われることなく、今をリアルに俯瞰すれば、社会の変化は一目瞭然だ。かのダーウィンは「強いものが生き残るのではない、変化できるものが生き残るのだ」と言ったと伝えられる（真偽は不明だが…）。

　そんな言葉を思い浮かべながら現代の劇的な変化に思いを馳せるほどに、これからの社会を生き抜き、発展させていくには、好むと好まざるとに関わらず、外部変化に合わせ自らも変化し、「変わり続ける」ことが求められていると痛感される。人間社会は、松明リレーのように代替わりしつつ繁栄を希求するものであり、現世代を生きる者は、次の世代への責任を負っている。だからこそ我々は「変わる」、しかも「あるべき方向へ適切に変わる」ことが求められていると思う。

　日本の産業界はいま、大きなパラダイムシフトの波の中でもがき苦しんでいる。縷々述べてきたとおり、過去の日本の成功には時代必然的な背景があったが、テクノロジーの進歩による"ゲーム・チェンジ"によって、それらは過去のものとなり、我々ビジネスマンには新たな競争ルー

ルの下での戦いに臨むことが強く求められ始めた。

　幸いにも、高度情報化の恩恵で、時代を超え、国境を越えた研究事例は豊富にある。その気になれば、組織論や社会心理に関するナレッジは豊富に手に入る。変わりゆく変化を理解し、これに備え、準備をし、来るべき変革においてこれをチャンスにしようとする、むしろワクワクするようなオプティミズムが求められよう。

　そうして、次の世代の新たな発展のためにも、これまでとは違った視点で、組織と個人との間の新たな心理的契約の再構築が求められることになっていくことだろう。過去の成功体験は一旦置いて、今そこにある事実を素直に見つめ、行動の主役たる人間の行動心理についての洞察を深めることで的確に状況をマネジメントし、人間集団としていかなる環境変化もうまく乗り越えていく力をつけることが、我々にとって急務である。

第２部　組織マネジメント

第3章　求められる「人間本質」マネジメント

組織リーダー、マネージャーに本来必要なスキル

　現代の社会環境は、テクノロジーの進化によって複雑さを増し、歴史上、かつてないほど将来予測が困難な状況にある。2010年代頃から、このような時代環境を「VUCAの時代」と表現されることが増えた。

　このVUCA（ブーカ）とは、Volatility（変動性）・Uncertainty（不確実性）・Complexity（複雑性）・Ambiguity（曖昧性）の頭文字をとったもので、元々は1990年代後半に生まれた軍事用語だったが、極めて予測困難な社会経済環境下の時代認識を端的に表した言葉として、2010年代よりビジネス界においても急速に使われるようになった。

　そんな状況変化の下では、かつて企業競争力の主たる源泉とされたヒト、モノなどの蓄積資産すら、実質的に隠れ負債化する程の"地殻変動"も珍しくなく、今後は、そんな変化への対応マネジメント力の戦いが、グローバルビジネスの成否を分けるようになるだろう。

　ただ、この変化対応マネジメント力なるものは一体どのような能力なのか、組織レベル、個人レベル共に、明快には認識されていない。そこで、本章ではまず、ビジネスマンがその経験などから学び、身に付けていくマネジメントスキルのありようから紐解きつつ考察してみたい。

　ビジネスマンがキャリアのスタートにおいてまず挑むのは、「実務能力：テクニカル・スキル」の習得であろう。業務能力の修得にはまず、実務の徹底理解が必要であることは言うまでもない。「神は細部に宿る」とも言う。設計技術、開発技術、製造技術、加工技術、品質管理手法、関連法規、PC スキル…。様々な実務経験こそが仕事の基礎である。

　そうして経験を積み重ねていくと、これらの技術、技能を武器に徐々に大きな範囲で業務をこなすために、人と人とが協力し、チームとなって努力することが必要となってくる。そのためには、良好なコミュニケーションの下で協力し、チームの力を最大化するための「ヒューマン・スキル」が不可欠になってくることは、皆さんもご承知のことと思う。

図表3　ビジネスマンの成長イメージ

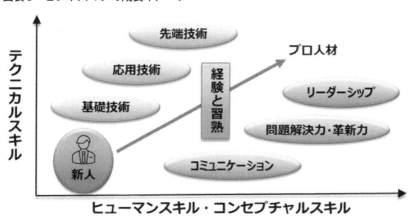

　そして、マネージャー階層となると、リーダーとしての役割を理解し、期待に応えていく上で大変重要となるのが、「概念化能力：コンセプチュアル・スキル」である。組織では階層を上がるほど、自分一人では成果を生み出せなくなり、メンバーの力を活用することが必要となる。そのためには、ビジネス課題の本質を見抜き適切な解決策を考えることはもちろん、暗黙裡に求められるミッションやビジョン、課題解決の価値な

どをわかり易くメンバーへ説明し、彼らのモチベーションに繋げ、鼓舞していくことが必要となる。このように、組織の職位階層が上がるほど強く求められていくのが「抽象的な概念」を扱うコンセプチュアル・スキルなのだ。このように、組織内の職能階層により求められるスキルが変化することは、ハーバード大学の経営学者、ロバート・L・カッツによって提唱された「カッツモデル」でもよく知られている。

図表4　ロバート・L・カッツによる「カッツモデル」イメージ図

コンセプチュアル・スキルによる抽象化は、物事の本質理解につながる。物事の構造を捉え、わかりやすく単純化し、チームや組織の進む方向性を見定め、仕事の全体像をわかりやすくメンバーに共有することは、マネジメントに不可欠な力である。こうした抽象化、概念化能力は「たとえ話」や「事例」を効果的に使う能力でもあるので、若いメンバーにも伝わりやすくなる。仕事の全体像や価値、そして、自分たちが成し遂げたいビジョンをメンバーに伝え、個々のメンバーの動機に火をつけ、パフォーマンスを高めることも期待できる。

特に、自分に求められる仕事が全体の中でどう位置付けられ、どんな意味があり、どの様な貢献につながるかを理解することは、後述する「内発的動機付け」につながり、モチベーションの持続にも繋がる。そうし

て、やる気の高いメンバー同士が同じ方向を向いて仕事することは、ミスや失敗の減少、組織内の協力体制、メンバーからの提案や挑戦を促し、結果として、組織のパフォーマンス向上につながっていくといえる。

「コンセプチュアル・スキル」を伸ばすには

コンセプチュアル・スキルが高い人材は、「本質を見抜くのが得意」「合理的な思考・行動を好む」という特徴があるため、この種の若手人材の発掘ができれば、新規、あるいはテコ入れが必要なプロジェクトの中心的人材の候補にもなり得る可能性が高い。

難しいのは、このコンセプチュアル・スキルの習得は、「こうすればよい」という画一的な手法がないことである。一定期間以上にわたる様々な苦労を含めた人生経験も重要であるし、自身の志向特性やレベルに合った経験学習のプロセスも必要である。そして何より、「見えないものを見る」ことにおいては、一種の適性もある。ゆえに、逆に言えば一般社員レベルの人材であっても高いレベルで備わっている者もいる。

実のところ、職種としての「マネジメント職」に必要なコンセプチュアル・スキルは、誰でも長く働いていれば身につく、というものではない。その点で誰にでも向く職種ではないとも言え、「定年までひたむきに頑張っていれば何らかの役職級職務になれる」と暗黙裏に期待させ頑張らせるシステムにはやはり無理もある。ゆえに、それよりも、早い段階でマネージャーとしての適性を見極め、必要な経験をあたえて選抜育成していくシステムに注目が集まり始めていることにも納得がいく。

このように、短期的、画一的な習得は難しく、一定期間以上の経験や、育ってきた環境や先天的な要素（いわゆる「地頭の良さ」等）もある程度影響する可能性もある「コンセプチュアル・スキル」だが、もちろん、

最適化されたトレーニングで後天的に伸ばすことも可能である。

　そこで、もう少し掘り下げて、「コンセプチュアル・スキル」はどんな能力により構成されているのかについて、具体的能力を10項目ほど挙げておこう。現状、日本では、このコンセプチュアル・スキル向上の取り組みを、体系立てて行えている企業はそれほど多くない、というのが正直なところだが、これら構成要素をしっかりと理解した上での的確なアプローチは、なるべく早いほうがよいと考えられている。

1. **ロジカルシンキング（論理的思考）**　物事を理論的に整理したり、説明したりする能力
2. **ラテラルシンキング（水平思考）**　既成概念に囚われることなく、自由に発想できる能力
3. **クリティカルシンキング（批判的思考）**　物事を分析的に捉え、思考する能力
4. **多面的視野**　課題に対して複数のアプローチを行える能力
5. **柔軟性**　トラブルに対しても臨機応変に対応できる能力
6. **受容性**　自分とは異なる価値観を受け入れられる能力
7. **知的好奇心**　未知のものに対して興味を示し、自ら取り入れることができる能力
8. **探究心**　物事に対して深い興味を示し、問題の深部まで潜り込める能力
9. **チャレンジ精神**　困難な課題や未経験分野においても、果敢に挑戦し、行動を起こせる能力
10. **俯瞰力**　物事の全体像を正確に把握する能力

これからの日本に必要なエクセレント・マネージャー

　第二次世界戦後、目覚ましい発展を遂げた日本の産業界は、その強さの源泉として、勤勉で実直、素直でひたむきという、無名ながら優れた

一般従業員たち：優秀な実務者＝エクセレント・プレイヤーたちによって支えられてきた。必要な実務技能は概ね一定とされ、「コツコツと頑張れば偉くなれる」と教えられた時代、身につけた熟練技能を常に高いレベルで発揮し続ける、頼りになる先輩のイメージである。

　求められる業務要件などが文書等で明確化されにくいハイコンテクスト社会である日本の職場では、この種のロールモデルとなる従業員は多く、そんな先輩の背中を「早くあのレベルになろう」と追いかけることから職業生活は始まったものである。蓄積された経験則や暗黙知を、テキスト化、体系化といった形で明確に認識知化していくことをさほど重要と考えない日本社会では、明瞭なマニュアルよりも現実的な職場のロールモデルを目標に、日々研鑽する環境が整っていたといえよう。

　結果的に、自分が尊重されているという自尊心と安定した立場から感じるゆとりも相まって、先輩は後輩を大切にし、後輩もそんな先輩を尊重し続けるポジティブな関係性も育まれていた。元来、島国の単一民族国家で同質性が高く、そもそも技能志向が高い上、高年齢になるまで「チャンスは平等」を謳っているだけに、社会発展のペースや方向性が一定だった時代、このスタイルは非常に有効に機能していたように思う。

これまでのマネージャーの「真実」

　前述の通り、ハイコンテクストな日本社会では、技能に秀でたテクニカル・スキルのロールモデル（ベンチマーク）人物が、そのまま高価値な従業員として評価される傾向にあり、一定期間、評価が積み上がればほぼ自動的に昇格し、「主任」や「係長」などのリーダーとなってきた。

　ただ、実はこの日本的な「昇格」が曲者、である。考えてみれば、技能は研鑽してきても、マネジメントは別段、学んでいないのだ。前述の通り、米国企業等では予め報酬対価の対象としてのスキルを明確にし、

そのスキル、能力における貢献度合いに応じて賃金額が決まるシステムがとられているが、日本企業の多くは、実は何の能力を評価し、何のスキル水準に対して賃金を決め、昇格させているのか、明確ではない。

　様々な企業の中間管理職の方々と研修等で腹を割って話してみると、「昇格して“長”のつく立場になった時、確かに嬉しかったが、今後何をしたらよいのか、それまでと同じく個人業務を頑張って部下の見本になり続ければいいのか、何か別のことをすべきなのか、正直言ってよくわからず、モヤモヤした」と打ち明けてくれる方が非常に多い。
　実際は日本企業でも、経営者から見れば“長”のつく職務にある者に求める役割は、プレイヤー時代に期待されていた役割とはかなり異なるものであり、求められる組織マネジメントも、それまでの個別職種スキルとは全く違う「別種のスキル」である。別の職種なのだから、別の形で尊重され信頼されるのであれば、別に専門技能が部下以上に出来なければいけないということはない。むしろ、１人では出来ないことを多人数で協力し成し遂げる「チーム」を運営することを求められているのだから、他の人に指示し気持ちよくやって貰うことの方が重要なのだ。

　ただその分、他者がやったことでも、上手くいかない場合の責任を負うのは自分となる。これはある意味ではとても厳しいことである。だからこそ、チーム運営のための様々なスキルを磨く必要があるのだ。
　例えば、人伝いで自身が直接確認できない不十分な間接情報でも、ミスのない判断ができなければいけない。伝えてくる人物には、様々な者がいる。いつも自分の思い入れを加えて伝えてくる者や、「大変だ」と状況の酷さだけを報告する者もいる。「何だ、その伝え方は」と怒ってもそうそう人はすぐには変わらない。上手く誘導し、その人物の思考バイアスを感じ取りつつ訊き取り、バイアス分を差し引きした分析ができないと、マネージャーとしての結果はおぼつかないだろう。

　これには、人というものの扱い方に関する「ヒューマン・スキル」や、先に述べた「コンセプチュアル・スキル」によって、経験から抽象化、概念化された、心理行動に関する原理原則に拠って正確な判断を導き出す能力が求められる。逆に、これらができず、目に見える出来事に個別反応しているだけの人間をリーダーにした組織は、何かしらの問題を抱えていってしまうこととなる。

図表5　求められるものが異なるプレイヤーとマネージャー

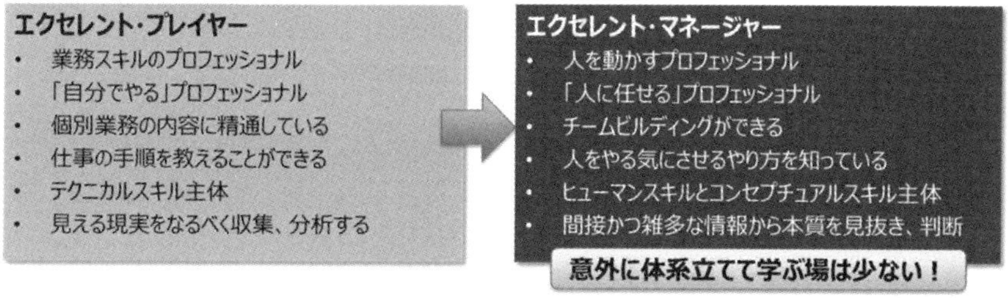

エクセレント・マネージャーの役割「連結ピン」

　また、世にいう「マネージャー」という職種にある者の多くは、ミドル層にあたるマネジメント階層にある。ゆえに、部下たちのリーダーながら、その上位者のフォロアーでもあり、「上位でもあり下位でもある」という立場の二面性も持っている。そこには、上位組織と下位組織の間で常に生じる「ズレ」や「軋み」を上手く吸収するような多面的機能を持った"ジョイント"機能も求められる。つまり、米国の社会心理学者、レンシス・リッカート（Rensis Likert）の言葉を借りれば、これら中間マネージャーは「連結ピン」の役割を担っていると言えよう。

　その意味では、良きリーダーであり、かつ良きフォロアーでもあると共に、その両方たる自身と組織全体を俯瞰的に洞察することが求められ

る独特な職務である。当然ながら、単なる "お山の大将" でも、"コバンザメ" でもダメであることは言うまでもなく、何よりもまず上司と部下の双方から信頼されることが不可欠である。

図表6　ミドルマネージャーとは「連結ピン」

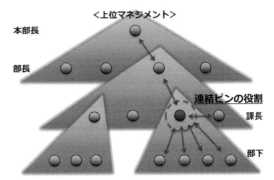

　特に、上位マネジメント層になればなるほど、そこにいる人間は「アク」「エゴ」の強い個性派ぞろいになってくるため、その下につくということは、この「自分はフォロアーである」ことを明確に意識していないと、思い通りにならない日々の感覚に違和感を生じ、疲弊する結果となることも珍しくない。読者の皆さんがもし、今のまま順調な出世を思い描くのであれば、ぜひ知っておきたい概念といえよう。

フォロアーシップの重要性

　よく、書店やWEBで目にする、所謂「自己啓発本」には "リーダーシップ" の文字が花盛りだ。だが実際のビジネスシーンにおいて、チーム・オペレーションの中を駆け上がる人材を見ていくと、リーダーシップと同じくらいに大切なのが、"フォロアーシップ" であることが分かる。歴史のページを紐解いてみれば、織田信長という、非常に有能ながら難しい上司を最終的にはフォローしきれなかった明智光秀が、たぐいまれなフォロアーシップを持った豊臣秀吉に、キャリアの最後で出し抜かれてしまったのも、もしかすると両者におけるこのフォロアーシップ力のわずかな差が生み出した綾なのかもしれない。

フォローアーシップとは…
・フォロワーシップとは，「よき部下としてのあり方」であり、良き
　部下としての「支える力」
・指示命令の忠実な実行者であるだけでは，物足りない
・管理者の役割は「組織を通じて」成果をあげることであり、組織
　の理解が不可欠
・部下を動かし目標を達成するとともに、上司の「暗黙の期待」に
　応え支えること
・「暗黙の期待」はフォロアーが暗黙裡に認識すべきもの

フォロアーシップの発揮においては、上司の「暗黙の期待」をまず理解することが求められる。しかし、この「暗黙の期待」というのが曲者（くせもの）で、文字通り“暗黙”状態の背後にある“強い感情”であり、時

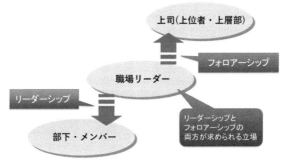

図表7　職場リーダーの立ち位置

にその感情を持つ本人が自覚することを恥ずかしく感じるような個人的感情も含まれている。多くの場合、その感情を持っている当該上司ですら、自分がそう思っていることを知らなかったりすることも珍しくない。

　具体的に、卑近な目線でこの「暗黙の期待」の具体例をイメージしてみよう。実際には人により様々で、これらはほんの一例だが、皆さんが日頃、何となく感じ取っているものも含まれているのではないだろうか。

　普段、自分がリーダーとして部下に対し感じている感情は大抵、自分の上司も持っていると考えたほうが良い。ましてや、自分が感じていなかった感情を上司が持っていた場合は、自分にとって理解すらできない断層となっている可能性もあるので、さらに注意が必要かもしれない。

　人間は、様々な要因によって動機づけられ行動している。それらの中には、利己的打算や個人的感情も多分に影響している。ビジネスの効率的運営上は明確に伝えるべき伝達事項も、伝え手側の打算や感情によって、あえて明確に伝えられないことも多い。

　「物事に動じない胆力ある人物」という自己イメージを持ちながら、実は小さなことをいちいち問い詰めて、小人物と見られたくないだけで、実際は小事が気になって仕方がない者もいる。マイペースな部下に依頼した仕事を何度も催促して不機嫌になられることを避けたい上司は、それほど気にしてないそぶりでいて、実は気を揉んでいたたまれなくなっている。女性陣との雑談は苦手なのだが、気にされていたいという感情もあり、部下にうまく取り持ってもらいたいとこっそり思う上司もいる。

　「言ってないけど、そのくらい判れよ」という上司の思いは職場空間

には思いの外、充満していると考えたほうが良いだろう。過去のマネジメント経験で、部下にそんな不満を感じた経験のある方も多いと思う。ということは、あなたの上位者も、あなたに対して「不満ゼロ」であることは、基本的にあり得ないと思っていた方がよい。

「言われていなければわからない」のは理屈だが、それだけでは動かない人間の集団で、中間マネージャーが周囲の期待に応え続けるには、この「暗黙の期待」、つまり、上司や周囲の者が口には出さずとも、"こうしてくれたらいいのに"と内心思っていることを、ある面で不条理かもしれないが、常に念頭に置いて行動しなければならないのである。

エクセレント・マネージャーに求めたいマインドセット

ここまで見てくると、このミドルマネージャーという職階、職位は非常に独特なスキルセットを必要とし、他の職種の延長線上ではない独立した一つの職種にも思えてこないだろうか。その意味では、初めからマネージャー職というものについて、求められる役割やスキルを明確化し、早い段階で選抜した上で、明確な役割視点から切磋琢磨させる外資企業の人材マネジメントにも、それなりに合理性があることがわかる。

様々な企業、特に日系企業を見てきて思うのは、このリーダーやマネージャー層の質の違いが、そのまま企業集団の競争力の優劣を分ける大きなファクターの１つとなっていることである。人材が揃っていて、役職者の代替わりがあっても組織力を維持している優秀な企業は、やはりこの役職者層の多くが、役職の持つ意味、役職だからこそその役割を理解し、その遂行のために必要なスキルセットは何かを理解しているし、させられている。さらには、その理解の下で「責任を果たす」ための「マインドセット」とでもいうべきものを持っていると感じさせられる。

そこで、個人的に、"長"のつく立場になったら意識しておきたいと感じているマインドセットのキーワードを、いくつか挙げておきたい。

- ・ラストマン（The Last Man）
  「業務上、自分の後ろにもう人はいない覚悟で責任を果たす人材」
- ・チェンジ・エージェント（Change Agent, Turnaround Manager）
  「経営目線を持ち、ポジティブな人との交わりによって心を動かし
  組織再生を図ることができる人材」
- ・エクセレント・フォロアー（Excellent Follower）
  「上位方針を理解し暗黙の期待に応え、現場を実行に導ける人材」

「ラストマン」は、一時期苦境に陥った日立を立て直したことで知られる元同社会長の川村隆氏の言葉からの引用だが、「不確実性の高まる今日において、安易な現状維持に流れることなく、自身が責任を果たす覚悟をもって変化に挑む」心のあり方を表現した言葉である。

「チェンジ・エージェント」は、変革をけん引するリーダーばかりではなく、チームの中に自ら入り込んでいって信頼を得、様々なメンバーの心理に寄り添い、変革の媒介役となることのできる人材のイメージであり、経営学者のピーター・ドラッカーも用いている。

「エクセレント・フォロアー」は、「支える力」に秀でたリーダーのイメージとでも言えようか。リーダーには、「引っ張る力」でチームをリードすることと同じかそれ以上に、上位者やメンバーを「支える」、"フォロアーシップ"が求められるものであり、そのことを常に肝に銘じるようにしたい。

　心に秘め認めるこのようなマインドセットは、通常、人の表に出てこないものだが、組織の中間的リーダーとして、これらを真に自分のものとし、謙虚な心で努力を重ね「責任を果たす」気概と情熱は、言葉に表さずとも自然に周囲の認めるところとなるだろう。ここで、孟子の残した「見面盎背」（面に見れ、背に盎る）という言葉を記しておきたい。周囲が認める人徳というものは、自分から意識的に見せるものではなく、後ろ姿にあふれ、自然に皆が感じとるようになってこそ本物となろう。

「見面盎（溢）背」

■儒は濡である。思想とか学問が単なる知識や趣味に止まらずに、身につく、体になることだ。孟子のいわゆる「面に見れ、背に盎るに至って、学問は真にその人の性命になる。（安岡正篤『照心語録』）

■これは、面に見え、背に盎れると読む。人間はおなかが痛いと手で押さえるから、正面から見た人は分かるが、後ろから見るともっとはっきり分かる。自分の動きを最もよく知るのは上司ではなく部下であるという意味である。（元日銀総裁の三重野 康氏が後輩に贈った上司の心得）

----

30 年で激変した職場の風景

　さらにもう少し、見方によっては気の滅入る話もしておきたい。

　前述の通り、今日の社会は、極めて将来予測が困難な VUCA（ブーカ）の時代と言われている。そんな予測不能な不連続の変化の中、それら外的環境の劇的変化は、当然のように我々人間に否応なしの変化対応を迫っている。何といっても端的な変化は、業務の IT 化だろう。

　1980 年代頃までの一般的なオフィス風景は、現在のそれとは少々雰囲気が違っていた。レイアウト自体はそう変わらないが、IT 機器の業

務浸透度はまだまだ低く、紙面に手書きで書き込む作業が主体で、連絡手段は専ら固定電話だった。当時の風景には、パソコンもなければメールもない。インターネットもないので、とにかく電話して、会いに行って、話して、必要なことは紙で回してハンコをもらう…、思えば、30年ちょっとで、ツールを含めた職場環境はずいぶんと激変したものだ。

　以前は、情報ソースは専門書や新聞、業界雑誌、後は電話問い合わせくらいしかない。パソコンもないので、当然オフィスアプリケーションソフトもなく、資料作りはもっぱら紙と電卓、定規に鉛筆、消しゴムで作ってそれをコピーしていた。文章表現や"てにをは"はずいぶん指導を受けたものだったが、書いたり作ったり自体は、殊更にスキルというほど難しい技能でもない。ツールも情報源も人力的範囲に限られるので、アウトプットに対する出来栄え的な要求水準は、今日に比べればそこまで高くなかった。とにかくフットワークよく、人と話して情報を得、コンセンサスを得ることが仕事の要諦だったように思う。

今日のビジネスマンは「スーパーマン」？

　ところが、現在はちょっと様相が変わってきている。様々なコンピューターソフトウェアを縦横無尽に使いこなし（しかもこれが数年でトレンドが変わる）、社内システムやインターネット上の情報を効率よく検索し、十分にウラがとれているデータを使って、プレゼンテーション的見栄えもよく、わかりやすい資料をごく短時間に作成、情報セキュリティに十分配慮しながら共有対象者を迅速に判断し、メールのCC（カーボンコピー）機能もうまく使って情報共有を図らないといけない。

　海外子会社との連携はもはや当たり前で、やり取りで英語も使わないといけないし、海外出張や赴任だって誰もが行く可能性が高く、

TOEICの点数が一定以上でないと昇進もできない。これは、1980年代までの"普通の"ビジネスマンから見ればまさに「スーパーマン」だ。

　もちろん、近年の新入社員たちは、学校で対策もされているためかTOEICの点数は押しなべて高いし、表計算ソフトの計算式作成くらいはお手のものかもしれない。この種のデジタル・リテラシー的な技能は時代と共に進化し続ける面があって、正直「後から来たもの勝ち」だ。
　そうなると大変なのはチームリーダーやマネージャーだ。チームのリーダーは自分もそれらのスキル獲得努力が求められるのはもちろんだが、同時に、次から次へとやってくる、おそらく自分より優れた技能を持つ新手にも信頼されねばならないという宿命を背負ってしまった。これは、今日のリーダー、マネージャーたちの特徴であろう。

　口で言うのは簡単だが、案外、これが厳しい。まずもって彼ら新手の言っていることが分からない。ネットワークを介したデジタル技術は、目で見るだけで全体像を掴むのは難しく、概念としての理解が必要だが、それにはかなりの好奇心を必要とする。お子さんを持つ方なら、思春期のお子さんがデジタルツールやガジェットについてあれこれ話しているのがもはや何語かわからず、そっとその場を離れるしかないあの気持ちを思い出していただければ、その難しさがわかるかもしれない。

　しかもデジタル・リテラシーはこれからもますます進化していく。時には大きなゲーム・チェンジも起きるだろう。昨日までの仕事のやり方は、今日のやり方ではなくなり、今日のやり方が明日の仕事のやり方である保証もなく、先を走る者がやっと身に付けたスキルが次々と無力化するのである。先人たちの強固な価値観は脆くも崩れてしまう。

　後輩側も、元気がなく不安な面持ちの先輩を頼りにはできない。マニュ

アルもない。すぐに感じる。「先輩方の姿は明日の自分の姿ではないか」。こんな不安なことはない。人間は、必要以上の迷いや不安の中では実力を発揮できないものである。

　そう、今を生きるビジネスマンの皆さんは、ただでさえ激しい国際競争下で結果を求められる上、それだけ厳しい環境の中にいるのである。

　しかしこのVUCAな状況は、世界共通でもあり、深まりこそすれ、薄まることはない。そこでは激しくなる一方の環境変化への対応力を向上させ、生き残り得るチーム形成のためのマネジメント能力向上こそが、組織競争力の源泉になったとも言えるのである。

　そうなると、求められるのは、いかなる変化の中でも一定の精神的な安定、安心の下でメンバーが互いに助け合い協働して力を発揮するチーム作りのマネジメントであり、それができるマネージャー、"エクセレント・プレイヤー"ならぬ"エクセレント・マネージャー"の育成なのである。リーダーは、個としての実務能力の高さではなく、チームの活力を引き出し、持続的に成果を出す組織づくりの能力によって選ばれ、何よりチームを成長させることが求められるようになったのである。

求められる、組織心理アプローチによるロジカルシンキング

　元来、マネジメントは、人間という生き物の本質的な心理を相手にするもので、リーダーやマネージャーの経験と洞察の深さが何よりものをいう。これらは実のところ、時代が変わっても本質は変わらず、その持つ意味はますます重くなっている。そこで本書は、この認識を念頭に、これからのリーダー、マネージャーにおいて必然的に必須となる「人間の本質を踏まえた組織心理マネジメント」の視点も、社会心理学や組織心理学の知見なども参考にしつつ、考察に加えていこうと思う。

　組織心理学（organizational psychology、産業・組織心理学 Industrial-organizational psychology とも呼ばれ、頭文字から、I-O 心理学とも呼ばれている）は、近年の産業界でも、心理学的知見を組織における人間行動理解に応用する動きの中で注目されている。これらは、様々な科学的手法を使用し、組織社会の多面的課題に焦点を当てた研究を行っており、これからのグローバルビジネスを生き抜く組織づくりの点で今後、より活用されるべき分野といえる。

　米国等では、サイエンス重視はカルチャーでもあり、企業経営とサイエンス（学問）が比較的シームレスで、相互に連携しつつ事業的、社会的成果を共に得ることがブレイクスルーのチャンスと認識されていることは学びに値しよう。特に、一般の日本人が不得意な、目に見えない概念的事象を学究的に捉え、仮説検証により徹底的に突き詰めるという、ロジカルシンキングの面における彼我の差は非常に大きいものがある。

　そこで、次章ではこれらの課題認識も念頭に、社会の中で組織や人間が活動する上で絶対に避けて通ることのできない「コミュニケーション」活動について、まずは "おさらい" することから始めたいと思う。

第4章　コミュニケーションの基本概念

社会生活の基礎となるコミュニケーション能力

　近年、WEB上でも「コミュニケーション力」あるいは「コミュ力」という言葉を目にすることが増えている。米国企業の採用担当者がMBAホルダーに対して求めるスキルを調べた調査では、「リーダーシップスキル」「問題解決力」といった回答を押さえて、「コミュニケーション力」がトップであった（Wall Street Journal と Harris Interactive の調査）。また、日本の親と子に「子供に身に付けさせたいスキル」「（子供自身が）身に付けたいスキル」を聞いたところ、共に「専門知識・技術」「語学力」などを上回り、「コミュニケーション力」がトップであった（明治安田総合研究所「2016年 親子の関係についての意識と実態」）。経団連が行っている新卒にもとめるスキルのアンケート結果でも、「コミュニケーション能力」が、20年近く1位を継続している（図表8、2018年度 新卒採用に関するアンケート調査）。

　確かに人間は一人では生きられず、社会や組織という"群れ"に属して生きる生物であり、コミュニケーション能力の善し悪しが、個人はもちろん、集団のパフォーマンスに影響する。その意味では、各人のコミュニケーション能力向上は組織力の向上にも非常に効果的だと考えられる。しかし、業務知識、技能の学習機会が比較的用意されやすいのに、

コミュニケーション能力向上のための教育機会は思うほど多くない。

図表8　「選考時に重視する要素」の上位5項目の推移

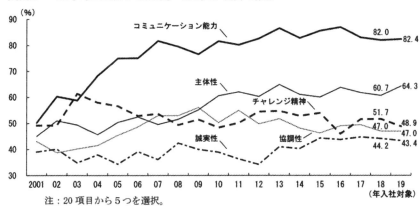

注：20項目から5つを選択。

(出典：2018年度 新卒採用に関するアンケート調査結果 (keidanren.or.jp))

　これは、定型的、画一的な習得が可能な、知識や技能の習得に対し、コミュニケーションはその主体たる人間そのものが、個体ごとに異なる特質を持ち、また相対的な立場、年齢などの要素でも求められるコミュニケーションの質が変幻自在に変化することが大きい。

　画一化、定型化が困難な「臨機応変な対応力」が強く求められると同時に、「人間心理の特徴」、突き詰めれば「人間の本質」についての理解向上が基本的にセットで、表層的な知識理解だけでは難しいという、奥行きの深さも簡単にはメソッド化できない背景の一つとなっている。

重視される「空気を読む力」

　企業の採用面接でも、コミュニケーション能力は最も重要な合否判断要素の一つである。とはいえ、短時間の面接で確認できる情報は限られている。面接官の話、表情や声のトーンなどの曖昧な情報の断片から、候補者がいかにこちらの話の本旨を理解し的確にフィードバックしてく

るのか、いわゆる「空気を読む力」を見ようとすることになる。

　思えば、同調圧力が高く、「ハイコンテクスト」な文化をもつことで知られる日本人は、この「空気を読む力」を殊の外、重視している。コンテクストとは、「文脈」とか、「状況」「背景・前後関係」等の意で、「ハイコンテクスト文化」というのは、"明確な言語情報よりも、言葉と言葉の間にある文脈を察することが求められる文化"と言えよう。
　取り巻く集団の雰囲気や思考のクセなど、目には見えない「空気」を「読む」、つまり察知する能力が不可欠で、集団の暗黙の期待や規範を感じ取ることが強く求められる社会、とも言えようか。

　そこでは、さりげなく同調する姿を見せていかないと、何となく排除されてしまうこともある。であるから、この曖昧な「空気」を感じ取る能力を身につけることが、社会集団で生き抜く上で重要なのだが、どう身につけるべきかは、実のところ、個々の生きざま任せというのが実態だろう。企業でも、採用時になるべくその能力のありそうな人間を採用するくらいしかないのが現実である。重要性は理解していても、この点における能力開発はほとんど手つかず、なのである。

IT化、グローバル化で変容するコミュニケーション周辺事情

　このように、コミュニケーション能力の開発向上は元来、成り行き任せの様相もあったが、前出調査の通り、2000年代以降、より高いコミュニケーション能力を求める傾向が急激に高まった。8割以上の企業で求められる能力の不動のトップであることは、裏を返せば、コミュケーション問題が現在の日本企業の大問題となっていることを示している。

　バブル崩壊後の"失われた十年"、"就職氷河期"などの長期停滞期で

は、多くの企業で新卒採用は抑制され、組織内の世代人員構成がいびつになってしまった。そのため、企業独自の中長期的人材育成や、世代をまたいだ伝承的なコミュニケーション学習の機会は失われてしまった。

　バブル世代の下には、指導し連帯感を醸成すべき後輩のいない期間が続き、コミュニケーションスキルを十分学ばないまま中高年社員となる者も増加した。さらに、2000年代以降はITツールの発展に伴い、業務プロセスの大幅なデジタル化、グローバル化が進み、社内コミュニケーションの主体も口頭、電話、書面伝達から、電子メールやSNS、WEBシステム等へと劇的に変化してしまった。

　思うに、「日本企業」という変わらない組織文化の中にありながら、電子メールという極端な文字情報偏重のツール依存が進んだことや、ローコンテクストなグローバルビジネススタイルへの対応を急速に迫られ始めたことで、組織コミュニケーションの最前線に、これまでなかった様々な混乱や軋轢が生じているような気がしてならない。

　電子メールのコミュニケーションが主体となっても、上司世代は変わらず「空気を読めよ」と旧来のスタイルで迫ってくる。しかし、ITツールが当たり前の環境の中で育ったデジタル・ネイティブとも言える若手世代であっても、メール情報以外から、意図や背景などのコンテクスト情報を縦横無尽に入手し把握しろと言われてもできるはずもない。

　また逆に、世界一ハイコンテクストとも言われる日本的ビジネス環境の中で育った中堅社員が、突如、ITツールを駆使する海外ビジネス交渉の前線に放り込まれ、背後から飛ぶ日本人上司の相変わらず曖昧で上司自身も出来そうもない変な指示に疲弊してしまう事例も事欠かない。

　結果、組織内での協働的な関係作りはより困難となり、理解し合えない関係性の中での過度の結果追求はハラスメントの発生や、メンタルヘルス課題の増加にもつながっていく。IT化による労働市場の流動化も

相まって若年者の離・転職が増加するのも、至極、当然のことと言う気がしてくる。こうして近年、課題の存在に気づき始めた企業や研究機関では、コミュニケーションというものをより実証的かつ科学的に分析し、人材や組織の開発に生かそうという動きが活発化しているのである。

コミュニケーションとは「違いを含めて理解共有すること」

　コミュニケーションの語源は、ラテン語の communicatio（コンムーニカーティオー）といわれ、その意味は「分かちあうこと、共有すること」とされる。「伝えること」だけではなく「共有すること」、さらに言えば、「違っていることも含めて理解共有すること」がポイントである。

　その意味では、一般にコミュニケーション力という言葉からイメージする「自分の考えや思いを相手に伝え、理解してもらうこと」は、コミュニケーションという言葉が本来意図するところの片方でしかなく、「相手の考えや思い等の情報を受け取り、理解すること」と併せた、双方向のものとして捉えるべきものである。したがって、「人を理解する能力」と「人に（自分を）理解してもらう能力」が共に求められるものであって、一方的に社交的・外交的であったり、多弁であったりすることが必ずしも「コミュニケーション能力が高い」というわけではない。

コミュニケーションを構成する多様な要素

　人が表現し、伝え、理解するための手段には、言葉や仕草、表情等、様々な要素があり、これらを如何に効率よく効果的に使えるかに、その能力は大きく左右される。この点に関する考察に、米国カリフォルニア大学ロサンゼルス校の心理学者、アルバート・メラビアンが1971 年に提唱した「メラビアンの法則」がある。これは、"コミュニケーションにおいて、話し手のどのような情報が聞き手の印象に影響するか"に関する様々な実験結果を数値

化し、分析したものだ。

メラビアンは、人間はコミュニケーションの際、言語・聴覚・視覚の３つの要素で相手を判断していると仮定し、「好意」「嫌悪」「中立」の３つのキーワー

図表9　メラビアンの法則

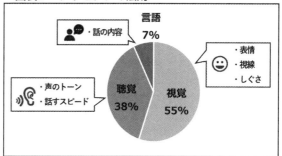

ドで、それぞれ言葉と表情、態度が矛盾している組み合わせを見せたときに、人がどう感じるかを検証する実験を行った。結果、聞き手に影響する割合は「言語：7％、聴覚：38％、視覚：55％」で、言葉よりも態度や表情といった非言語情報の方が強い印象を与えていると考察した。

現実には状況による差異も大きく、これらのパーセンテージは確定的なものではないだろうが、殊の外、聴覚や視覚による情報が他者理解、判断において高いウェイトを占めている点は、大いに留意すべきである。

これらを踏まえ、コミュニケーションをスキル要素として大括りで分解すると、以下の４つの要素（4象限）に分けられる。

図表10　コミュニケーション能力を構成する４つの要素

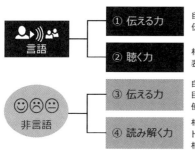

言語	① 伝える力	自分の言いたいことを、言葉や文脈によって相手に分かりやすくきちんと伝える力
	② 聴く力	相手の伝えたいことを言葉と文脈から正確に理解する力、時に相手の表現の癖や傾向なども分析する力が必要
非言語	③ 伝える力	自分の言いたいことを相手に分かりやすく伝えるために自分の表情、目線、ゼスチャー、声のトーン、会話のスピード、間合いなどを効果的に使って表現する力
	④ 読み解く力	相手に興味を持って観察し、相手の表情、目線、ゼスチャー、声のトーン、会話のスピード、間合いの他、背景事情などのストック情報から相手の伝えたいことを感じ取る力と、最後までしっかりと聴く姿勢と態度

当然ながら即時性、双方向性のあるコミュニケーションの上で、これらの要素はバラバラではなく、常に組み合わされ活用されている。実際には、人間の脳は、日常の人との触れ合いの中でこの各要素能力を駆使し、非常に高速かつ高度な評価判断処理を繰り返している。

　ゆえに、コミュニケーションというものは、まさに「人間らしさ」の象徴的な生体活動でもあり、人類の歴史を紐解いても、古来よりその中心は人と人とのコミュニケーション・ドラマであると言える。その意味では、このコミュニケーションという厄介ながら、最も人間らしい活動について、いかにその質を高め、効果的、効率的な活動へと昇華させるかが、人間社会の非常に重要なテーマであり続けることは間違いない。

コミュニケーション能力向上のための「4段階」

　そこで、ここでは、コミュニケーション能力向上の基本となる、4つのレベルアップ段階（ステップ）分けの考え方を紹介しておきたい。

1. 信頼の段階 → 2. 傾聴の段階 → 3. 伝える段階 → 4. 相互理解の段階

1．信頼の段階

　当たり前だが、スムーズなコミュニケーションは「信頼関係」という土台がなければ成り立たない。だが、階層構造を持つ職場組織では、心理的安全性が失われやすいため、信頼関係の土台作りは思いのほか難しく、この段階で躓いている場合が多い。

　大切なことは、たとえ立場や考え方に多少の相違があっても、「この人なら安心して話せる、理解してくれる」という信頼関係を何よりも大切にする、一種、愚直な精神がまずは必要なことだ。そのような真摯な姿勢が土台となって初めて、様々な信頼関係構築のスキルも生きてくる。

　参考までに、そんなスキルとして知られるもので、共通感を感ずる者

に親近感を抱くという「類似性の法則」を活用した、「ラポール・スキル」と呼ばれる会話アプローチ技法を、いくつか紹介しておこう。

- ミラーリング：相手の動作や姿勢、表情等の目に見える部分に自然な感じで同調し、信頼感を醸成する。
- ペーシング：話のスピードや声の大きさ、トーン、口調、相手の呼吸など、目に見えない部分に自然な感じで同調し、信頼感を醸成する。
- バックトラッキング：相手が発した重要なポイントとなる言葉やセンテンスを繰り返すことで、「話を理解してもらっている」という安心感、信頼感を醸成しながら会話をすすめていく方法。

２．傾聴の段階

　たとえ信頼の土台があっても、人間は自分と異なる立場や考え方、人生背景などの理解には努力を要する。そこで、よき聴き手となり、相手の意思をより正確に受け取る「傾聴の段階」が必要となる。ただ、言うのは容易だが、異なる価値観の理解はなかなか難しく、豊かな人生経験値や、寛容の心も必要となるため、リーダーがこの段階をクリアできていない組織も少なくない。この段階で有用なスキルとして有名なのは、「積極的傾聴」だが、これについてはこの後、改めて説明したい。

３．伝える段階

　信頼を築く力、そして相手の言葉や立ち居振る舞いから、その意思をそれなりに感じ取る能力が身についた状態になれば、今度は相手の理解に合わせて、こちらの意図を齟齬なく「伝える能力」を身につけていくべき段階となる。相手の状況を鑑みずに自分の言いたいことだけを伝えるのではなく、相手の状況に合わせた適切な意思伝達、情報提供も含めたコミュニケーションを行うことで、相手との理解共有が促進され、必要な意識変化を促すことも可能になっていく。

この段階で有用なスキルは、時に効果的な比喩（メタファー）を用いることで理解の促進を図りながら、話の枝葉に振り回されることなく要点を絞り込み、結論や目的、5W1H（When、Where、Who、What、Why、How）をなるべく明確にしながら話を進めるスキルになるだろう。

　ただしこれは言ってみれば、ビジネスシーンの各所に共通する有用スキルでもあり、おそらく多くのビジネスマンの皆さんが、日頃からその向上のための努力をされているスキルそのものかと思う。

4．相互理解の段階（心をくみ取る段階）

　そしてこの段階になると、互いの意思疎通はさらにスムーズになり、相互理解が深まっていく。時に互いの思考において第三者的視点からの再確認の試みなども行われることで、俯瞰的な視点からそれまで互いに気付かなかった新たな価値ある発想も生まれるようになり、より高次のコミュニケーションの恩恵を実感しうることとなる。そうなれば、コミュニケーションへのストレスもほぼなく、さらに信頼関係も強固になるなど、好循環につながっていくことになる。

積極的傾聴（アクティブリスニング）

　前出の４段階のうち、「傾聴の段階」で触れた、「積極的傾聴（アクティブリスニング）」は、相手の話に積極的な関心を示しつつも、いかなる評価を加味せずにありのまま受け入れるように聴くことである。

　これは、「相手を受容し、共感すること」によって相手をより深く理解するためのコミュニケーション技法で、カウンセリングの神様といわれた臨床心理学者、カール・ロジャーズが提唱した概念である。これによって、話し手は、自分の中にある様々な考えや気持ちを整理し、吟味できるようになり、聞き手側もより深く相手を理解するとともに、自身の考え方の広がり、心の寛容さを生み出すことができるものである。そ

の実施においては、聞き手において、以下の３つのポイント（ロジャースの３原則）をしっかり押さえることが大切になる。

1．**共感的理解**　相手の発言の中にある事実と、背後にある感情を、相手の立場に立ち、その気持ちに共感しながら理解しようとすること。
2．**無条件の肯定的関心**　善悪、好き嫌いの評価なしに、相手の存在そのものを、肯定的な関心を持って受け入れること。
3．**自己一致**　聴き手自身も、ありのままの自分を受け入れ、虚勢的や防衛的にならずに、率直な気持ちで相手と向き合えている状態であること。

　ただ実際のところ、積極的傾聴の実施に際して、価値観の異なる他者の話を遮ることなくじっくり聞くことは、それだけでも大変に努力のいることである。ましてや、考えが自身と相いれないと感じる相手の話を聞くことは、時に苦痛ですらある。それでも、相手に興味を持ち、自身とは異なるものの見方を、時に相手の立場になって考えてみることは、自分の中にもいろいろな気付きや変化をもたらしてくれる。

　そのような自身の心の変化をある面では楽しみながら、誠実に、かつ真摯に相手の話を聞いていると、時に両者の間で心が動かされるような信頼関係＝ラポールの成立や、劇的で、驚くような相手の「好ましい」変化に出会えることも少なくない。それは会話の主題がむしろ難しくシリアスであればあるほど、である。時に相手の「理解してもらえた」という感情と、自身の「相手にとって役に立つことができた」という感情の高まりから、互いに思わず不思議な涙がこぼれることもある。そんな時は、感情の持つエネルギーの大きさに改めて感じ入るとともに、人と向き合う仕事の喜びのようなものを感じるものである。

傾聴が生み出す「自己不一致からの解放」

多くの人間は自分の中に、無意識的ながら自身にとっての本質的な「答え」を持っていることが多いものだ。ただ、その気づきを妨げるような様々な感情、偏った自己概念（自己理解）に、知らないうちに囚われ、答えを見失ってしまっていることもまた、非常に多いものである。

通常、相手の心情を掴み切れていないカウンセリングの初期段階では、まず相手の話の理解に努めるため、ラポール・スキルなども挟みながら、まずは話を聴き理解することに集中する。そうして相槌を打ちながら聴いているだけの段階でも、相手に心の変化が生じることがある。

見る見るうちに、これまで囚われていた感情や偏っていた自己イメージを自ら整理し、解決策について明るく話し初め、すっきりした様子で喜びと感謝の言葉と共に面談が終わり、ビックリさせられることも実に多い。「聞いてもらえた」「理解してもらえた」という感情が人間の精神に及ぼすポジティブな効果は、これほどに大きいのかと思い知らされるとともに、それまでの強い感情や、偏った自己理解の軛というものはこんなにも人を縛っていたのかと恐ろしくもなる。

ロジャースも言うように、「あるがままの自分」とは少しズレた、やや偏った自己概念、「自分はこういう人間でありたい、だからこうでなければならない」に囚われ過ぎて、その概念とマッチしない現実結果をなかなか許容できなくなることは、実によくあることである。現実が浮かび上がらせる自分と、かくありたい自己概念とのギャップに人知れず悩むことも決して珍しいことではない。そんな時に、頭ごなしに否定などせず、「そんな気持ちあるよね」と誠実に話を聞いてくれて、時に新

たな角度からの見方やアドバイス（第三の道）も加えながら、自己概念や感情の整理作業をアシストしてくれる存在がいるとしたら、どんなに有難いことか。筆者もそんな存在が欲しいと、今でもよく思う。

積極的傾聴に求められる姿勢と 10 のポイント

1. 姿勢

■共感的理解　⎫　● 相手に信頼感を育む
■受容の精神　⎬ ↔ ● 感情浄化
■誠実な態度　⎭　● 心の枠組みを変化させる
　　　　　　　　　● 聞き手も変化し成長する

やるべきこと （相手に対する信頼の上で自律意志を促す行為）	①意味全体をとらえたフィードバック ②感情を見、応える ③（時に）有効な沈黙 ④容認ではなく「理解」
避けるべきこと （基本的には外的力で相手を動かそうとする行為）	①評価的な発言（肯定、否定） ② Yes と言わせるための忠告、相手を変えさせようとする説得 ③過度な同情、あわれみ ④意見の押しつけ

2. 10 のポイント

① 問題の信号をキャッチする
② 心の扉を開かせる
③ 発言全体に耳を傾ける
④ 心の扉を閉ざす言葉は使わない
⑤ 相手の感情を理解する
⑥ 傾聴していることを態度で示す
⑦ 理解のためのフィードバックを行う
⑧ 自己傾聴をする
⑨ 率直に発言する
⑩ 第三の道を探る

交流分析（**Transactional Analysis**）

　「人間の悩みは全て対人関係の悩みである」。オーストリアの精神科医・心理学者のアルフレッド・アドラー（Alfred Adler）の言葉である。人間は"群れ"、すなわち社会の中で生きる生物であり、様々な人間関係の中で、時に悩みを抱えながら生きざるを得ない。アドラーはこうも言っている。「『仕事で失敗しませんでした。働かなかったからです』『人間関係で失敗しませんでした。人の輪に入らなかったからです』彼の人生は完全で、そして最悪だった」。

　悩みは成長に向けた気づきの第一歩でもある。悩む自分と向き合い、人間が生きる上で切り離せない人間関係、コミュニケーションについて、自分自身の傾向を知ることで、対人関係の問題を解消したり、トラブルを未然に回避したりしていく事が非常に重要になってくる。

　そこで、そのためのアプローチの一つとして、まず、交流分析（Transactional Analysis、TAとも表記される）について紹介しておこう。

　交流分析は、1950年代に、精神科医エリック・バーン(Eric Berne、カナダ出身、米国で活動)によって提唱された、一つの心理学パーソナリティ理論である。人と人との人間関係を、そのコミュニケーション状態≒交流にスポットを当て観察、分析することで、その人間関係やコミュニケーション傾向を知り、対人関係の問題の解消、トラブル回避を図るための心理療法として提唱された。

　バーンも、「人が抱える悩みの大半は人間関係によるものであり、人間関係が上手くいくことで悩みの多くは解消できる」と考え、交流分析によって自己理解が深まれば、相手の行動や性格についてもより良い理解が可能になり、対人関係も改善されると考えた。当初は、独創的な表現手法などから、通俗心理学であると揶揄されることもあったが、今日

では心理療法だけでなく、人間関係教育、個人の成長、リーダーシップ開発、人間集団における組織開発などの場面でも広く活用されている。

　交流分析は、そのわかりやすさもあり、「様々な人間関係をこんな風に分析することができるのか」と、筆者が人間心理に興味を持ったきっかけになった。実践向けで、「わかりやすさ」を念頭に独自の概念を展開しており、入り口は比較的入りやすいものの、実際はかなり奥行きもあり、その全てを紹介することはできないが、対人スキル向上やコミュニケーション活性化の取り組みの一環として紹介されることも多いので、本書では理論の主体を成す幾つかの概念に簡単に触れておきたい。

人間に不可欠な「ストローク」

　まずは、交流分析において基本となる「ストローク」という概念から触れよう。これは、人とのコミュニケーションにおける「他者（相手）の存在を認識する全ての行為」、つまり、相手に対して、肯定的か、否定的かに関わらず何らかの関心を持っていることを表現し得る言動と、そこから互いに得られる精神的な刺激、である。そして、「人との関わり」を、ストロークのやりとりが発生している状態、と考える。

　人は誰しも、他の人から触れてほしい、認められたいという本能的な欲求を持っており、他者との触れ合いからエネルギーを得るメカニズムをその本能に取り込んで社会性を保持している。バーンは、「人は何のために生きるのか…それは、ストロークを得るためである」とまで言っている。

図表11　ストロークのイメージ

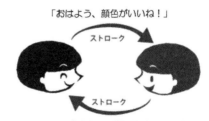

「おはよう、顔色がいいね！」

ストローク

ストローク

「うん、昨日のお母さんのご飯おいしかったから」
「あら、そうかしら、また作るわね」

これらは言ってみれば「人間が生きていくために必要な“心の栄養”」でもある。人は、あたかも、テニスプレイヤーがラリーでボールをやり取りするかの如く、他者と互いにストロークをやり取りし合うことを糧として生きており、この「人とのふれあい」がないと心のバランスを失って、心身の健康を保つことが難しくなってしまう。

このストロークには、肯定的な反応で相手を喜ばせ、温かい気持ちにさせる「プラスのストローク」と、否定的な反応で相手を不愉快な気持ちにさせる「マイナスのストローク」の２種類がある。

ストロークとなる言動自体はそれほど特別なものではない。例えば「こんにちは」「おはようございます」などの挨拶、「素晴らしい」などの肯定的な言葉、表情としての笑顔などは、プラスのストロークといえる。

そして、マイナスのストロークは避けるべきものかというと、必ずしもそうではない。交流分析では、ストロークの交換が無いことを「ディスカウント＝無視・無関心」として問題視しており、たとえマイナスのストロークであっても、無いよりはあったほうが良いと考えている。

図表12　ストロークの種類

	肉体的なもの	心理的なもの	言葉によるもの
肯定的（快） ストローク	肌の触れ合い、なでる、さする、愛撫する、抱擁する、握手する、など	微笑む、うなずく、挨拶する、受容や共感、話をよく聴く、信頼する、任せる	ほめる、励ます、慰める、語りかける、など
否定的（不快） ストローク	叩く、殴る、蹴る、暴力をふるう、突き飛ばす	睨みつける、あざ笑う、信頼しない、（あえて）返事しない	叱る、怒る、皮肉・嫌みを言う、けなす、悪口を言う

バーンは、「幼児期に十分なストロークが与えられないと、その子の脊髄は萎縮してしまい、肉体的にも、情緒的、精神的にも成長が遅れてしまう」とした。マイナスのストロークであっても、全く関心を示してもらえない『ストローク飢餓』状態よりはまだましなのである。

　母親や父親とふれ合いが少ない、あるいは無視され、『ストローク飢餓』の状態になった子供がわざと叱られるようなことをするように、たとえマイナスのストロークであっても、無意識的にそれを求めることも少なくない。そのため、「親に気付いて欲しくて万引きをする」とか、「わざと相手を怒らせるような行動をする」といったことも起きるのだ。

　そうして、基本的な精神構造が形成される幼少期から若年期におけるストロークの積み重ねが、その人間の人格形成に大きな影響を与える。
　筆者自身、青年期までは親の望む「社会で評価されるべき人間」にならねばならないという思いと、生まれ始めた内なる自我との葛藤に悩んだ時期があった。だが、交流分析の概念をもって振り返ることで、この幼少期から若年期の頃の自身と両親のコミュニケーション課題の存在が、何となく腑に落ちたような気がしてハッとしたことを覚えている。

大切な肯定的ストロークの貯蓄

　コミュニケーションは、そんなストロークの双方向のやり取り（交換）でもあり、プラスのストロークの交換を重ねることで、より効果的にエネルギーを高め合うことができるようになっている。

　ただし、プラスのストローク交換を増やすには、自分も他者へプラスのストロークを与えることが大切で、そのためにはまず、自分の中にプラスのストロークがたくさん貯まっていることが必要となる。
　人間の日常生活は、このストロークの貯蔵量に影響を受けていて、自分の心の中にプラスのストロークがたくさん貯蓄されていると、相手に対してもプラスのストロークを与えることができるようになる。相互にプラスのストローク交換ができれば、互いに気持ちがよく生き生きした気持ちとなって自信を持つようになり、ますます肯定的なプラスのスト

ローク貯蓄を増やすことができるようになるのである。

よりポジティブなプラスのストーク交換のためには

　ところが、なかなかこれがうまくできない。なぜなら、我々は皆、過去のストローク蓄積状況は各自、様々で、それぞれ自分なりのストロークの与え方、受け方のくせを持っているからだ。

　自分と他人に対する基本的な信頼感の質と量は、幼少時にどのようなストロークやディスカウントを受けたかに強く影響されると言われる。相手が見せるストロークの背景には、その人の幼少期からのストローク交換状況が投影されていることも多く、人が違えばストロークの与え方、受け方もいろいろで、うまくかみ合わないこともある。

　また、相手によってはストロークのクセゆえに、肯定的ストロークが貯まりにくかったり、否定的ストロークが貯まっていたりすると、憂鬱な気分から抜け出せず、必ずしも、ポジティブでプラスのストローク交換は成立しない。さらに、マイナスのストロークは他者からのマイナスのストロークを誘発するため、不快な気持ちの悪循環になりやすい。その意味では、よりよい人間関係を築いていくための適切なストロークのありようを考えるにあたり、次のようなことに注意する必要がある。

　１．自分のストロークの与え方、受け方の傾向をつかむようにする。
　２．常に肯定的なストロークを与えられるようにする。
　３．相手の存在を無視（軽視）しないようにする。
　４．条件つきの肯定的ストローク※は避けるようにする。
　　　（※相手が自分の期待に沿う行動をとった時にだけ与えられるストローク）
　５．相手に対して誠実で真摯な、より深いストロークの交換を心掛けるようにする。

職場のストローク環境を整える

　今日、働く者たちは、睡眠以外の時間の大半を職場で過ごしている。日頃の生活で、肯定的なプラスのストローク交換を増やし、貯蓄していくことの大切さを考えると、職場におけるストローク環境整備がいかに大切であるか、またそこに大きな影響力を持つリーダー、マネージャーの役割がいかに重要なものかが窺い知れよう。

　ポジティブなプラスのストローク交換によって職場が活性化されることで、部下やメンバーたちが自分の能力に自信を持って、その持てる能力をさらに遺憾なく発揮してもらうためにも、リーダー、マネージャー自身が、自分の肯定的なストロークの貯蓄を増やし、部下やスタッフにも肯定的なストロークを与えていくことが不可欠である。

　そのためには、リーダー自身も自己のストロークの傾向を知り、よりポジティブなプラスのストローク交換を増やし、心の栄養を得てエネルギーを生み出すことで、職場のメンバー全体が互いに肯定的なストロークを与え合う環境を作っていくことが非常に重要になる。上司がいつも不機嫌な顔をしていたり、頻繁に怒っていたりするようなマイナスのストロークは、たとえそれが上司自身の影響力や威厳を高めようとするがゆえの演出だったとしても、結果的には活力ある職場づくりにおいて大きなマイナスを生じさせてしまうのは当然なのだ。

「自我状態」から紐解く「構造分析」と「交流パターン分析」

　交流分析では人の思考や感情、行動パターンを一括りにして「自我状態（Ego Status）」と呼ぶ。バーンはこの自我状態には、『P（親の自我状態）・A（大人の自我状態）・C（子の自我状態）』の3つの状態があり、

人は誰しもこの３つの自分を持っているとした（PAC モデル）。

- P（Parent）：「親」の影響を受け継いだ思考・感情・行動
- A（Adult）：現状で直面している状態に反応している「成人」の思考・感情・行動
- C（Child）：「子供」時代のような思考・感情・行動

※交流分析をもとに考案されたエゴグラム性格診断では、さらに、P（親の自我状態）は『CP』と『NP』に、C（子の自我状態）は『FC』と『AC』の計５種類（６種類とされる時もある）に分けられ、より細かい分析がなされるようになっている。

〈エゴグラムの５種類の自我状態〉
CP（Critical Parent）：「支配的な親」「批判的な親」「父親」「厳しい私」
NP（Nurturing Parent）：「養育的な親」「援助的な親」「母親」「優しい私」
A（Adult）：「理性的な大人」「考える私」
FC（Free Child）：「天真爛漫な子ども」「自由な私」
AC（Adapted Child）：「従順な子ども」「合わせる私」

　人間は、その時の『相手・状況・気分』によって、半ば無意識的にこれらの自我状態を使い分け、多様な人間関係や社会状況に適応していると推測されている。ゆえに、適応的でスムーズな人間関係作りのためには、自身の自我状態を認識し、状況に合った自我状態を臨機応変に使い分けていく必要があるというのが、交流分析の考え方の一つになっている。
　人と人との交流においてストロークの交換がなされるとき、それぞれのストロークのクセや傾向とともに、自身と相手がそれぞれどのような自我状態にあるかによっても、コミュニケーションの質や内容は大きく影響を受けることになるからだ。

　この交流パターンには、互いがどの自我状態にあるかという組み合わせにより、大きく分けて、「相補(平行)的交流」「交叉(交錯)的交流」「裏面(二重)的交流」の3種類があるとされる。

図表13　3つの自我状態

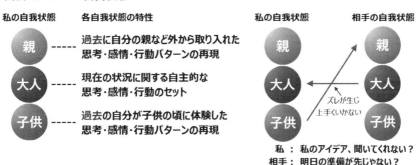

1.「相補(平行)的交流」

　ある自我状態から送られたメッセージに対して、『共感的な期待通りの反応、予想していた望ましい反応』が返ってくる、適応的な問題の少ないコミュニケーションのパターンである。互いに同じ自我状態、例えば、A：大人とA：大人、C：子供とC：子供のような組み合わせや、P：親とC：子供、あるいはその逆のように補完関係にある組み合わせで、相互的なやり取りのベクトル(矢印)が一致して『平行』になるため、「平行的交流」とも呼ばれる。

　この交流パターンであれば、スムーズで安心感・満足感のあるコミュニケーションにより『自分の自我状態』と『相手の自我状態』がお互いの要求や意図、心情を満たし合っているという理想的なやり取りがなされる可能性が高い。例えば、恋人同士の一方が甘えて「食後は2人ソファーで映画を見ようよ」と、子供の自我状態になっての交流を望み、もう一方の側は親のような心で甘えを受け止めるようなケースである。

図表 14　相補 (平行) 的交流

Aさん：　明日の会議、何時開始だっけ？
Bさん：　１０時だよ。

子供：　ねえみて！100点取ったの！
母親：　あらすごい！頑張ったわね！

上司：　何だ、この書類は！やり直せ！
部下：　はい、申し訳ございません…

２.「交叉的交流」

　これがもし、甘えられた側が「パートナーは平等であるべきでしょ。約束した食後の皿洗いはちゃんとやってくれた？」と大人の自我状態の反応しか帰ってこなければ、互いの求めるベクトルは平行にならず、交叉してしまう。これが「交叉的交流」で、期待した反応が返って来ないので、結果的に『自分の自我状態』と『相手の自我状態』が互いの要求や意図、感情の否定や無視に繋がり、不快な感情と共にコミュニケーションが断絶したり、相手に対する敵意・怒り・不信感などのネガティブな感情が強まりやすくなる。基本的に両者に悪気がないこともまた余計に、欲求不満やイライラ、失望や悲しみを助長させてしまう面がある。

図表 15　交叉 (交錯) 的交流

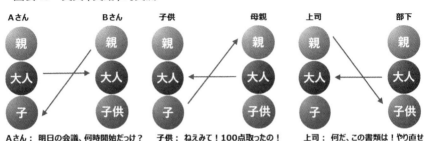

Aさん：　明日の会議、何時開始だっけ？
Bさん：　それくらい自分で覚えておけよ！

子供：ねえみて！100点取ったの！
母親：　100点は何人いたのかしら？

上司：　何だ、この書類は！やり直せ！
部下：　どこを改善したら良いですか？

3．「裏面的交流」

　もう一つの裏面的交流（仮面的交流）は、『表面的な（建前の）メッセージ』と『深層的な（本音の）メッセージ』が異なっているやり取りになる。1つの自我状態から表と裏の2つのメッセージが発信されたり（シングル・タイプ）、同時に2つ以上の自我状態からメッセージが発信され、それぞれ表と裏の二重の交流を同時的に行ったり（ダブル・タイプ）することになる。つまり、表面的なわかりやすいメッセージの背後に、『本音の欲求・意図・感情・考え』が隠されたコミュニケーション状態といえよう。表層的なメッセージを介した人間関係は適応的で良好に見えることも多いが、そのメッセージの背後に『本音の意図・欲求・真意』が隠されているので、親密な人間関係を形成することは難しくなる。

　ただ裏面的交流は、日本社会のようにハイコンテクストな社会では、社交辞令として表層的な親しさを演出し、適切な距離感を確保するような役割を果たすものとして重用される面もある。一般的にも、明確な意図や計略を持って相手をコントロールするために、表と裏の二重のメッセージを発信することは決して珍しいことではない。裏面的交流において、その隠された意図や目的、欲求は多種多様であり、場合や関係性によっては裏面的交流がポジティブな結果・感情をもたらすこともある。
　しかし、一般的には裏面的交流は本音を隠した交流パターンであり、相手を思い通りにコントロールしようとして、不快な感情を味わうことになる『ゲーム』の原因になることも多い。典型的な裏面的交流には、『相手を意識的に騙す・当てこすりをして苦しめる・相手を陥れるために見せかけの肯定をする・遠まわしに嫌味や皮肉を言う・好きな相手にわざと意地悪をする・相手を悩ませるために真意を隠す』などがある。

　これらのパターンは、人間のコミュニケーションではいずれもごく一般的なものである。だが、知らず知らずのうちに繰り返してしまうよう

な交叉的交流や裏面的交流を、自分の自我状態のありようや人生態度といったものから解きほぐすことで自覚し、相補的交流への自発的な切り替えを可能にしていければ、（過去の自分に縛られない）自律的な自分とコミュニケーションのあり方を再発見することはできる。そのためには、自分と相手の心の自我状態を意識し、理解することが大切である。

　両者間で、どの自我状態からメッセージを出し、どの自我状態で受け取っているのかという「やり取り」の状況が、それこそリアルタイムに理解できるようになると、コミュニケーションの有効性をより高めていこうとする考え方とその実践が、効果的にできるようになるのである。

脚本分析 〜 知らず知らずに描かれる「人生脚本」

　自己のコミュニケーションスタイルを形作っている要素の一つとして、交流分析では「人生脚本」という概念も提唱している。人間の成長過程では、親との関係性など、幼少期の自身の周囲環境の中において、自分の立場を理解しようとして、「世の中はこういうもので、人生はこういうものだ」という認識が形作られ、「私はこうでありたい、だからこうでなければならない」という自己概念が形成されることが多い。

　その形成時に、例えば、「（愛されたいと願う）母親は普段、非常に厳しいけれど、病気になれば優しくしてくれる」と感じ続けていると、「私は健康であってはいけない」という価値観が形成されてしまう（このような否定的価値観につながるメッセージを「禁止令」と呼ぶ）。また、「普段は自分に無関心な父だが、いつも『努力する人は偉く、多くの人から愛される。だから人は社会で成功するために努力し続けるべきだ』と言い、学校の試験の成績をいつも気にしている。だから、私は良い成績をとり続けなければならない」という自己概念が形成されてしまうようなことも起こる（このように、過度な躾などで駆り立てられ、追い立てられてしまうメッセージを「ドライバー（拮抗禁止令）」と呼ぶ）。

　「親から愛されたいのに、愛されている実感を得られないのは、自分が親の希望を叶えきれていないからだ」というように、「こうでありたいのにそうなっていない」という、ありたい自分とそうなっていない現実のギャップに苦しむ。すると、本当は自分に原因があるわけでもないのに、「自分に理由がある」として、何とか自分を納得させて苦しみを和らげようとしてしまうこともある。時に非現実的な解釈がそのまま固定化して、後の人生に影響を及ぼしてしまうことも少なくない。

　バーンは、このような概念形成によって、人が幼い頃（大体3～7歳位）に、世界と自分の関わりを定義するために無意識のうちに描く人生のストーリーを、「人生脚本」と呼んだ。言ってみれば、本人の無意識下で生まれ、すでに予定されている人生のプラン、である。
　後の人生の中で改訂されることはあるが、核となる話は一般的に7歳頃までに選ばれ決定され、成人後もなかなかその存在に気づかないものとされる。これらは、外からの押しつけではなく、子供の頃に知覚した世界観と、生きる目的、道徳観によって決められ、日常において頻繁に影響し、行動に対して決定力をもつことになる。

　人生脚本は、無意識下で見えない力として自分を拘束していることも多く、両親、その他の影響を受けやすいものや体験などによって、さらに強靭なものとなる。その人がどのように人生を歩むか、何を求めていくかを含めた、揺るがし難いストーリーで、適合しない現実は、自身の持つ意識内のフィルターによって再定義※される（歪められる）。
　こうして、その後の人生において、時に傍目からは「なぜそんなことを」と思うようなことになろうとも、幼い頃に描いたストーリーを正当化するような形で、対人関係を選び、振る舞いをし、物事の捉え方をし続け、自らの描いたストーリーの正しさを幾度となく確信しようとし、最終的には自分が想い描いた結末を迎えようとすると言われている。

「人生脚本」〜　例えば…

● Aさんの「人生脚本」

　人は努力することに価値がある。努力は報われるものであり、努力する人は偉く、愛される。努力して地位の高い人間になることが人生の勝者であり、そのような人間になるように生きることに価値がある。現に両親はいつも学校の成績を気にしていた。

● 自分と仲良くしてくれる人について

　自分の頑張っている姿や、結果を出していることに、好感を持ってもらっているからこそ、仲良くできている。

● 両親について

　努力して良い成績を取ると親は喜ぶ。親は常に自分が期待に応えることを望んでいる。

● 就職先で昇進が遅れていることについて

　このままでは敗北感にまみれてしまう。人は皆、肩書を見ている。もっと努力しなければならない。自分が敗者となれば、これまで自分に親しくしていた者たちは自分から離れていく。食い止めなければならない。

● 週末、疲れのせいか何もせずに過ごしてしまった

　本当は、自分は弱く無能なのではないか。もしかしたら価値のない人間かもしれない。気のせいか、妻も軽蔑したような眼をしていた。もっと時間を有効に、努力に使わなければならない。

※**再定義**‥意図的に（かつ無意識的に）物事を自分の脚本に合うように歪める時の、現実の曲解。「この世は冷たく厳しい世界であり、一人で生きていかなければならない」といった脚本を持つ人にとって、他人の優しさや、労わってもらう状況は、「操作によって何かを奪おうとしているのではないか」と再定義される、等。

■ 禁止令

人生脚本では、不公平・否定的な価値観を「禁止令」と呼ぶ。また、禁止令の一種で、親などから受け取ったメッセージに無意識に駆り立てられるような価値観を「ドライバー（禁止令に拮抗するという意味で「拮抗禁止令」とも呼ばれる）」と呼ぶ。

禁止令の例：存在するな、自分自身であるな、自分の性であるな、子供であるな、成長するな、成功するな、重要であるな、所属するな、近づくな、健康であるな、考えるな、感じるな、（何かを）するな、等

ドライバーの例：完璧であれ、他人を喜ばせよ、努力せよ、強くあれ、急げ、等

自己や他者に対する基本的な姿勢「人生態度（Life Position）」

これまで見てきたように、人は幼少期からのストローク交換の積み重ねや、形成された人生脚本などから生じる「心のクセ」「認知のクセ」によって、自己や他者との関係に臨む基本的な姿勢に、一定の傾向を持つようになる。この姿勢傾向を交流分析では、「人生態度（Life Position）」といい、自分と他者に対する肯定感

図表16　人生態度（Life Position）

	私はOK	
あなたはOKではない	自己肯定 他者否定	自他肯定
	自他否定	自己否定 他者肯定
	私はOKではない	あなたはOK

のあり方に基づき、4つのパターンが定義されている。こちらも3〜7歳くらいまでの、親をはじめとする他者との関わりのあり方に影響される部分が大きいといわれる。

誰しも、4つの態度の全てを大なり小なり持ち合わせているが、基本

的には4つの内のいずれかが強い傾向を持っており、時にそれが自身の
コミュニケーション行動における「見えない枠」となって、無意識のう
ちに自分を縛ってしまうことも少なくない。この人生態度は、他者との
コミュニケーション上に、知らず知らずのうちに「クセ」のように絶え
ず影響を及ぼす。これは、チームのリーダーにおいても同様である。

　元来、リーダーになろうという者は、上昇志向もあり競争心が強いパー
ソナリティの持ち主も多い。筆者がこれまで見てきた組織では、自覚の
ないまま、「私はOK、あなたはOKでない」という態度に立っているリー
ダーも多く、チーム内にネガティブな空気が漂っていることはかなり多
く見られた。また、実力はあるが、なかなか前に出ようとしないタイプ
の人材には、「あなたはOK、私はOKでない」の態度に立っている者
も見られ、チャンスに自ら蓋をしているように見えることもある。

　これらに対し、交流分析では、相手も自分も肯定し受容する姿勢、「私
はOK、あなたもOK」の人生態度を理想的と考え、様々な分析から得
られる自己理解と、他者との関わりについての分析を深めることで、自
律的なポジション・チェンジを可能にできるとしている。そうして、自
分自身が本来持っている能力に気づき、その能力の発揮を妨げているい
ろいろな要因をとり除き、「今、ここから」本当の自分の能力の可能性
を実現して生きることこそが、交流分析の目的であるとしている。

　もちろん、現実の組織運営上では、メンバー全員が必ずしも理想的な
人生態度やコミュニケーションスタイルを持っているわけではなく、そ
れ自体は大きな問題ではない。
　だが、リーダー自身のコミュニケーション課題となると、下の者から
直接的に指摘することは困難である。その上、メンバーはそのチームや
組織から簡単に離脱することもできず、長期にわたり忍耐を強いられ、

場合によってはメンタル不全に陥ることも珍しくない。そんな状況が、組織に長期的な活力低下をもたらすことは言うまでもないだろう。

　また、特定のメンバーにおいてコミュニケーション不全を引き起こすほどの問題がある場合、現実的な対処方法としては、大抵は組織権限をもってその当事者を外すか、諦めてその当事者だけを別扱いにするなどの対処法がとられていることが多い。しかしそれらは、進め方によっては、チームからポジティブかつアクティブな感覚を奪い、他のメンバーの信頼を損ねるなど、大きな副作用をもたらす可能性もある。

　そこで、これまで見てきたような交流分析の視点も含めた、アセスメント等による自己分析を定例化するなど、組織に"叡智"のようなものを組み込み、軋轢や混乱なく、リーダーをはじめ、メンバー自身の自己改革を促すことは決して無駄ではない。

　顕在化してしまったコミュニケーション問題の対処には、総合的な状況判断も必要ではあるが、日頃より交流分析の視点も含めた、メンバーの心理に迫るポジティブなマネジメント手法をリーダーが身につけ、チーム力向上のための選択肢を飛躍的に広げていくことは、良きリーダーを目指す皆さんにとって、大いなる力となるだろう。

第5章　リーダーのコミュニケーション

リーダーシップとコミュニケーション

　これまで基礎的なコミュニケーションの考え方についてみてきたが、本書を手に取っていただいている皆さんの中には、すでにチームや組織でリーダーの立場にある方も少なくないと思う。そこでここでは、リーダーとしてのコミュニケーションについて、もう少し触れておこう。

　実のところ「リーダーシップ」は、その意図するところが分かりにくい言葉でもある。強いて言えば、「メンバーに効果的に影響を与える能力・過程・関係性・行動様式」といったところか。動かす相手が、ボタンスイッチで作動する機械であれば、スイッチを押せば動かせるし、プログラムであれば、コマンドを打ち込めば良い。だが人間相手ではそうはいかない。日常の様々な触れ合い＝ストロークを通じて育まれる関係性をコントロールし、チームのパフォーマンスを向上させる必要がある。

　そう考えれば、日常における好ましい触れ合い＝ストロークを生み出す力、即ちコミュニケーション能力こそが、リーダーシップの中核をなす最も重要なスキルの1つであることに異論はないだろう。さらに、リーダーとしてのコミュニケーションには、メンバー間のそれとは違い、リーダーゆえに求められる「期待役割を果たす」という目的も付加される。

　その意味では、リーダーのコミュニケーションは、メンバーレベルよりももう一段複雑であり、リーダーの果たすべき役割との整合を図るための様々な制約を受けることにも留意する必要がある。

　では、リーダーに求められる「期待役割」とは何なのであろうか。それほど特別なことではないが、筆者としては、次の点を上げておきたい。

- ・チーム内の有効な情報共有（ビジョンやミッションを含む）を図ってくれる役割
- ・チーム内の異なる意見を纏め、意思統一を図ってくれる役割
- ・メンバーのモチベーション向上を図ってくれる役割
- ・メンバーの成長促進（育成）を図ってくれる役割

　注意すべきは、組織におけるリーダーという立場には、この「期待役割」責任を果たすための裁量権として、一定程度の権限が付随しており、仮にリーダーがこの期待役割を蔑ろにして、権限を半ば権力のように自己目的のために行使しようとしても、メンバーはその状況を即座には止めにくいという、「不均衡な」性質を元々持っていることである。

　この「不均衡な」性質ゆえに、各メンバーには潜在的な不安感が存在し、意識下、無意識下を問わず、「このリーダーには不安を感じなくてもよい」という確証＝信頼感を欲しがる心理が内在しているものだ。ゆえに、リーダーが良きリーダーであり続けるためには、メンバーにこの潜在的な不安感を感じる必要がないという確証的感覚＝信頼感を感じ続けてもらえるような言動を自らに課し続ける必要がある。

　そのため、リーダーには、次のような自発的なコミュニケーション行動が求められる。

① 自分から声をかける。

② 相手の話を積極的に聴く。

③ 相手が不安ではなく、安心と共に回答できる質問する。

④ 相手の思考の存在は肯定しつつ、肯定的なストロークによって必要な気付きを促す。

⑤ フィードバック（こちらの思い）を伝える。

　これらのコミュニケーション行動は、継続的な信頼感の維持に不可欠なものであり、その遂行能力は「持っていればなお良い」ではなく、「持っていなければいけない」ものである。その意味では、こういった心理の働きは、「ノブレス・オブリージュ（高貴さは義務を強制する）」的な感覚と通ずるものもあるかもしれない。

重要な「リーダーへの信頼感」

　前項でもふれたように、良きチーム作りにおいては、まずは人間心理に基づくリーダーへの高い信頼感が求められている。各種の職場内アンケート等の調査でも、部下の勤続意思（勤めていたい気持ち）において、「上司への信頼感」は、「仕事内容への満足」「同僚への満足」「給料への満足」等の影響項目以上に、強い影響を与えていることがわかる。

　先の見えない VUCA の時代、人々の「本物のリーダー」への欲求は強まる一方だ。語りかけてくるリーダーが正直で誠実かどうかは、メンバーの最大の関心事である。信頼できない人物の影響を積極的に受け入れる人間はいない。インフルエンサーとして人に影響を与えるには、相手側の「この人の良い影響なら受け入れてもいい」という意思や感情が不可欠であり、その意思や感情は信頼の上にのみ築かれるものだからだ。

　ただ現代は、コミュニケーション手法もかつてないほど多様化し、昔の政治家や芸能人のように、良く見せたい部分だけを見せるような芸当は困難である。ましてや他人の言葉や、組織の公式コメントをそのまま伝え続けたりしていれば、当然、失望の対象となる。経営者や一国のリーダーたちが、些細な失言や不祥事で、「そこまでやるか」というくらい執拗な批判や暴露の対象となることは、皆さんもよくご存じだろう。

　人々は、リーダーたる者は何者であって、何を大切にし、どんな思いで何をどうしたいのかを、なるべく自分自身の言葉や声にこだわって伝えて欲しいと願っている。必ずしも雄弁である必要はない。リーダーとしてのコミュニケーションにおいて、言葉と同じかそれ以上に、態度や行動がリーダーを理解する情報としてメンバーに伝わっている。

　コミュニケーションを通じて、このリーダーは本物か、ついていく価値のある誠実な人物か、それとも口だけで行動が伴わない人物なのかを、メンバーはすぐに見抜く。所詮、ごまかせるものでもなく、自分とメンバー、そしてチームに対し誠実であることが重要だ。端的に言えば、「自分は共に働く人々、つまり部下や同僚、上司から、信頼を得るに足る人物なのか」、この絶えざる自己分析が最も重要となるのである。

　この自己分析は、2つの要素に分けて考えることでより有益となる。

(1) 自分自身の、そもそもの人間性…価値観・意味づけ、仕事に関わる動機、などは自己中心的でないか。他者の思いや欲求に真摯に向き合い答える誠実さがあるのか。
(2) チームメンバーの状況やその希望を把握していて、正しく働きかけるだけの目的と手段を心得た有能な上司だと思われて（受け止められて）いるか。

信頼関係とは、リーダーがどう行動するかをメンバーが予想できるという関係でもあり、誠実で一貫性ある行動を取り続けようとする、リーダーの意思（人柄）と能力が極めて重要となる。その善し悪しが、リーダーの活動成否を左右することは肝に銘じておく必要がある。

　米国の心理学者、バトラー（K. Butler）が、部下から信頼される上司の条件を10にまとめているので、ここであわせて紹介しておこう。

図表17　信頼形成の10条件（"Conditions of Trust Inventory" K. Butler、1991）

条件	尺度となる質問項目の例
有用性（Availability）	必要な時にはいつでも会える
力量（Competence）	仕事上の判断が的確である
一貫性（Consistency）	言う事とする事が一致している
思慮深さ（Discreetness）	口が堅く安心して相談できる
公平さ（Fairness）	誰にでも分け隔てのない対応をする
正直さ（Integrity）	何事にも誠実に対処する
誠実さ（Loyalty）	自分が不利になってもかばってくれる
開放性（Openness）	自分の考えを隠さずオープンに言ってくれる
約束履行（Promise fulfillment）	約束したことは守ってくれる
受容性（Receptivity）	言うことを真剣に聞いてくれる

部下は上司の「何を」見ているのか

　先が見通せず、不確実さに溢れた VUCA の時代には、多様性に溢れた各メンバーが自らの頭で考え、互いのメンバーを尊重し、それぞれの得意能力をもって自律的、能動的に行動できるようにして変化対応性を高めることが、組織発展のキーとなる。だが、そのようにメンバーがチーム内で自身の個性を肯定され、能力発揮という自己表現を伸び伸び行えるかどうかは、組織の「心理的安全性」の有無にかかっている。

　リーダーである上司が、自身の考えに合わないメンバーの行動を無下に否定したり、自分より優れた能力を持つ者に冷たくあたり、貶めたりすれば、メンバーたちはすぐ、そこに信頼すべき人格はなく、自分が自分らしく振舞うことは危険で、心理的な安全性が存在しない状態であることに気づく。仕方なく自由な自己表現は諦め、できる限り目立たない形で自己防衛に専念するようになることは当然の道理である。

　日本の高度成長期の頃のように、組織が横並びでやっていれば全体成長の果実を享受できた時代は、多少、人格に問題がある上司でも、その人脈を頼る、「この人についていけば出世できそうだ」といった打算もそれなりに意味があった。だが、業務が複雑化・高度化し、業務成果が企業の存続に厳然と影響する厳しいビジネスの戦場では、リアルな戦場同様「上司＝上官」の人格への信頼がますます不可欠となっている。
　だが、傍から見ていても、そのような上司に恵まれている組織はそれほど多くない。外部から来て、チームの現状分析をする際、チームメンバーの力量把握にはそれなりに時間を要するが、上司がメンバーに対してどのように振る舞っているかは、部下たるメンバーの行動を見ていればすぐわかる。その意味では部下の姿は上司を映す鏡ともいえる。

　見てきたように、上司に求められるものはマネジメント能力であり、その核は実務能力よりもむしろ「人格」である。しかし、現在も大半の企業組織の上司の昇格選任は、いまだに個としての「職務能力」評価によって行われがちだ。そのような個人的な努力の結果に対する褒美として管理職となった人間は、「仕事の成果さえ出していれば部下はついてくる」と、自身の個人能力に対する優越性にこだわり、メンバーに多様性や個性を認めない一方で、自分と同様の成果行動を求めてしまうという過ちを犯しがちである。そうなると、本人の思いとは裏腹に信頼どころか、密かに「不誠実なエゴイスト」のレッテルを張られることになる。

自分はそんな"困った"リーダーではないかどうか、今一つ自信の持てない方もおられるかもしれない。そんな時は、一つの試みとして、次のようなシンプルな質問を自身に問いかけてみよう。

1．夢や目標を公言できるか
（チームでどんな仕事で何を達成したいか、人との関わりの中でどんな人生を送りたいか、という夢や目標を具体的に伝えられるか）
➢ 本心から人に話せるような夢や目標を持っている人間はイキイキとし、言動が前向きになる。

2.「きちんと」しているか
➢ 仕事の「中身」だけでなく、メンバーに与える「印象」もまた非常に影響力のある要素であり、リーダーの責任の範疇である 。
➢ 時間を守る、身の周りを整理整頓する、身だしなみに気を使う… リーダーにこそ大切。
➢ 自己管理という意味では、なんといっても体調管理が大切。

3.人生を楽しんでいるか
➢ 上司が人生を楽しめていないと、部下にもネガティブな雰囲気が伝わる。
➢ 部下に「とにかく仕事を頑張ればいい」というエゴをぶつけず、「人生をより楽しむために、仕事を通じて成長してほしい」というスタンスで向き合うことで、より深い信頼関係が生まれる。

周囲との関係を妨げる対人行動の「悪い癖」

　ゼネラル・エレクトリック社（米国）のジャック・ウェルチ元 CEO や、フォード・モーター社（米国）のアラン・ムラーリー社長など、世界的

企業経営者を指導してきたエグゼクティブ・コーチのマーシャル・ゴールドスミスは、どんなに優秀な経営者でも持っている何かしらの悪癖を、著書『コーチングの神様が教える「できる人」の法則』で、「20の悪癖」として紹介した。一般に、経営者には負けず嫌いで上昇志向が強い傾向があるが、それが強すぎると問題になる。彼らは組織内でポジションを築いた成功者でもあり、「自分は頭がよく、他者より優秀だったからこそポジションを得た」と自己定義してしまうことも無理からぬ話ではある。だが、そもそも「頭の良さ」に明確な基準はなく、頭が「良い」とか「優れている」というのは比較競争上の感覚であり、そんな自己定義は、優越しているという快感を得るための捉え方の一つでしかない。

　優れたリーダーは、部下や周囲の人をうまく巻き込み、彼らと一緒に成長することで組織も成長させるものだ。だが、肥大した上昇志向や、隠された自己不安の持ち主は常に比較対象や競争相手を欲し、寄ると触ると競争心で「上か下か」白黒つけたがり、不必要な"マウンティング"を繰り返す。彼らは他人に負けたくないという意識が強く、相手が部下でも些細なことで競争したがり、酷い場合は、負けたと感じられた相手を逆恨みする。さらに、見下している部下はリスペクトの価値なしとばかり信頼せず、その意見に耳を貸さなくなる。

　リーダーが、そのような「勝ち負け」で物事の多くを判断するような、狭い「思考の枠」に囚われた行動傾向の持ち主だった場合、周囲の者にとってリーダーを信頼することは困難だ。「さすがにそこまでは…」と大抵の方は思うかもしれないが、ゴールドスミスの提示する20の悪癖を眺めると、案外自分にも当てはまるものがあってドキッとさせられる。
　単なる「経営者という変わり者たち」の話としてではなく、誰しもが大なり小なり持っている可能性のある考え方の傾向（癖）と考えて、時々自己のスタイルを点検することは決して無駄ではないと思う。

リーダーが陥りやすい「20の悪癖」

1. 極度の負けず嫌い（誰に対しても、何を犠牲にしても、どんな状況でも、まったく重要でない場合でも、勝ちたいと思う気持ち）

2. 何かひとこと価値を付け加えようとする（どんなことにもちょっと口出ししたいという強い欲望）

3. 善し悪しの判断をくだす（他人を評価して、自分の基準を他人に押し付けようとする気持ち）

4. 人を傷つける破壊的コメントをする（不要な皮肉や痛烈なコメントをする）

5. 「いや」「しかし」「でも」で文章を始める（これらの否定的・限定的な言葉を使いすぎる）

6. 自分がいかに賢いかを話す（他人が考える以上に私は賢いんだと見せたい欲望）

7. 腹を立てているときに話す（感情的な興奮を経営ツールとして利用する）

8. 否定、もしくは「うまくいくわけないよ。その理由はね」と言う（頼まれもしないのに否定的な考えを吹き込む）

9. 情報を教えない（優位な立場を保つために、情報を他人と共有しようとしない）

10. きちんと他人を認めない（賞賛し褒賞を与えることができない）

11. 他人の手柄を横取りする（成功に対する自分の貢献度を過大評価する一番いやな手口）

12. 言い訳をする（不愉快な行動を、変えることのできない生まれつきのものとして片付け、他人がしかたないと思うようにさせる）

13. 過去にしがみつく（自分の責任を過去の出来事や人のせいにする、自分以外のすべての人のせいにする）

14. えこひいきする（誰かを不公平に扱っていることに気づかない）

15. すまなかったという気持ちを表さない（自分の行動に責任を取らない、間違いを認めない）

16. 人の話を聞かない（職場の人に対して敬意を払わない、もっとも受動攻撃的な形）

17. 感謝の気持ちを表さない（非常に基本的な悪いマナー）

18. 八つ当たりする（罪のない人を攻撃したいという誤った欲望）

19. 責任回避する（自分以外の人みんなを責める）

20. 「私はこうなんだ」と言いすぎる（欠点をまるで長所のようにほめそやす、それが自分なんだと主張する）

出典：コーチングの神様が教える「できる人」の法則　マーシャル・ゴールドスミス

第6章　組織とリーダーシップ

「組織」というものの本質

　本来、人間も他の生物同様、「生存しうること」を希求する生き物であり、そこには「種としての生存」と「個の生存」の２つの側面が存在する。ゆえに、種としてはなるべく広い環境に対応し繁殖し続けるための、多様な個体差＝個性を持たされている一方で、弱い一個体としての人間は、生き延びるための環境維持と安全性確保のためには集団に属する必要がある。そのため、人間は、「多様な個性を持ちながらも協調し、価値観を共有し、団結することを学習し実践することが求められている」生き物と言えよう。

　ただ、現代は社会の発展により、就労前の青年期までの間、個体としての生存危機を感じる瞬間は少なくなり、「集団に属さないと危険だ」という心理の切迫度は下がっている。それどころか、金銭や有価資産の取得が幸せの象徴というイメージが強まったこともあり、かつては幼少期から必要とされた、「自身が価値ある存在となって集団に溶け込む」努力の重要性が、以前に比べ、あまり顧みられなくなってきている。

　つまり、社会全体の制度や物質的インフラが快適になればなるほど、「良き集団、良き組織作り」に対する関心が薄れてきていたとも言えよう。

だが、かつてないほど不確実性が高まっている VUCA の時代、変化を乗り越えるためには、人がつながり、時に集団として協力し助け合えるような基盤を持つことの重要性が、再び注目されている。

　そこで、今一度、組織というものの本質についておさらいしておこう。アメリカの経営学者チェスター・アーヴィング・バーナード（Chester Irving Barnard、1886 年 - 1961 年、1938 年に主著『経営者の役割』を刊行）がその組織論において提唱した、「組織の 3 要素」から少し考察してみたい。バーナードは「ただの人の集まり」が組織になるには、次の 3 つの要素が必要であり、これら 3 つが揃って初めて組織となる、とした。
　・共通目的
　・協働意欲
　・コミュニケーション

困難が伴う、組織の共通目的維持

　1 人では達成できない何らかの共通した「目的」があり、そのために集まった人間が、高いレベルで協力（協働）するべく、コミュニケーションを取り始めることから組織は始まる。「なんだ、当たり前じゃないか」的な話ではある。だが、皆さんの組織や、その周りの組織を思い出してほしい。本当にメンバー全員が心から達成したい、獲得したいと思っている「目標」は、組織やチームの目標と共通化されているだろうか。

　「大丈夫、ウチの職場は経営方針を壁に貼っていますから、やるべきことはわかっています」。それはそうかもしれない。ただ、創業後数年のベンチャー企業はいざ知らず、創業後数十年も経過し従業員も代替わりしているような企業であれば、自社目標を心の底から「自分の一番したいこと」と考えている社員はそう多くないのも一面の現実であろう。

　例えば、社員に「何のために、この会社で働いていますか」と尋ねてみたと想像してみよう。「若い頃に覚えた仕事で、こうやって毎日働けば安定した給料がでるし、いい会社よ」「今はですね、ワークライフバランスの時代ですから、趣味の時間との両立は魅力です」「ウチは社長だって私の仕事に文句は言えませんし、私しかいません。この仕事は私しか分からないし、それで長年支えているんですから」。

　よく聞く話だが、いずれも、組織本来の目標、目的より「自分の都合」が主たる目的となっている。組織も成立からずいぶん時間が経過し、存続への懸念が薄まると、当初は組織の目標、目的と合致していた「自分の都合＝自身の頑張る目的」は、個人ごとにバラバラになっていき、各メンバーが「何のために仕事をしているか」は千差万別となってしまう。仮に「今期の収益アップ」とか、「お客様の満足度向上」などとスローガンはある程度、共通認識されていたとしても、「本音のところの、働く目的」はバラバラになっていることも珍しくないのである。

　違う目的で行動する者たちが、自分の都合を犠牲にしてでも組織目標のために高いレベルで意欲的、献身的に協力＝協働することは難しい。そうなると、自分の都合を優先し、組織の目標達成に反する行動も見られるようになる。「慣れた業務がなくならないよう、業務をあえて複雑にする」とか、「ポジションを脅かされないように若手新人へ仕事の重要ポイントをあえて教えない」などの行動もごく当たり前となっていく。
　組織集団として「無理せずとも、まず今の状態は維持できる」という認識の下では、「自己を少々犠牲にしてでも組織の本来目標のためによい方向へ意識的に変化すること」は、とても困難な面を持っているのだ。もし、あなたが、マネージャーとして組織に正しい変化を引き起こそうと思うのであれば、バーナードのいう「組織の3要素」は、次の意味づけにおいて最低限意識し、対処すべき事柄といえよう。

> 共通目的：組織自体の目的と一致度が高く、メンバーが目指したい
> 　　　　と思える「魅力的な共通目標」
> 協働意欲：組織のために、がんばりたい、共通目的に、協力したい、
> 　　　　貢献への意欲、モチベーション
> コミュニケーション：上記 2 つを実現向上するためのポジティブな
> 　　　　メンバー間相互関係行動

成果を生み出し続ける職場とは

　では、そんな「組織の 3 要素」を念頭に、組織形成後も長く成果を生み出し続けられる職場組織についても考えてみよう。組織は構成する人々の個性や、背景状況、経過時間などによってそれぞれが独自の個性を持つようになっていく。これによって、組織は固有の「風土」や「文化」と呼ばれるものを形成していくことにもなる。どのような企業や集団にも、何となく意識している雰囲気のようなものはあるだろう。この組織の個性は、一概にどのような雰囲気や考え方が良いか悪いかは言えないものだが、組織の目標達成において非常に大きな影響を及ぼすことは知られており、これまで多くの研究者のテーマとなってきた。

　「連結ピン」の章でも登場した、米国ミシガン大学の社会心理学者、レンシス・リッカート（R.Likert）もその一人で、1961 年に「マネジメント・システム論」という理論を提唱している。この理論は、現場監督者を対象に行った研究結果によって確立されたもので、教育機関名をとって『ミシガン研究』とも呼ばれている。この研究でリッカートは、組織を、管理者の下でメンバーが相互作用する「システム」として捉え、この研究で「業績」と「モチベーション」の関係性を理論化し、リーダーシップに関わる管理システムを次の 4 つに分類した。

権威主義・専制型　（システム1）
温情・専制型　（システム2）
参画協調型　（システム3）
民主主義型　（システム4）

図表18　マネジメント・システム理論（R.リッカート）概念図（筆者作成）

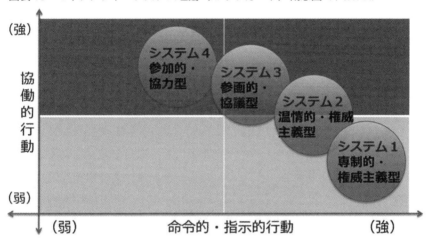

それぞれのシステムには、以下のような特徴があるとしている。

システム1　権威主義・専制型　→　徹底した課題志向
・権威主義的で、リーダーは部下を信頼せず、意思決定に参加させない。
・部下は、主として恐怖・脅迫・懲罰によって働かされ、時々与えられる報酬で何とか生活している。
・リーダーと部下の相互作用は稀で統制機能はトップに集約されている。

　権威主義・専制型（システム1）は、徹底的に短期的な業績・成果を重視した課題志向型組織（システム）といえる。作業を統制するのはリー

ダーのみで、作業者であるメンバーには基本的に意思決定権がなく、ほとんど意見が言えない、トップダウンの究極形、のイメージと言えよう。

　このシステムにおいて、モチベーションにつながる行為は懲罰・脅迫が主体となり、報酬は、それに比すれば非常に少ないという、メンバーにとっては非常に厳しい環境ともいえる。「飴とムチ」で言うなら「ムチ」がほとんどで、日本の企業で言えば「ブラック企業」と呼ばれる企業の多くはこの型が多いと考えられる。

　歴史ある大企業に勤務されている方々は、「今時、そんな組織があるのか」と思われるだろうが、昔からワンマンのリーダーがいる中小企業や、急成長中で未成熟な組織には、意外にこの型が多い印象がある。この組織（システム）においては、リーダーの人間性や個性が組織に及ぼす影響がかなり大きく、リーダーの器量によっては、非常に効率的に業績・成果を上げ、組織拡大を実現している例は思いのほか多い。

　特に、集団心理を上手く利用することでリーダーを「別格化（神格化）」し、厳しい統制も「仕方のないこと」とか、「卓越したリーダーの下では当然だ」といった心理へ巧みに導くことで、組織外の者から見れば驚くような一体感を示していることも珍しくない。

　ただ、リーダーの懲罰と力によるこの統制下では、メンバーはリーダーの顔色が最大関心事項となるため、メンバー同士の意思疎通に心を振り向けるゆとりがなく、自律的、能動的かつポジティブな横のコミュニケーションは生じにくい。一般的には、安心して自分の意見が言えない環境では、満足のいくパフォーマンスを長期的にあげ続けることは困難なため、離脱者も多く、その結果としても同質化が強化されている。この仕組みでは、リーダーの思考のスケールがそのまま企業のスケールとなり、成果はリーダーの器に依存、かつ「一代限りの繁栄」となってしまうことも多い。

システム２　温情・専制型　→　課題志向＞弱い人間関係志向

・リーダーは部下をある程度信頼するが、主人が召使いに対するような
　恩着せがましいやり方をとる。
・意思決定・目標設定は、予め決められた範囲では部下のレベルでもで
　きるが、多くはトップが行う。
・報酬、懲罰の「ほのめかし」によって、部下の動機付けを行う。
・リーダーと部下の相互関係はあるが、恩着せがましく、部下の側には
　恐怖と警戒心がみられる。

　温情・専制型（システム２）は、基本的には権威主義・専制型（シス
テム１）と「地続き」であり、指示系統はリーダーのトップダウンであ
る。報酬が少なめなところも同じであるが、度合いとして異なるのはリー
ダーが権威主義・専制型（システム１）に比べれば多少は優しく、恩着
せがましいながらも、「（リーダー自身が考える）温情」について重きを
置いているところで、日本企業で言えば「よくある形」である。

　権威主義・専制型（システム１）に比べ若干の話し合う余裕があり、
作業指示や管理はリーダーが全て行うものの、メンバーが「変えた方が
いいんじゃないか」と思うことの提案は可能である。ただ、提案はでき
ても、それを受け入れるかはリーダーの裁量一つ、であり、例えるなら
日本の明治期の封建的親子関係のようなイメージになるかもしれない。

　メンバーを動かす際、リーダーは権威主義・専制型（システム１）ほど
厳格な懲罰や圧迫はしないが、背景にはそれが常に意識されざるを得ない
ため、メンバーにとって高い心理的安全性を得られる環境とはなりにくい。

　リーダーの力量によってある程度の業績は見込めるものの、メンバー間
の人間関係は成熟することが難しいため協働への意欲が湧きにくく、また
人材育成に必要な自律成長感も乏しいため、外部事業環境の大きな好転な
どがなければ、こちらも長期的な組織発展は一般的に難しいといえよう。

システム3　参画協調型　→　課題志向＝人間関係志向

・リーダーは部下を全面的ではないがかなり信頼し、基本方針や全般的決定権はトップにあるが、個別問題は部下に権限委譲される。
・コミュニケーションは双方通行的に行われ、動機付けは報償と時により懲罰、ある程度の参画が用いられる。
・相互作用も頻繁になり、統制機能のかなりの部分が部下に委譲されている。

　参画協調型（システム3）は、作業の指示統制の多くを、配下メンバーに任せるという考え方である。リーダーは組織全体の目標や方針といった基本部分の決定権を持ちつつも、個々の案件についての権限はメンバーに委ねるため、権威主義・専制型（システム1）や、温情・専制型（システム2）と比べると、意見は言いやすく、リーダー対メンバー、メンバー同士、どちらの意思疎通も活発に行われる。こうして、権限がリーダーとメンバーにそれぞれ適切に振り分けられた場合、「成果達成」と「人間関係の良好さ」が両輪のように重視されることとなる。

　モチベーション向上につながる要素として、権威主義・専制型（システム1）や、温情・専制型（システム2）では懲罰や叱責への恐怖が多く用いられるのに対して、参画協調型（システム3）では、メンバーの自己決定に対するこだわりや、メンバー間の称賛等による承認欲求の充足などが効果を発揮するようになり、懲罰・叱責への恐怖感などは、組織統制に困った際に多少用いる程度、に抑えられていくこととなる。

　創業者の記憶も遠く過去となったような、歴史ある日本の大企業などでは、組織の長期存続のため、成長スピードは多少犠牲にしてでも、システムの持つ自律修正機能を重視し、参画協調型（システム3）が必然的に選択されてきていることも多い。この型では、問題リーダーが出現しても、一定のルールの下、次のリーダーが選抜され軌道修正されやすく

なる。温情・専制型（システム2）統治によるワンマン経営の中小企業で、その後の大企業化へ向けて、参画協調型（システム3）へのターンオーバーができるかどうかが、成功への分水嶺になっている事例も多い。

システム4　民主主義型　→　課題志向　＜　人間関係志向

・リーダーは部下を全面的に信頼し、意思決定は広く組織全体で行われるが、バラバラにならずに統合されており、コミュニケーションは上下のみならず同僚間でも積極的に行われる。
・部下は全面的に参画が認められ、動機付けられ、広範な相互作用が確保される。
・評価と統制は全ての階層で完全に行われる。

　民主主義型（システム4）は、リーダーは組織統治（ガバナンス）に心を砕きつつ、メンバーにほぼ作業統制を任せる、という考え方である。
　基本的にリーダーはメンバーを全面的に信頼しているため、上下間はもちろん、メンバー間の意思疎通もスムーズで活発となる。そこでは「成果を上げること」も重視しつつも、成果を生み出すサイクルの出発点（基盤）として、まず「ポジティブな相互的人間関係の構築」にメンバーが重きを置いていることに特徴がある。

　この仕組みはメンバーにとって心理的安全性が最も高く、働きやすい環境のため、額面通り機能すれば、モチベーションの維持、向上が期待できる。ただし、特定リーダーの個性に依存しない分、背景として構成員全体の高いモラルや精神的成熟が必要とされ、そのための組織開発や人材教育にコストを惜しまない姿勢が求められる。これを怠ると、安易な迎合や易きに流れる気風の発生、時にはメンバーの暴走などを許し、組織全体のパフォーマンスが低下する可能性も考えられ、組織としてどこまでこのスタイルを維持できるかが課題になる面がある。

リッカートらは、この理論を提唱した際、「民主主義型（システム４）が最も業績が上がる」と結論づけた。確かに、組織の安定継続の点では、傑出したリーダーに依存し過ぎない「民主主義型（システム４）」は安定感があるといえる。だが、予定調和的に陥りやすい側面もあり、市場拡大期などでリスクをとって組織を拡大発展させるには不向きな面もある。

　事実、経済界には、今日もなお様々な型の企業が存在し、「業績」視点だけで言えば、非常に優秀な結果を残している企業が必ずしも民主主義型（システム４）とは言えず、一概にどれが良い、とも言えない面もある。
　だからこそ、リーダーシップのあり方が組織パフォーマンスやメンバーのモチベーションに及ぼす影響の分析は、今日、さらに重要性が増しており、これらの類型を念頭に考察することは非常に有意義であろう。

インテルの盛衰とリーダーシップ

　ここまで見てきた類型を基に、どのような形態を作り上げるかは、例えばリーダーの能力や思想、組織形成からの経過時間、ビジネスシーンの外的状況、必要な変化の度合いなど様々な変数の下、非常に相対的な面があり、時に角度を変えながら熟考されるべきものである。そこで、参考までに現実の組織事例から、もう少し考察してみよう。

　まず、PC（パーソナル・コンピューター）プロセッサで有名なインテルの例を挙げよう。ご存じの方も多いと思うが、インテル社製のメインプロセッサ（MPU：PC の頭脳部分にあたる）は、マイクロソフト社の Windows OS とともに、今日の PC の世界標準として、1990 年代以降の爆発的な PC 普及を支えた。元々、揮発性メモリの一種である DRAM のメーカーだったインテルは、日本企業の攻勢に遭い、一時は存続が危惧されるほどの状況に陥った。そのインテルを PC のプロセッ

サメーカーへと変貌させ、世界一の半導体メーカーへ成長させたのは、3代目CEOだった、アンドリュー・グローブの辣腕だった。

「偏執狂（パラノイア）のみが生き残る」と言い放つグローブCEOは、インテルが進むべき戦略ベクトルを明快に指し示し、全ての社員のエネルギーを徹底的に結集させようとした。そのグローブCEOについて、インテルの元幹部は、次のようにコメントしている。「グローブは物事を信じられないほどはっきり述べた」「彼の前では誰でもがこき下ろされた」「彼の言葉に人々は怯えた」「彼が一度決定したら一切覆すことができなかった」「自分のやり方で全てのものを押しのけて進んだ」「自分のやり方に合わない人には、邪魔だといった」。

グローブCEOは、恐怖政治により強烈な中央集権制度をつくり上げ、社内の全ての報告をグローブCEOと「ミスター・インサイド」と呼んだクレイグ・バレット（Craig Barret）COOの2人に上げさせ、決定事項の全てをこの2人が決定した。こうしてグローブCEOが一切の容赦なくPC用プロセッサへ戦略を集中した結果、インテルは巨大な成長を遂げ、1992年には半導体売上高で世界1位に躍り出た。

その後、グローブCEOの忠実なCOOだったクレイグ・バレットが4代目CEOになったが、世の中にはインターネットや携帯電話が普及し始めており、バレットCEOは多数の企業買収により、PC用プロセッサ企業から携帯電話やインターネット関連企業へ転換を図ろうとした。

しかし、買収した企業の幹部のほとんどが、グローブが築き上げた「インテル・カルチャー」に馴染めず早々に退職、インテル社内は再び大混乱に陥ったのである。外部環境が変化し、組織も柔軟な変化を求められたのだが、グローブが強烈にPC業界に集中したことによって築き上げた「インテル・カルチャー」はあまりにも強烈で、インテル社内に隈なく、しかも濃厚に浸透していた（特にバレットCEOの頭脳には）ために、グローブ以上のことは何一つできなかったと考えられる。

その後、バレット CEO の後を継いだ 5 代目 CEO、ポール・オッテリーニ（Paul Otellini）CEO は、この反省を踏まえ、グローブ・バレット時代のように、CEO の経営戦略を忠実に実行するための COO を設けず、複数人のディレクターをボードメンバーに据え、権力を分散し、グローブとバレットが築き上げたインテル・カルチャーからの脱却を図ろうとした。そして、2005 年第 2 四半期から 2012 年第 3 四半期の間に記録的な売り上げ（388 → 540 億ドル）と利益（1 株当たり年間 1.40 ドル → 2.39 ドル）を達成したが、これらはほとんど PC 用プロセッサによるもので、依然として新規事業は成功しなかった。

　2005 年頃には、アップルの故スティーブ・ジョブズ（Steve Jobs）CEO が初代 iPhone 用プロセッサの製造委託をインテルに持ち掛けたが、オッテリーニ CEO はこの申し出を断ってしまい、後に「インテル史上最大のミスジャッジ」と言われることになった。その結果、オッテリーニ CEO は 2013 年 5 月には引責辞任を余儀なくされたのである。

　インテルの例に見るように、今日のグローバル・スタンダードをめぐる激しい競争下では、卓越した慧眼を持つビジョナリー・リーダーによる、スピード優先の辣腕ワンマン経営が世界を席巻する傾向にある。業界標準をめぐる戦いは「勝者総取り」ゆえに激しく、大組織で長年、他者協調に腐心してきた「調整型リーダー」では務まりにくい。成功は、非凡の才と強いエゴを併せ持ったリーダーが、たまたま才能発揮の場を得たレアケースである面も否定できないだろう。

　そもそもグローブもジョブズも「創業メンバー」だからこそ（グローブはインテルの入社第 1 号社員）の出世でもあり、もし皆さんの会社に彼らのような人間が入社しても、おそらく定着すらおぼつかないだろうし、大半のビジネスマンが彼らのあり方を真似ても、成功の可能性は未知数だ。また、その後のインテルの試行錯誤に苦しむ状況や、メディアに取り上げられるまでもない、我々の身近にある多くのワンマン経営失

敗事例の山の前では、むしろ一人の人間の能力に依存することの怖さ、難しさが浮き彫りとなっていることも一面の真実であろう。

傑出したリーダーのいない時期こそ組織づくりのチャンス

リッカートのシステム論でのシステム1、2にあたる専制統制的組織は、意思決定に時間をかけない分だけ速く、大きく発展しやすいが、そこには卓越したビジョナリー・リーダーの存在が必須条件となる。リーダーが凡庸だったり、私欲のために権力を濫用、あるいは悪意がなくとも誤った先入観で権限を行使したりすれば、遅かれ早かれ衰退する。

これに対し、システム3、4をとる組織は、その狙いの通り機能すれば、構成するメンバーの自律成長が促され、協働して正の影響を及ぼしあうことで、必ずしも卓越したリーダーがおらずとも長期的な維持成長を可能とすることができる。ただし、その持続には、いわゆる構成メンバーの意識の高さ、例えば、「基本的人権の大切さ」「組織における権利と義務」「次世代に対する責任感」「個人の利得よりも集団の公平感を優先できること」「時に対立しても意見の多様性が重要であること」等々についての高い理解度・浸透度、いわゆる「民度」の高さが必要となる。

今日では民主主義国家を標榜する日本も、軍部の専制が招いた悲惨な敗戦経験への反省も念頭に、国家元首の権限はある程度制限し、専制君主や特定集団による国家の私物化や不安定化を防ぎつつ、意思決定に多少時間がかかろうとも、高い民度に支えられた合議による安定感ある国家運営を目指すようになった。そうして現在、その理念は継承され、日本はそれなりに安定し繁栄発展し続けることができているといえよう。

ただ、国際社会に目を転ずれば、民主主義を真の意味で国家運営に反

映できている国はほんの一握りしかない。大国でもロシアや中国は専制主義でこそ成り立っているし、長い専制主義体制下で低成長に苦しんだ国家群に、「アラブの春」に代表されるような民主化の動きが一時的には起こったものの、その後の民主主義定着には多くの国が苦闘し、そのいくつかは専制主義に舞い戻っているのが現実である。つまりそれだけ、卓越したリーダーに依存せずとも、組織が長期にわたり安定的に、かつ高いレベルで成果を生み出し続けることは難しいことであるともいえる。

　歴史では、ヒーローのドラマチックな物語が注目されがちだが、実のところ、傑出した人物もなく物語的にはあまり面白くない"合間"期間の変化、変遷がその後の命運を左右していることも多い。そんな合間の出来事から教訓を得ることも重要である。人間が主体である以上、代替わりが避けられない組織や国家は、「継続すること」も重要な目的であり、1人の人間の盛衰と軌を一にすることは必ずしも好ましくない。

　インテルの例でいえば、「グローブ後」もまた組織として問題なのである。現実の世界は、卓越した「絵になる」リーダーの時代ばかりではない。「リーダーが誰であろうと意識の高い中堅以下に支えられ、常にメンバーは生き生きと働き、業績がよく、発展し続けている組織」が数多く生み出され、維持されていくシステムについて思考を巡らせ、その実現に力を尽くすことも、社会に生きる者として大切である気がする。

心理的安全性 〜 Google の挑戦

　この点で、米国における学術成果の実業界への効果的フィードバックのありようは多くの示唆に富んでいる。2012 年、米国グーグル社（以下 Google と表記）が、「プロジェクト・アリストテレス」という組織の生産性向上のための改革プロジェクトを立ち上げた。これは、生産性の高いチームのありようを解明することを目的としており、180 ものチー

ム（エンジニア系115チーム、営業系65チーム）を追跡し、組織心理学者や社会学の専門家支援の下、様々な角度から収集した大量のデータを解析したものだった。これにより導き出された「本当に効率的で成果を挙げられるチーム」の条件は、「優秀なメンバーがいるかどうか」ではなく、「メンバー同士がいかに協力しあっているか」にあるという、実に興味深いものであった。この調査結果から成果を出し続けるチームの共通点として「心理的安全性」という概念が注目を集めるようになる。

Google は 2015 年に自社の情報サイトである『re:Work』のなかで、成功するチームを作るための、以下「5つの鍵」を公開している。

　　1．心理的安全性（Psychological Safety）
　　2．相互信頼性（Dependability）
　　3．構造と明確さ（Structure & Clarity）
　　4．仕事の意味（Meaning）
　　5．仕事のインパクト（Impact）

心理的安全性（Psychological Safety）という言葉は、元は心理学用語で、組織行動学者のエイミー・エドモンドソン教授が1999年に論文「Psychological Safety and Learning Behavior in Work Teams」で提唱した心理学用語「Psychological Safety」を訳した言葉である。

Google の行ったプロジェクトの調査団に、心理学のエキスパートがいたことから使われ、「不安や恐れを感じることなく、発言や質問が出来る環境や関係性」という意味づけがなされている。

例えば、「会議のスピードの速さについていけないことを躊躇なく打ち明けられる」「分かっていないのは自分だけかもしれないと不安に思うことなく会議のゴールを質問できる」といった状態のことを言う。Google によれば、その他の4つの鍵の土台であり、5つの鍵の中で最も重要だとされているのが、この心理的安全性である。

エドモンソン教授によると、心理的安全性が高いということは、「チームに『他のメンバーが自分の発言を拒絶したり、罰をあたえたりしない』確信のある状態のことで、対人関係にリスクのある行動をとっても、メンバーが互いに安心感を共有できている状態」と定義される。

　これは、メンバー全員が「こんなことを言ったら否定されるのでは」「能力が低いと思われるのでは」、あるいは「意見の相違が上位者の機嫌を損ねるのでは」といった不安や恐怖を感じずに、臆することなく発言・行動し、仕事に取り組める状態のことで、その状態の実現に重要な意味を持つのが、メンバー同士の関係性になる。

　それは、単に「居心地のよいぬるま湯」のような人間関係や、何も問題が起こらない状態を示すのではなく、問題や課題も含めて何でも言い合え、一人ひとりが弱みを含めて自分をさらけ出せる関係を築くことが可能な関係性、を意味している。

　「世界的大企業の大々的研究結果が『メンバー同士が本音で協力し合う関係性のあり方が大切』だなんて、そんなことは当たり前じゃないか」と感じる方もおられるかもしれない。だが、そんな当たり前のことが当たり前ではない職場、組織が現実社会には非常に多いのである。

　もし、組織の目的とチームメンバー自身の目的が一致し、自分が一番したいことを頑張ることが、そのまま組織のためになるとなれば、人は積極的に自分の意見を言うようになる。各メンバーは自分のためともなれば、より本気で状況の改善を考えるようになるので、これは当然のことである。また、この行動を圧殺してしまえば、チームへのロイヤリティーやエンゲージメントはあっという間に失われてしまう。

　大切なことは異論を封殺するのではなく、前向きな感情の中で建設的に調整しあう風土作りなのである。それができている集団は、結果的に高い「心理的安全性」を持つことになる。よく考えると、確かにごく当

たり前のことでもある。だが、そのような関係性はどんな職種にでも、いつでもどこでも自然に生まれるわけではない。

そこに良質のマネジメントが必要なことは勿論、メンバーの意識の高さや、心理的成熟も必要であり、そのための人材育成が重要となる。それらが未整備で、短期的な成果達成だけを目的にするならば、むしろワンマン的な強権統制をもってスピード感ある意思決定により集団を動かす方が効果的に見えてしまうことも一面の事実であり、現に世に名だたる有名企業の中には、強烈な統制のもとに成功している企業も多い。

ただ、統率者の力量や個人的願望、思考のあり方に左右される上、構成メンバーたちの内面的、自発的な動機に乏しく、長期的かつ献身的な貢献をさせ続けることは難しいため、同じメンバー構成で長期的に成功し続けることは非常に困難である。卓越したリーダーの下で成功していても、メンバーたちの幸福感は低く、またその人物がいなくなった時に大きな危機に陥りやすいことも、そういった企業の特徴なのである。

米軍司令官が目指した Eyes on, hands off マネジメント

ここで、企業の世界とはちょっと異なる組織の例も見ておこう。

チーム、組織の統制スタイルの差異が、組織の行動成果に最も直結する世界、それは軍隊の世界かもしれない。ご存じのように、軍というものは作戦に失敗すれば、隊員たちにとってかなりの確率で死の危機に瀕することはもちろん、国家としても存亡の危機ともなりかねない、いわば「失敗の許されない組織」である。ゆえに、一般的に強力な上意下達組織のイメージが浮かぶかもしれない。

だが、一度戦闘状態に入れば、双方、死力を尽くして相手の裏をかく行動を模索する訳で、戦場は予測の難しい変化の連続となる。そのような状況下では、高度な破壊力を持つ兵器の有無もさることながら、実の

ところは戦地でのあらゆる状況変化に柔軟に対応し、必要最適な組織行動が即座に選択され実行されるような、チームとしての「組織行動の質の高さ」が勝敗を分けることも少なくない。そのため、先進国の中でも最も現実の戦闘を多く遂行し、様々な経験値を積み上げている米国は、組織心理アプローチによる組織行動の質の向上に取り組み続けている。

　スタンリー・アレン・マクリスタル（Stanley Allen McChrystal、以下、マクリスタル司令官と称する）は、米国の軍人で、2003 年から 2008 年までは統合特殊作戦コマンド司令官（中将）などを務め、アフガニスタン戦争において、国際治安支援部隊（ISAF）司令官およびアフガン駐留軍司令官を務めた人物である。大将を最終階級として退役後、アドバイザリーサービス、経営コンサルティング、およびリーダーシップ開発などを手掛ける会社を設立し、軍人としても、ビジネスマンとしても、まさに現場での実践活動において活躍を続けている。

　その彼が指揮官時代の 2003 年〜 2005 年、米軍はイラクでサダム・フセイン大統領逮捕後もなお、アルカイダとの泥沼化した紛争の中にいた。アメリカ軍は当初、個人や部門が分担化されたきれいな縦割り型の、いわゆる軍隊式組織の命令系統で、フセイン政権の残党を比較的順調に駆逐していった。しかし、戦う相手が残党からアルカイダへ変わり、これらとの戦闘が本格化すると、装備や練度で大幅に劣るはずのアルカイダに翻弄され、劣勢に回ることが多くなった。

　分析の結果、アルカイダの組織は、階層構造ではなく、固定的な司令官のいないアメーバ状のネットワーク構造をとっており、その強さは組織の復元力にあるとわかってきた。アルカイダは 1988 年にパキスタンで結成され、元々は一般的な企業のようなピラミッド型階層組織をとっていたが、2003 年にイラクに現れたアルカイダは、過去 15 年間で普及

したITの力で、独自のDNAを形成していたのである。

　彼らは、日常で使いこなしていたインターネットや携帯電話を、テロリストとしても活用するようになっていて、激しく変化する戦況の中、素早く連絡を取り合い小さなチームで体制を立て直し、奇襲攻撃を仕掛けるなど、フレキシブルな作戦でアメリカ軍の裏をかいていた。

　ピラミッド型の組織統率により、統一的に計画された作戦行動の下に行動する国家正規軍同士の戦いでは、互いに似通った戦略発想、意思伝達の手法となるため、過去の経験やデータベースに基づく状況予測は比較的容易であった。しかし、ピラミッド型組織も統一的な作戦計画も持たず、組織目的を強固に共有しながらも柔軟性と適応性に長けたアルカイダは、アメリカ軍にとって、過去のどんな相手よりも迅速かつ柔軟で、予測できない新たな戦いを強いられることとなった。

　その中で、マクリスタル司令官は、大きく変化した戦いの環境下でも変わっていない、自軍の20世紀型の組織マネジメントに課題があると気づき、組織の構造の根本的な改革に取り組んだ。そのとき彼が採用した三つの施策が、「情報統制の撤廃による透明性の向上」「要員交換プログラムによる横の結束の構築」、そして「徹底的な権限委譲」だった。

① 情報統制の撤廃による透明性向上

　米軍では、オペレーション・アンド・インフォメーション状況報告、通称O&Iという、一般企業でいう進捗報告会議がある。マクリスタル司令官は、ここにセキュアなビデオ会議を導入し、この進捗会議を全員参加にするだけでなく、どんなに極秘な情報であっても全て公開情報としてこの会議で取り上げた。米軍のようなミッションクリティカルな領域では、情報を秘匿するのが常識だったが、彼は情報感応性の高くスピード感のある敵と対峙するには、チームを信頼し、情報を共有する方がリスクよりもメリットがあると判断したのである。

119

② 要員交換プログラムによる横の結束の構築

　これは、チーム間で人員を転属させる仕組みだが、長年の訓練で共に築き上げた同質性の強い結束こそが軍の生命線という意識もあり、当初、強い反発を受けた。しかし、いざ命令が下りると、各隊は部隊代表としてエースを送り込み始める。こうしたエースは他者との関係構築の才能があることが多く、新たなチームのスムーズな形成はもちろん、それぞれのチーム同士のパイプ役として、対立を避けながら全体勝利を目指すための、チーム同士の結束を生み出す原動力となっていった。

　これにより、異なる背景をもつ者同士が馴染んでいき、多様性を受け入れる形で全体の文化的理解が深まることで、広範な信頼関係が生まれ、最終的には全体オペレーションの改善につながっていったのである。

③ 徹底的な権限委譲

　マクリスタル司令官が統合特殊作戦コマンド（JSOC）の指揮を執り始めた頃、彼もご多分に漏れずトップダウンで全てを指揮しようとした。が、この官僚的なプロセスは時間がかかり過ぎる上、承認する立場とはいえ現場ほど多くの情報を把握しておらず、その承認は、意思決定のプロセスに何も貢献していなかったことに気づかされる。

　リーダーは、自分が複雑な状況を理解し、予測できる気になりがちだが、変化が早く複雑で、相互依存的な環境では、司令官の目が届くスピードより、問題の深刻化スピードの方がずっと早いことを理解するのに、時間はかからなかった。そこで、彼は個別の作戦の判断をやめて、一連の流れの監督に徹したのである。これにより、月あたりの作戦行動を10〜18回から、300回まで増やすことに成功した。この変革後、彼は、「Eyes on, hands off」（見守りつつも、手を出さない）」の姿勢を貫いた。

　ではリーダーは不要か、というとそうではなく、彼は新しいリーダーのあり方をこう記している。「マイクロマネジメントをし過ぎず、部下

に多くを委ねる姿勢が求められる現代のリーダーシップは、かつてなく重要性を増している」「上に立つ者の役割は、糸を引いて人形を操ることではなくなり、環境を作り、一定のルールを設け、組織文化を定義することであり、組織内コミュニケーションのスピードを上げ、迅速に動けるよう人に権限を与え、彼らから学ぶこと、になったのである」。

　さらに彼は、これらの効果的な実行のために、二つの要素に注目した。一つには「負けている」という現実認識から来る危機感で、これにより劇的な変化の試みを浸透させた。そしてもう一つは、アルカイダをも変えたIT技術によるコネクティビティ（接続しやすさ）で、これにより27ヶ国に分散された部隊で人と人の緊密な接触を可能とし、大きな成果を生み出した。「最先端の軍の装備と言えば普通は兵器を想像するはずで、スカイプ（ビデオ会議ツール）の拡大版だとは思わないだろう」と彼は言っている。これは、変化を拒絶するのではなく、変化をうまく味方につけることこそが、成功へのキーになることを示している。

「失敗」を最大活用する「高信頼性組織」

　いずれにしても、彼のとった三つの施策は、そのどれもが、組織を構成するメンバーが高いレベルの「信頼」で結びついていることが、その土台となっている。情報に関する透明性の向上も、横の連携性の向上も、徹底的な権限委譲も、揺るぎない相互信頼がなければ成立しない。

　そこで、このような、個々が強い信頼で結ばれているチームのあり方を、「高信頼性組織」というキーワードをもとに考察してみよう。
　高信頼性組織（HRO：High Reliability Organization）とは，『複雑な社会・技術システムの中に埋め込まれ，微細な欠陥やミス，トラブルが大事故につながる危険性がある過酷な条件下にもかかわらず，高い信頼

性・安全性を長期的に維持し続けている組織』をいう。これは、元々は
カリフォルニア大学バークレーグループの研究者たちが、「なぜ事故が
起きないのか」という素朴な疑問を出発点に、初期の研究対象である原
子力空母、航空管制システム、そして原子力発電所などの大規模な公共
インフラ系で参与観察を行った研究から導き出された定義、とされる。

　絶えず変化する状況の下、僅かなミスやトラブルが大きな危機につな
がりかねないハイレベルな緊張感の中でも、メンバーが落ち着いて個々
の役割を淡々と遂行しているような、「ダイナミックな無風状態」をキー
プし、しっかりとミッションを果たす組織のイメージである。

　この「高信頼性組織」には、5つの行動原理があげられている。これ
らの行動原則は、複雑さが増し変化速度が急激に速くなった今日のビジ
ネス界においても、有用な示唆に富んでいる。特に、組織の成長のため
に「失敗」を最大活用するマネジメント姿勢に注目すべきであろう。

高信頼性組織の五つの行動原理

＜未然に防ぐ原理＞
1：失敗に着目する
　　自らの成功体験よりも失敗体験を重視する。
2：単純化に抵抗する
　　組織内外の現状に対する認識を過度に単純化することを戒める。
3：オペレーションに鋭敏になる
　　多くのシステムの内側に存在する、面倒な現実に敏感に反応する。

＜早急な対処の行動原理＞
1：レジリエンスを重視する
　　失敗があってもオペレーションの制御を失わず、継続し、元に戻る
　　ことができる。
2：専門知識を尊重する
　　直面する問題に関し、適切な知識を備える者に意思決定権を委譲する。

　組織運営上によく見られる、「ミスを叱責することで規律を正す」という旧来型のマネジメントは、一定の抑止効果はあるものの、度を超せば隠蔽体質を生み、小さなミスがさらに大きく致命的なミスを誘引し、チームのパフォーマンスを下げるという結果を招来してしまう。

　しかし、一人の部下の失敗がチーム全員の命に関わるようなミッションを果たす場合、小さなミスが起こった時こそ、すぐにチームメンバーで共有し、ミスをリカバリーするための策を皆で即座に練ることが必須となる。起きたミスを繰り返さず、失敗を知見として生かしていくマネジメントを可能とするには、チーム全員が、失敗や自分の弱みを報告しやすい空気を作ることが大切となる。これこそが、心理的安全性の重要性にもつながる、組織発展のためのキーポイントになるのである。

第7章　リーダーシップと権力

「権限」と「権力」の違いとリーダーシップ

　ここまで、様々な事例も踏まえ、組織とリーダーのあり方を見てきた。実際のところ、そのあり方は様々で、スタイルによって組織が全く異なる様相を示すことはお分かりいただけたと思う。とはいえ、リーダーとは言ってもたかだか一人の人間である。そんな一人の人間によって組織がそれほどまで変化するというのは、一体どういうメカニズムなのだろうか。

　一般人よりも卓越した能力、例えば野球が上手い、歌が上手い、腕力がある…、そんな能力に魅力を感じて人が集まることはあるだろう。有り余る財産を持っている場合も人は集まるかもしれない。だが、世に無数に生まれるチーム、組織のリーダーが皆、そんな能力を持ち合わせている訳でもない。なのに、組織と言えばリーダーあるいはリーダー的な存在の者がいる。これは裏を返せば、組織や集団の運営には「リーダーが必要」なのであって、目ぼしい者がいなくても、とりあえず誰かにリーダーになってもらう方が上手くいく面があるということなのである。

　そして、リーダーには、組織メンバーの「期待役割を果たすために適切に行使して欲しい」という期待とセットで承認された「権限」が与えられている。これは、リーダーが消去法的に選ばれたとしても、である。

　この「権限」は、リーダーやマネージャーが職務上の役割責任を果た

すために必要な意思決定のための権利であり、職務に応じて、メンバーに承認された、なすべき仕事の範疇であり、果たすべき義務でもある。あくまでもリーダーという「役割」の職務に付随したもので、行使できる範囲が客観的に限定された権利であって、属人的なものではない。

　つまり、メンバーの期待に応えるために預けられ、そのために使うべき権利＝裁量権と言えよう。リーダーはまず、この役割に与えられた権限を基にチームを運営し、経験を積み上げるところから始まる。

　そうしてリーダーは、チームの運営経験を積み上げていくうちに、「権力」ともいうべき力を手にしていくことも少なくない。「権力」は、「権限」のように仕組みとして承認された権利のみならず、属人的な能力をも指し、全体として「他者を何らかの強制力によって従わせる力」を指している。

　例としてはまず、シンプルに「肉体的な力」があげられよう。リーダーに従わないと、暴力などで確実に肉体的な危害を加えられるとなれば、メンバーは恐怖から従わざるを得ず、リーダーは「権力」を持ち得る。これは、社会的行動上に置き換えれば、その人物の言うことを聞かないと組織内で、様々に不利な立場・状況に追い込まれるといった恐怖から、意に反する行動を強制されても従わざるを得ないケースも同じ構造である。

　もちろん、「権力」の根拠は恐怖ばかりではなく、他にも様々なものがあり、米国の社会心理学者、ジョン・フレンチとバートラム・ラーベンは、次の５つをあげている。これらを持つ人物は、他の者に対して影響力を持つことができ、それに応じた「権力」を持ち得ると言える。

　正当性（正式な権限）
　報酬
　強制（恐怖や処罰）
　専門性（専門的な知識やノウハウ）
　準拠（尊敬）

このように、「権限」と「権力」は、よく混同されやすいが、言葉の意味として指しているものが異なる。ただし、「仕組み（ルール）として与えられた正当性（正式な権限）」もまた「権力」の根拠となり得ること、「権限」を実際に行使するのは人であることを考えると、「権限」の行使には「権力」が伴うと考えることもできる。

　実際のところ、職務役割によって「権限」の行使範囲に、「報酬決定権」や、「懲戒権」（従わない場合に罰を与えることができる）が含まれていたり、また同時に「専門性」（その人の専門性が高い）、「準拠」（その人が尊敬できる）といった根拠が同時に働いていたりすることで、メンバーの納得性が強化されている場合もある。逆に、職務上、正式な「権限」が与えられていたとしても、それ以外の「権力」の根拠を何も持たなければ、「権限」を行使しても、部下は表面だけ取り繕い、事実上無視することが起こることも珍しくない。このように、「権限」に「権力」が伴うことは一般的であり、「権力」が伴わない「権限」は、実態として効力を持たない場合もあり得るということが言える。

「権限」に付随する「権力」の問題

　これまで見てきたように、「権限」の行使に「権力」が伴うこと自体は、必ずしも問題とは言えない。問題は、「権力」が属人的な力であるがゆえに、往々にして「権限の範囲を大きく逸脱した権力」、すなわち「不当な権力」の行使が起きることである。
　確かに、政治分野など、権力闘争が本質にある世界では、権限をテコとして意図的に権力を拡大していく手法は珍しくなく、その手の問題がよくマスメディアを騒がせているのは承知の通りだ。だが、実のところ一般的ビジネスマンの職場こそ、この「上位者権限の逸脱」が影を落としやすいと言える。特に職場では、上位者がその権限範囲を誤解し、自

身の問題行為を「当たり前のこと」と思い込むことから問題が起きやすい。

　これには、多くの組織において、「権限」がどこからどこまでかということを明確にルール化されていることがほとんどなく、その判断はあくまでもリーダーやマネージャー、あるいはチームメンバーたちの主観に負うところが多いことがその背景にある。とはいえ、実際の職場で次のような状況が見られれば、これは権限逸脱の可能性が高い。

・組織トップや、組織に影響力を持つ人物との個人的な人間関係を匂わせることにより、本来の職責からは持ちえない権限を行使し、影響力を持っている者がいる。
・特定の取引先や組織、人物への接触の際、なぜかルールにもない特定の人物を通さないといけない。
・上司が部下に頻繁に私用業務を命じる。
・上司が多くの社員の面前で、些細な失敗について大声で罵倒する。
・仕事でもない飲み会だが、参加しないと無視されたりするので、いやいやながら参加している。
・「事業部長に委譲した」と言いながら、社長が部長の頭越しに部員にあれこれ指示し続けている。

　これらは「従わないと不利なことが起きる」ために、通常の権限範囲を逸脱し、本来強制される必要のないことまで強制されざるを得なくなった状況といえる。もしこれに抗った場合、人事評価で不当に低い評価をされる、重要ではない仕事を押し付けられる、仕事に必要な指導や情報が与えられない等、「一見、権限の範囲内に見えるような方法で、実際的には不当な権力を行使する」形で報復が行われるために、結果的に本来の権限範囲は有名無実化してしまい、組織の心理的安全性が大きく損なわれることとなる。そんな理不尽さを正そうとしても、部下の立場であれば、権力の不当性を主張することは難しく、大抵は泣き寝入りせざるを得ないようなことが、現実の職場では珍しくないだろう。

だが本来、マネジメントの立場に立つということは、特権的な権利を手にするということではなく、正当なリーダーシップによって、経営から寄託された、人的チームを含む様々な資源を適切に運営し、生産的なものにする役割責任と義務を負う、ということに他ならない。

　「マネジメントはもともと権力をもたず、責任はもつ。その責任を果たすために権限を必要とし、現実に権限をもつ。それ以上の何ものでもない」と、その著書『マネジメント』の中でドラッカーも述べている。

　しかし、組織で仕事をする以上、「権限」に伴って人と人との間に実質的な権力関係が生じることもまた現実である。そうして「権限」が与えられると、（人により強弱はあろうが）特権的階級に成り上がったかのような錯覚に陥り、制限されるべき「権力」を必要以上に行使したくなる誘惑に駆られるのもまた人間の性なのである。その意味でも、自戒として、「マネジメントはもともと権力をもたない」というドラッカーの言葉を、折に触れ自分に言い聞かせることも大切のように思う。

権力の腐敗 ～ 権力を持つほど自己利益に走りたくなる

　組織心理学の研究からは、残念なことに、地位やそれに伴う権力を手にした人の多くが、次のような傾向にあることが分かっている。

・他人をコントロールする権力を失わないように努める。
・部下が利己的に動くのは嫌うが、自身は、地位を揺るがされるような事態に敏感で、自己利益に走る。

　特に、人が権力を持つと、その人間が生来持っている固有のパーソナリティに沿って、その権力を用いようとすると言われている。企業組織で働く皆さんならよくお分かりかもしれないが、長い企業内競争を高いエネルギーで駆け上るような人物は元来、権力への欲求が強いものだ。

そのような人物は、本来、委嘱されただけの「権限」から結果的に拡大された権力を、「獲得したもの」として利己的に使う傾向が非常に強い。

　考えてみれば当たり前で、「苦労をしてでも人の役に立ちたい」というより、「権力を持ってみたい」というストレートな動機のほうが、長く辛い出世競争を戦い抜くエネルギーとなりやすく、なるべく大きな権力を得、味わうことが人生の目的化しやすいのも当然である。しかも、そんな人物たちは執着力も高く、得たものは決して手放そうとしない。

　例えば、「地位や能力の面で他の人よりも優れて（いると感じて）いたい」とか、「価値あるものを誰よりも先に手にしたい」と思う「パワー動機」が強い上司は、自分と似たパワー動機が強そうな部下を冷たくあしらう傾向にあるといわれる。このような人物は、配下のメンバーの成長よりも、自己優位性を感じることに大きな価値を置いているため、部下のアイデアに真剣に耳を傾けたり、自ら課題に取り組み成長しようとしている部下を育てたりすることには、ほとんど関心がない。

　テンプル大学の社会心理学者、デービッド・キプニスらは、権力が手中にあると感じているリーダーは、優秀なサブリーダーに対して、あえて頻繁に指示を出し、難しい課題を与え、圧力をかける形で権力を行使し、成果に対する貢献度を低く見積もる傾向があるとしている。
　このような上司に正論を言ったばかりに、不条理なほど拒絶され悩み苦しむことは、ある意味ではバカバカしいことですらある。なぜなら、正論であればあるほど、上司にとってはますます気に入らなくなり、その存在感を低めておくべき相手と認知されるだけだからである。

　さらに、前出のキプニスらは、こんな実験も行っている。仮想の仕事環境で「管理職」と「部下」の役割を与え、さらに「わずかな権力しか

与えない管理職」のグループと「解雇、異動、昇進など強い権力を持たせた管理職」のグループに分け、「部下の成績を向上させよ」という課題を与えた。結果、権力を持たない管理職は、話し合いで合理的に物事を解決したのに対して、権力を持たせた管理職は、部下に批判的で、要求が厳しく、高圧的になり、権力で物事を解決するようになった。その上、部下の業績には否定的で、部下の業績を自分のものにする傾向まで見られたのである。

　キプニスたちは、これらの現象に「権力の腐敗（power corrupt）」と名づけ、権力者たちが堕落していく姿だとし、権力を持つことにより人間は自分のイメージが大きくなり、権力を持たない者に対して共感する力が低下する、と警鐘を鳴らしたのである。
　キプニスらの研究は1970年代と、もう半世紀近く昔の研究ではあり、その後の産業界では様々な組織心理アプローチにより、権力腐敗の抑止にむけた試みがとられてきている。だが、それでもこの人間心理に根差した課題は、今日でも棘のように心に引っ掛かるものがある。ビジネスの世界で、多くの人々が悩み、苦しみながらも継続して働く背景には、やはり「出世して、偉くなった気分で充実感や達成感を味わいたい」という非常にプリミティブな欲求が原動力になることも事実だからだ。

　筆者も、今にして思えば、「上座の大きな机からてきぱきと指示し、成果を出して周囲からもてはやされたい」といった単純な成功イメージを持ち、「自分の職位が上なのだから配下の者は従うのが仕事だろう」と、権限というよりも逸脱気味の権力を振り回していたような気もして、苦々しさがこみ上げてくる。その時の自分にとって権限は、「メンバーの期待に応えるべく預かったもので、謙虚かつ、効果的に行使するもの」というより、「自分が努力し身につけた能力で獲得した、当然の権力」という意識がなかったかというと、嘘になる気がしている。

サーバント・リーダーシップ

　ここで、読者の皆さんに一つ質問をしてみたい。皆さんがリーダーとしてチームメンバーをまとめる立場だったと仮定して、あなたは配下のメンバーの期待にどう応え、どう幸せにするつもりだろうか。こう聞かれたときに、皆さんの頭の中にどんなイメージが浮かぶだろうか。

　答えはおそらく一つではないだろう。ただ、何も浮かばない場合、誰のために権限を行使してリーダーシップを発揮しようとしているのか、今一度、振り返ってみて欲しい。筆者の経験則ながら、自己の業績や成功達成の手段としてリーダーシップの行使を考えているうちは、答えが浮かびにくい。あくまでも自身の成功イメージに辿り着く最適手段として、リーダーシップというものを模索している心理には、部下の幸せを心から願い、考えるための心のスペースがないからだ。そして、そんな上司の部下たちは、おそらく、「この人は自分のために仕事をしている、自分たちの幸せまでは気が回っていないな」と見抜いているだろう。

　このような課題認識に対する一つの視座として、「サーバント・リーダーシップ」の考え方を紹介しておこう。これは「支援型リーダーシップ」とも呼ばれ、米国AT&Tマネジメント研究センターに籍を置き、ハーバード大学等でも講師を務めたロバート・グリーンリーフ博士が1970年に提唱した、「リーダーは、まず相手に奉仕し、その後相手を導くものである」というリーダーシップ哲学をいう。リーダーが先頭に立って部下をぐいぐい引っ張る、従来型の「支配型リーダーシップ」と異なり、組織成長のために、まずは部下の能力を認め引き出すべく、部下への支援・奉仕や、働きやすい環境づくり、信頼関係の構築によって部下の主体的行動や成長を促すことを目的としたリーダーシップ思考である。

これは、それほど最新の理論ではないが、情報技術の劇的な発達や、ビジネスの国際化、リモート化といった社会構造の激変対応が迫られている近年のビジネス界で、再び注目されている。

　IT技術の進歩で、ビジネスのフィールドは飛躍的に広がった。そうして、最前線で起きる事象の複雑性やスピードが増すと、1人のリーダーが日々の意思決定を全て行うことはもはや困難となり、メンバーの自主的、自律的な貢献なしでは戦えないことが、今日のビジネス界の常識となった（これは、米軍がアルカイダとの戦いから学び行った意識改革にも相通ずる）。そうなると、過去の日本のように一か所に労働力を集約させ、画一化された業務において、少数のリーダーが労働者を監視し、賞罰によって生産性を向上させるというやり方は、量産品の大量製造工程のような部分以外では通用しなくなってきたのである。

図表19　支配型リーダーとサーバントリーダーの違い

	支配型リーダー	サーバントリーダー
モチベーション	大きな権力の座につきたい	地位にかかわらず、他者に奉仕したい
重視すること	競争を勝ち抜き自分が賞賛されること	協力して目標達成し、皆がウィンウィン
部下への影響力の持ち方	権力を使い、部下を畏怖させる	信頼関係を築き、部下の自主性を尊重
コミュニケーション方法	部下に対し、説明し、命令する	部下の話を傾聴する
業務遂行方法	自身の能力を磨き、その自信を基に指示	コーチング、メンタリングから部下と共に学ぶ
成長への考え方	社内でうまく立ち回り、自身の地位をあげて成長	個人のやる気を重視し、組織の成長と調和させる
責任への考え方	失敗した際にその人を罰するためのもの	責任を明確にし、失敗から学ぶ環境を作る

　そこで、サーバント・リーダーシップでは、リーダーは縁の下の力持ちとして組織の大きな目標を絶えず共有し支援しながら、組織の目標と部下の目標の接点を見出し、部下の自己実現願望を支援していく。そのためには個々の部下に関心を持ち、その能力を把握し、信じ、強みを最大限に引き出し、成長へと導くことを通じて組織の目標を達成するべく導いていくことが求められる。

　そのためにリーダーは、ビジョンの共有に努め、権限委譲を行い、部下が働きやすい環境や文化を整えることに注力すると共に、部下からの様々な情報や提案を吸い上げ、組織をマーケットに合わせて柔軟に運営していくことが大切となる。
　サーバントリーダー自身にとっても、奉仕や支援を通じて、周囲から信頼を得て、主体的に協力してもらえる状況が生み出されるとともに、部下の価値観や情報を率直に知ることで共に成長することができる。

図表20　サーバントリーダーに従うメンバー行動

支配的リーダーに従うメンバー行動	サーバントリーダーに従うメンバー行動
主に恐れや義務感で行動する	主にやりたい気持ちで行動する
主に言われてから行動する	主に言われる前に行動する
言われたとおりにしようとする	工夫できるところは工夫しようとする
リーダーの機嫌を伺う	やるべきことに集中する
役割や指示内容だけに集中する	リーダーの示すビジョンを意識する
リーダーに従っている感覚を持つ	リーダーと一緒に活動している感覚を持つ
リーダーをあまり信頼しない	リーダーを信頼する
自己中心的な姿勢を身に付けやすい	周囲に役立とうとする姿勢を身に付けやすい

　このように、今の時代、注目されるサーバント・リーダーシップであるが、これは言ってみれば思考法であり、実践哲学とでも言うものであ

る。したがって、定型的なスキルやテクニックではなく、特定のスタイルが表に出てくるものではない。ゆえに、精神的成熟度が不十分で自主的な思考や行動ができないメンバーの多い組織や、事業内容によって多様性よりも画一性がその価値創造上は重要な場合などは、必ずしもサーバント・リーダーシップが切迫感を持って不可欠、とまでは感じられないこともあろう。

　また、本質的理解に至る前に、日本語では「召し使い」とも訳される「サーバント」という言葉の語感や、奉仕という観点にばかり目が行ってバランスを欠くと、リーダーが部下に共感しすぎたり、人間関係に気をとられたりして、リーダーの本来役割や、仕事に対する厳しさを見失い、業務の完成度や生産性が低下しがちになるという可能性もある。

　しかし、命令と統制による支配型リーダーシップだけではメンバーは指示待ちの状態となり、自らの意思で、自分の最大の力を振り絞って挑戦する状況は生まれにくい。結果、組織がイノベーションを持続的に生み出すことはやはり困難だろう。

　価値観や技術の変化が激しくなる一方の現代社会においては、組織にも、従来の価値観に囚われない新しい価値観に基づいたイノベーション能力が必要となる。その点で、最も現場に近い場所でその変化を肌で感じているメンバーの、自立的な行動力を経営に活かすことは欠かせない。
　今の時代の経営に求められている、「アジリティ（Agility）：意思決定のスピードや効率、役割分担のフレキシビリティさ」を実現するためにも、部下の主体性を生かしたサーバント・リーダーシップの視点を持った組織運営は、一考の価値があると考えられる。

第8章　チームビルディング

ますます重要となるチームビルディング

　現実のビジネス社会におけるチームは、その規模、構成メンバーの個性や属性、成り立ちの背景や経緯、経過時間等によって様々な様相を見せる。また、企業など明確な目的のために集団形成された組織には、職位や職階という一種のヒエラルキーが存在する上、目標達成のプレッシャーもかかる。そこでは、リーダーのあり方やメンバーの相互関係性から生じる固有の雰囲気なども、メンバーたちの職業人生の充実感や、精神的・肉体的な健康にも大きな影響を及ぼすこととなってゆく。

　つまり我々の職業人生は、好むと好まざるとに関わらず、関わるチームという人間集団のあり方に大きな影響を受ける。それによって、実り多く幸せな人生を過ごせたと感じる者もあれば、人生は生きる糧を得るための苦痛と忍耐の時間だったと感じる者が生じるのも事実であろう。

　だが、職業人に異動や転勤、転職はつきもので、人が関わる組織や集団は変転していくものでもある。その上、変転の中で自分が出会っていく集団のメンバーや考え方を、事前より予測しコントロールすることは難しい。転勤先職場にどんな同僚がいるのか、転職先はどのような社風で、社長はどんな人物なのか、「入ってみないとわからない」のだ。

そして世は今、前述の通り「VUCA※の時代」である。今後ますます、転職なども含めた、能動的な「ライフシフト」も増え、全く異なる組織、チームに飛び込むことが、ありふれた日常となっていくだろう。

　ダーウィンの進化論を語る際によく出てくる、『最も強い者が生き残るのではなく、最も賢い者が生き延びるわけでもない。唯一生き残るのは、変化できる者である』との言葉（ダーウィン自身の言葉ではないという説もある）ではないが、絶え間なく訪れる環境変化の中、身を寄せる集団が変わっても、人間の持つ心理特性を理解し、状況に合わせた行動によって適切な方向へ組織心理を導きうる能力を持つことが、大変重要になってくるのである。

　　※ブーカ、Volatility（変動性）・Uncertainty（不確実性）・Complexity（複雑性）・
　　　Ambiguity（曖昧性）の頭文字をとったもの、予測不能な社会経済環境下の時代認識
　　　を表す。

　ゆえに、たまたま置かれたどのような状況下でも、変わることのない人間の本質的心理を理解し、適切かつ効果的に訴えかけることでそれぞれの内発的な動機に火をつけ、共通の目標に向けてメンバーを高くモティベートし、リーダーとしてチームを作り上げていく能力、これはむしろ明確に「重要なスキルセット」と認識されていくだろう。

　これは、特定業務専門知識の豊富さや、特定顧客キーマンとの人脈のように、環境が変われば無力化しかねないスキルセットとは異なる。およそ人が集まる集団のオペレーションにおいて、常に高い再現性を発揮しうるスキルセットであり、どのようなチームメンバー構成でもポジティブな変化を生み出しうる、究極のマネジメントスキルともいえる。

　今日、多くのリーディング・カンパニーにおいては、この課題認識に基づく取り組みに力を入れ始めており、最近では「チームビルディング」と総称され盛んに取り上げられるようになってきているので、この章ではまずそのあたりに頁を割くこととしたい。

プロセス・ロス 〜 組織はいつも “問題だらけ”

　人間は、何かを達成、実現する共通目的を持ち、「一人ではできない
ことを協力してできるようにする」ための協働体制として、「チーム（組
織）」を作る。しかし、チームの力は、一人ひとりの力の足し算だけで、
その総量が決まるものではない。

　チーム力の形成には、目に見えない様々な要素が影響し、時には悪影
響の増幅もあり得る。一般に、人間がグループを形成して行動すること
によるポジティブな作用を「プロセス・ゲイン」と呼び、逆に、グルー
プ行動ゆえに生じるネガティブな作用を「プロセス・ロス」と呼ぶ。

　チームというものは、個々の様々な感情、欲求などに基づく自由意志
によって行動する人間の集まりであるために、効果的、効率的な協力行
為の心理的阻害要因となるプロセス・ロスを未然に防ぎ、プロセス・ゲ
インを最大化することがその成功の鍵となる。そこでまず、一般的に生
じやすいプロセス・ロスの例についていくつか紹介しよう。

ソーシャル・ローフィング（Social Loafing）

　「社会的な手抜き」「社会的怠惰」とも訳されるもので、個人が評価さ
れる場合はそれなりに努力するが、グループの全体成果で評価される場
合は、責任感や評価への期待が薄れ、自分だけ楽をしたり、手抜きをし
たりする状態になることを言う（リンゲルマン効果とも呼ばれる）。

　運動会の「綱引き」競技で、メンバーのうち何人かは、「これだけ人
が沢山いれば自分が力を抜いてもわからないだろう」とか、「負けても
自分が責められるわけでもない」と、最大の力を出さなくてもよい気に
なり、必ずしも全員が全力を出さなくなるイメージである。

　現実のビジネス組織でも、物理的にグループ人数が増えるほど個人の
頑張りや貢献が見えにくくなることは避けられない。そのため、これに

対して意識的に対策をとらないと、個人が次第に目標達成へ最大の努力を払うことがなくなり、期待するほどには生産性が上がらなくなるだけでなく、その顕在化により人間関係にも歪みが生まれチームがギクシャクする、などの悪影響にもつながりかねない。

グループ・シンク（Group Think、集団浅慮、Ｉ・ジャニス）

　これはグループ内では、合意の形成（コンセンサス）を得なければならないというプレッシャーから、メンバー同士が持つ暗黙の規範が過度に作用して、結果として非現実的な意思決定をしてしまい、ネガティブな成果につながってしまう現象である。近年、日本社会を語る上でのキーワードの一つにもなっている、「過度の同調圧力」もこれらに起因することが多い。具体的な例としては、次のようなものがある。

・**不死身幻想**（illusion of invulnerability）：グループゆえに生じる「誰かはやっている、きっと大丈夫」という根拠のない楽観主義や理不尽な勇気から、実際はリスク対策準備もないまま、「皆で渡れば怖くない」的感覚で突き進んでしまう現象である。組織が大きくなると、「これだけ大きいんだから、誰か優秀な人がやっているだろう」という気持ちになりやすく、多くの大企業でそのような傾向はよく見られる。

・**ミッション幻想** (illusion of morality)：高い組織的使命があるのだからと"大抵のことは許される"、果ては、"何をしても許される"と感じ、グループのあらゆる行動を正当化してしまう現象である。

・**満場一致幻想** (illusion of unanimity)：グループ内でメンバーの半数以上が、ある意見や決定に合意している状態の時、過半数の合意だから正しいとして、別の意見や情報を排除しやすくなり、決定を覆すような別の意見や情報を排除し始める現象。この時、"自分たちはグループの効率を第一に考えている"という感覚もこの傾向に拍車をかける。

　集団のパフォーマンスを最大化させるには、リーダーはメンバーの状況に注意を払い、このプロセス・ロスを最小化する必要がある。

　米国アマゾン社の創業者、ジェフ・ベゾスの良く知られている語録に「2枚のピザ理論（2 pizza rule）」というものがある。「チーム編成または会議において、無駄がなく生産性が高い人数の条件は、ピザ2枚を配りきれる程度の人数であり、その方が業績も良く、効率的で、各々のモチベーションも高く、またお互いをフォローしあえる状況が生まれチームの団結力が強くなる」というものである。その人数感は5～8人程度というところだろうか（ピザの大きさにもよるが…）。

　アマゾンほどの大企業で、たとえ優秀な人材が集まっているとしても、その程度の人数でなければプロセス・ロスによる悪影響を避けることができないということなのである。どんな組織でも、一つ一つのチームのあり方に細心の注意を払うことの大切さがお分かりいただけると思う。

チームの発展段階状況を踏まえた対応〜タックマンモデル

　さらに、チームはその形成時から機能発揮時に至るまでの時間軸についても、その発展プロセスは常に一定の様相であるわけではなく、メンバー間の相互関係性などから、チーム内の様相は大きく変化していくことが知られている。これらを分析し、わかりやすく概念化したものに、オハイオ州立大学元教授で心理学者のブルース・W・タックマンが1965年に提唱した、「タックマンモデル」がある。

　タックマンは、チーム形成時から、チームが成果をあげられる状態になるまでは4段階（その後、1977年に新たに1段階を加え、現在では5段階の発展順序であるとされている）に分類できるものとし、各段階をクリアしていくことで、チームは機能しはじめ、最高のパフォーマンスが発揮できるようになる、というモデルを提唱した。

成果を出すチームが必ず通る4つ（後に5つ）のステージ（発展段階）

タックマンモデルの4つのプロセス

① 形成期／Forming（フォーミング）

　メンバーが決定し、チームの目標や課題を共有する時期。お互いのことを良く知らない状態。

② 混乱期／Storming（ストーミング）

　チームの課題を解決するアプローチを模索する時期。メンバー間で考えや価値観がぶつかり合う嵐の時期。

③ 統一期／Norming（ノーミング）

　チームとしての行動規範や役割分担が形成される時期。メンバーがお互いの考え方を受容し、関係性が安定する状態。

④ 機能期／Performing（パフォーミング）

　チームとして機能し、成果を創出する時期。チームに一体感が生まれ、チームの力が目標達成に向かう状態。

（⑤ 散会期／Adjourning（アジャーニング）段階が後に付け足された。）

図表21　集団のライフサイクル上のポジショニング ～ タックマンモデル

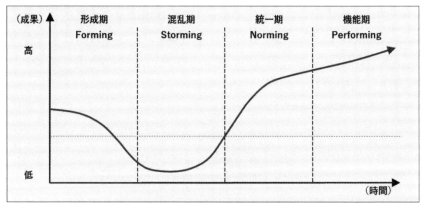

　チームリーダーとして舵取りをした経験のある人であれば、これらの変化段階を少なからず感じ取った経験のある人も多いのではないだろうか。そこで、まずは各段階についての、タックマンの言う定義内容を確認してみよう。

1．形成期／Forming（フォーミング）：メンバーを決定する

　何らかの理由でチームが形成され構成メンバーが決まるも、チームメンバーはお互いのことをよく知らない状態である。チームの共通目標や、メンバー個人の役割も明確に定まっていない状態であり、チームの状態に以下のような特徴が見られる。

＜形成期にあるチームの特徴＞
・リーダーや人事責任者などに説明や指示を求めようとする。
・「これを言ったらまずいかな」など、メンバーに対して遠慮がある。
・不安や内向性、緊張感がある。
・和やかに見えるケースもあるが、十分なチームワークが醸成されているとは限らない。

＜形成期で求められるチームビルディング＞
・コミュニケーションと情報の「量」が重要となる。
・お互いを知るための飲み会、交流会を開催する。短時間で気軽に楽しめるゲームやアクティビティを開催する。
・リーダーはメンバーにプロジェクト趣旨を説明し、明確な指示を出して仕事を進めることが求められる。

2．混乱期／Storming（ストーミング）：考え方、感情がぶつかり合う

　メンバーが互いを徐々に意識し合いながら、各自の役割や責任、チームの目的・目標に対する意見の食い違いや、人間関係、具体的な業務の

141

進め方について対立が生まれる状態である。まだ規範や秩序のようなものは生まれておらず、行動やビジョンにズレが生じ、時にぶつかり合いも生じる。メンバーの意識やエネルギーは、本来向くべきプロジェクトの目標から逸れて内部の対立に向けられやすく、モチベーションも下がりがちになるが、タックマンモデルではこの混乱期が最も重要で、混乱期をいかに乗り越えるかが、その後のチームの成長を大きく左右すると考えられている。

<混乱期にあるチームの特徴>
・個人が、それぞれのやり方で課題に向かって動き始める。
・「私だったらこうするのに」「私はこうしたい」という意見やアイデアが出てくる。
・個人が主張することで、考え方や行動への対立、衝突が生まれる。
・チーム内のヒエラルキーを気にする動きが出る。
・メンバーのエネルギーは、チーム内部の競争に向けられる。
・チーム全体でモチベーションが下がる。

<混乱期で求められるチームビルディング>
・コミュニケーションと情報の「質」が重要となる。
・互いの価値観のズレが対立を生み出しているので、単なる飲み会やゲームでは問題が解決されない。
・お互いを理解するための「対話（ダイアローグ）」が有効。
・メンバーの意見を表面化させ、全員が納得するまで話し合う。
・トップダウンによる課題解決の押し付けはせず、メンバー全員で課題解決アプローチをみつける。
・リーダーには、互いの仕事や人間性を理解しあえるような活動が求められる。

3．統一期／ Norming（ノーミング）：共通の規範、役割分担が形成されはじめる

　チームの目指すべき目標や、各メンバーの役割や特徴が共有され、メンバー間の相互理解や尊重が生まれる。意見が交わしやすくなり、チームが活性化すると同時に、統一感が生まれ始めている状態であり、メンバーのスキルやモチベーションが高まるのもこの時期になる。

＜統一期にあるチームの特徴＞
・目標やビジョン、メンバーの役割、責任の範囲が明確になってくる。
・今まで発言していなかったメンバーから意見が出る。
・「私たち」「うちのチームは」といった表現が使われる。
・メンバーは、チームに合わせて自分の行動を修正する。
・笑いあり、議論ありでチームが活性化してくる。
・能力と共に、モチベーションが高まる。

＜統一期で求められるチームビルディング＞ p
・自分たちで合意したルール・役割・目標を達成することが重要。
・リーダーが、相互に助け合う関係性を構築できるように互いの仕事の内容を紹介するなど、メンバー間の深いコミュニケーション活動をより推進していく。

4．機能期／ Performing（パフォーミング）：チームとして機能し、成果を出す

　チームに結束力や連動性が生まれ、相互サポートも頻繁に生まれる状態で、チームとして最もパフォーマンスを発揮できる状態である。

＜機能期にあるチームの特徴＞
・共通のゴールに向かい、メンバーのエネルギーが外へ向けられていく。

・チームが一致団結して機能し、課題を解決し、成果を生み出せるように
なっている。
・指示されていなくても自ら意思決定し、率先して行動する。
・個々のメンバーが能力発揮しパフォーマンスとモチベーションが高い。
・目的やミッションを達成することで、成功体験を共有する。
・「このチームなら何が起きても大丈夫」との強い信頼関係が生まれる。

＜機能期で求められるチームビルディング＞
・リーダーには細かな指示よりも、メンバーの自立支援が求められる。
・機能期が持続するよう、コミュニケーション活動は継続して行う。
・仕事から離れたスポーツや、その他アクティビティでリフレッシュ
することも有効。

5．散会期／ Adjourning（アジャーニング）：それぞれの道へ

　目標達成、もしくは時間的な制約により、いずれチームは解散となる
ような状態。各メンバーが別ミッションに向け動き出す状態でもある。

＜散会期にあるチームの特徴＞
・成長の結果として、さらに上を目指そうとするメンバーが現れるな
ど、メンバーそれぞれの思いや、やりたいことにずれが出てくる。
・退職や異動を考えるメンバーが現れる。

タックマンモデルが示す重要な示唆とは

　このように、タックマンモデルは、チームビルディングの視点で、チー
ム状態を４（5）段階に分類し、チームの形成期から最大パフォーマン
スを発揮する機能期までの道筋をわかりやすくモデル化し、各段階の移
行に求められるチームビルディング行動を指し示したものである。

　この道筋を意識していないリーダーは、チーム内に生じる混乱や衝突といった、由々しき嵐のような混乱はなるべく避け、即、機能発揮状態に持ち込みたい、と考えるものだ。だが、タックマンは、この道筋に沿って混乱期や統一期などを経験してから機能期に到達しなければ、チーム力は十分に発揮されないと考えたのである。

　その上で、現実には多くのチームが対立や衝突を恐れるあまり、形成期すら脱せないことや、混乱期を抜け出しかかっても統一期のステップが成し遂げられずに、再び混乱期に逆戻りすることも珍しくないとした。
　そこで、チームリーダーには、チームが現在どの段階にあり、適切なチームビルディングができているのかを適宜把握し、段階に応じた効果的なチームビルディングを行うことで、各プロセスをスピーディーに進行させ、Performing（機能期）の成果を最大化することが求められる、としたのである。特に、Storming（混乱期）をいかに短く、どのように乗り越えていくかという点は、非常に重要なポイントとなる。

図表22　タックマンモデルはチームの状態を示す「地図」

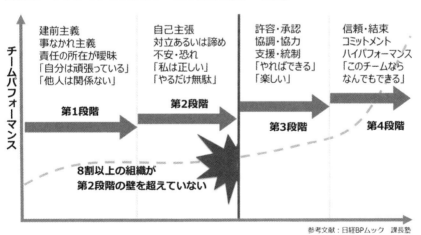

参考文献：日経BPムック　課長塾

重要な「チームの現状把握」

　では、皆さんのチームは今どの位置にいるのだろうか。色々な分析の方法はあるが、まずは簡易的に次の「チームビルディング診断シート」で皆さんのチーム状況をチェックしてみていただきたい。

図表23　チームビルディング診断シート

項目		評　価　結　果	
1. チーム意識	個人主義が強く、横の連携がない	1　2　3　4　5	チーム意識が強く、全員が協力して業務が行われている
2. 安全な場所	上司や影響力を持つ人の顔色をうかがう	1　2　3　4　5	職位、経験に関係なく、本音が言える
3. 信頼関係	自己防衛的／排他的な発言や行動が多い	1　2　3　4　5	良いことも悪いことも開示され、どんなことでも受け入れる関係性がある
4. 自信と本気	設定目標を高いと感じ、諦めややらされ感が強い	1　2　3　4　5	設定目標を妥当と感じ、達成意欲は極めて高い
5. チーム目標達成への貢献意欲	改善提案やアイデアなどはほとんど出ない	1　2　3　4　5	メンバー全員から様々な改善提案やアイデアが出される
6. 当事者意識	全てにおいて誰かが何とかするだろうとの傾向が強い	1　2　3　4　5	自分自身で出来ることを探し、当事者意識を持って進める
7. リーダーシップ	リーダーシップはリーダーが独占し、全ての意思決定をリーダーに依存している	1　2　3　4　5	リーダーシップはチーム全員が共有している、自律的かつ協力して目標が達成されている
8. ミッション／ビジョン	ミッション／ビジョンは形だけで何の効力も持っていない	1　2　3　4　5	チーム全員がミッション／ビジョンにコミットし仕事として体現している

点数合計 8〜20：死に体組織　21〜32：ちょっと不摂生チーム　33〜40：健康チーム

（出典：日経BPムック　課長塾）

　さて、皆さんの職場の現在状況はどのような状況であろうか。

　もし、意図していなかったスコアであっても、落胆する必要はないだろう。タックマンモデルの示唆によれば、どんな優秀なマネージャーの下であっても、チームの形成から最大のパフォーマンスを発揮するまでの間には混乱がつきもので、むしろその混乱をしっかり経ることが、機能するチームへの成長のためには重要だからだ。そうして、現在地点を把握し、辿り着くべきチームのあり方をゴールイメージとしてしっかりと認識できれば、自ずと状況改善の方向感やアドレスも見えてくる。後はそのアドレスに沿った努力と試行錯誤に全力を振り向ければよい。

　ただその際、大切なのは、改善努力は「自分がやってやる」よりも「皆にやってもらう」姿勢だ。かつて優秀なプレイヤーだったリーダーが、その実務能力で何とかしようと、部下と実務能力を競い合ってマウンティングしている光景も散見されるが、そんな考え方は早く脇に置いて、リーダーとしてのマネジメントの考え方、手法を学んでチームの道筋を切り開いていくことが焦眉の急となる。そこで、ここではもう少し、チームビルディングのために役に立ちそうな考え方や手法などを考察してみたい。

チームで育むべき「2つの関係性」

　メンバーが増えていくと、チーム内の関係性の数や種類も増えてくる。まず、リーダーであるマネージャーとメンバーとの関係性がある。リーダーが各メンバーとどのように接するかによっても、メンバー同士の関係性は大きく変化するため、リーダーは自分が相手に及ぼしている影響を、他者認知の目で、できる限り客観的に感じ取っていく必要がある。

　さらに、メンバー同士の関係性のあり方もチームの状況を大きく左右しており、常に関心を持ってこれらの把握に努めると共に、適宜、適切な改善等の変化を促す必要がある。

言葉にすると簡単だが、これが案外難しい。チームが前述のタックマンモデル上のどのフェーズ（段階）に位置するか、相互依存性は競争的な状態なのか、協働的な状態なのか、等によっても様相はかなり異なる。また人間は皆、年齢や性別、出身地や家族構成など異なる属性を持っている上、個別に多様な人格を持っている。結果、一つとして同じ組み合わせなど存在しないため、個別の事象ごとに状況を見極め、考えていく必要がある。

図表24　チームで育むべき「2つの関係性」

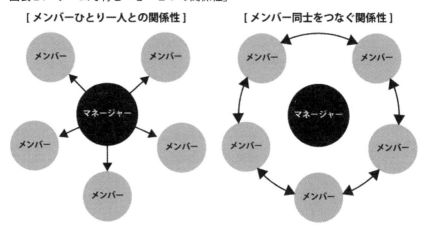

[メンバーひとり一人との関係性]　　　　[メンバー同士をつなぐ関係性]

　そんな努力の下、まず目指すべきは、「リーダーを含めメンバー同士、相互の信頼関係構築」となるだろう。チームごとの意思決定や統治のありように明確な正解はないが、チームが中長期にわたり成果を生み出し続けるには、相互信頼に基づく心理的な安全性・安定性に裏付けられた、「自分は求められていて、ここにいてよく、自己の実現に向け自己表現してよい存在」であることの実感を得られ続けることが重要だからだ。

　その意味では、一般に良きチームには、経営側と従業員の間の「信用」「尊敬」「公正」感、従業員同士の「連帯感」、従業員が仕事とチームに持つ「誇り」などの特徴があることの必然性も理解しやすくなるだろう。

協働的状態と競争的状態

　メンバー相互の信頼は、現実的な行動では「相互依存性」の形として現れる。そこで今度は、集団内のメンバーにおける相互依存性の観点から見たポジショニングを、「協働的状態」と「競争的状態」、加えて「個別的状態」に区分して見てみよう。これは、集団を形成するメンバー間の相互依存性の高さと、その質の２軸で状態をポジショニング分けしたものである。

図表 25　集団内の相互依存性から見たポジショニング

競争的状態　　　　　　相互依存性：高い　　　　　　**協働的状態**

◆ メンバーの成功が他のメンバーにとっては内心で好ましくないと認識されがちな状態
◆ ネガティブ（妨害的）な相互依存状態

例）メンバーの多くが、他メンバーの失敗が自分の比較優位性を高める点で良いとこっそり考えている集団
例）異動したてで仕事のできない同僚へ教えることを自分の「足手まとい」と考える人の多い集団
例）短期的な個人プレーの数値成果を重視する集団

◆ メンバーの成功が他のメンバーにとっても成功であると認識されている状態
◆ ポジティブ（促進的）な相互依存状態

例）集団としての成功により価値を置き、他メンバーの成功を集団の成功の要素として喜ぶ集団
例）異動したてで仕事のできない同僚へ教えることに意義とやりがいを感じる人の多い集団
例）長期的チーム発展への非数値的貢献を重視する集団

相互依存の質：ネガティブ　　**個別的状態**　　　　相互依存の質：ポジティブ

◆ メンバーの成功が他のメンバーの成功と特に関係がなく互いに関心のない状態

過度の成果主義など

相互依存性：低い

　まず、互いのメンバーへの関心が低く、空間を共有しているだけで相互依存関係がほとんど見られないような状態を「個別的状態」としよう。これに対して、互いを意識し相互の強い依存関係が見られる状態をさらに２つに分け、一つは相手に対して競争心を強く認識する「競争的状態」、もう一つを、集団自体にも価値を置き、相手の成功を自己の成功にも重ねるような「協働的状態」とする。一般的に、チーム内の連携力、連帯力が求められるような組織では、「協働的状態」の方が生産性が高まりやすいとされ、これまで労働集約的産業を中心に、日本企業の強みとなってきた。

だが、近年の多くの職場においては、プライバシー偏重の風潮や、社会的傾向としての人間関係希薄化、装置の複雑化による専門化、またITシステム化等もあり、気軽に「ちょっと手伝おうか」と協力し合えるような業務が激減、短期的・個人成果主義の浸透も加わり、「競争的状態」化、あるいは「個別的状態」化する職場が増えてしまった。

　本来目指すべき、「心理的安全性を確保しながらも、不断のイノベーションを生み出し続けるような活力ある組織づくり」には、競争的状態と協働的状態のバランスがとれていることが大変重要なのだが、競争的状態が強くなり過ぎた職場では、個人的な危機感や不安が増大し、様々な弊害が増大する状況を生み出している。

相互の高い信頼感に基づく協働的な職場のイメージ

　実際、このようなチーム内の相互信頼関係のありようによって、同じような仕事をしていても、チームごとに雰囲気やパフォーマンスに大きな差異があることは、よく見られる現象である。卓越した技能を持つメンバーの存在有無も重要ではあるが、日々の様々な課題対応においては、信頼関係に基づく高いポジティブな相互依存性の上で、協働的なオペレーションが生まれている職場のパフォーマンスが安定して高かった。

　量産製品の24時間稼働製造ラインでのシフト操業職場などでは、全く同じ業務でも2～3のチームが輪番で稼働する。こんな場合、同じ仕事にもかかわらず、チームの内部関係性によって、その状況には大きな差があったものだ。強い信頼関係を基とする協働的な依存関係のあったチームのメンバーたちには、自身の担当業務以外の業務で生じた問題でさえも、自身の問題と同一視し、自発的に協力体制を作って解決にあたることが、「当然の行動」として浸透していたのである。

図表26　同じ業務担当チームでもこんなに違う…ケース事例

チームビルディングの５つの次元

　このような信頼関係に基づく、高いポジティブな相互依存性を持つ協働的なチームを形成するには、まず、職場リーダーであるマネージャーが、メンバーとの間の関係性をいかに構築するか、が重要になる。

　そのためには、チームの現状把握を進めると共に、置かれた状況ゆえの人間心理をよく理解し、それらに適切に働きかけることで、目指すチーム状態を実現する適切な「打ち手」を打っていく必要がある。タックマンモデルで言うところのStorming（混乱期）を乗り越える方策に、驚くような奇策はないが、コミュニケーションの質に留意しつつ、以下の５次元に示す方策を的確に実行することで、状況をできる範囲でコントロールしながら、次の段階へチームを導くことが肝要となる。

　ごく当たり前の項目にも見えると思うが、リーダー／マネージャーの

皆さんには、特に Point 欄に記したチェックポイントにも留意してもらいたい。というのも、マネージャーたる方々にとっては、ここが意外と出来ていないことが多いからだ。

図表 27　チームビルディングの 5 つの次元と、リーダーの留意ポイント

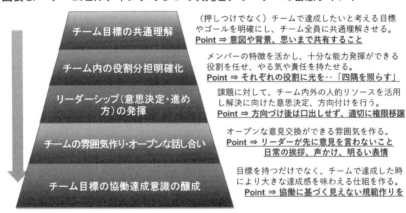

チーム目標の共通理解	（押しつけでなく）チームで達成したいと考える目標やゴールを明確にし、チーム全員に共通理解させる。 **Point ⇒ 意図や背景、思いまで共有すること**
チーム内の役割分担明確化	メンバーの特徴を活かし、十分な能力発揮ができる役割を任せ、やる気や責任を持たせる。 **Point ⇒ それぞれの役割に光を‥「四隅を照らす」**
リーダーシップ（意思決定・進め方）の発揮	課題に対して、チーム内外の人的リソースを活用し解決に向けた意思決定、方向付けを行う。 **Point ⇒ 方向づけ後は口出しせず、適切に権限移譲**
チームの雰囲気作り・オープンな話し合い	オープンな意見交換ができる雰囲気を作る。 **Point ⇒ リーダーが先に意見を言わないこと 　　　　　日常の挨拶、声かけ、明るい表情**
チーム目標の協働達成意識の醸成	目標を持つだけでなく、チームで達成した時により大きな達成感を味わえる仕組を作る。 **Point ⇒ 協働に基づく見えない規範作りを**

　かく言う筆者も、駆け出しマネージャーの頃はチームの状況コントロールに焦るあまり、メンバーの声も聞かず、自らの考える「あるべき論」を振りかざし、陣頭指揮している気分で空回りを繰り返していた。

　「優秀なプレイヤーには、その実務能力の優秀さに感服したメンバーが自然とついてくるものだ」などと考え、部下たちに「いかに自分は業務に精通していて尊敬に値する人物であるか」を、さりげなく見せるつもりで、知識をひけらかすような言動もしていた。始末の悪いことに、そんな自身を優秀なリーダーの姿と勘違いし、悦に入ってもいた。
　だが、人は自分よりも周りの方が自分のことを良くわかっているものだ。部下にしてみれば、自分たちをしっかり見てくれてもいないのに、自分の意見だけ言って自己満足している、頼り甲斐のないリーダーだったろう。全くもって恥ずかしく、今でも赤面ものである。

152

第9章　モチベーション管理

モチベーション向上のターゲット

　前述の通り、リーダーには、メンバーを望ましいチーム行動に導くために「メンバーのモチベーション向上を図る」役割が求められている。ではリーダーは、具体的に部下の「何」に「どう」働きかけるべきなのか。

　「私は上司だから、指示するのが当たり前で、部下はそれに従うのが当然の役割では…」という感覚もあろうかとも思うが、そう感じていればなおのこと、一度掘り下げて考えてみることも貴重な考察となると思う。

　モチベーションという言葉は、日本語で「動機づけ」と訳されることも多い。「動機づけ」は、「人に行動を促し決定させる意識的、または無意識的な要因によって、行動へ駆り立て、目標へ向かわせるような内的過程」などと説明され、「人間が何によって動機づけられ、やる気が高まるのか」を探求するモチベーション理論は、主に 1950 年代から盛んに研究が行われた。現在でも有名なものとしては、アブラハム・マズローの欲求段階説、ダグラス・マクレガーのＸＹ理論、フレデリック・ハーズバーグの動機付け・衛生理論（二要因理論）などがある。

　各論共に、今日では批判もあるものの普遍的な要素も多く見られ、現代の理論も基本的には、これら古典とも言える３つの理論を基に発展してき

ている。これらの理論においては、人間の欲求を基とした動機づけ要因をいくつかに分類し、個人や組織の状況に基づき、それぞれに効果的な動機づけ行動が求められることを示している。以下に簡単に紹介しておこう。

■マズローの欲求段階説

　アメリカの心理学者アブラハム・マズローによって提唱された、人間のモチベーション理論の一つで、人間の持つ内面的欲求は５段階の階層に分かれており、低次の欲求が満たされると順々に、より高次の欲求を求めるようになる、という仮説を提示した。

図表28　マズローの欲求5段階説／ハーズバーグの二要因理論

如何に部下メンバーのこのゾーンへアプローチできるかどうかが「カギ」！

動機づけ要因：満たされると仕事に満足をもたらす
仕事の満足に関わるのは、「達成すること」「承認されること」「仕事そのもの」「責任」「昇進」など。これらが満たされると満足感を覚える。ただ、欠けていても職務不満足を引き起こすわけではない。満足をもたらす要因が動機づけ要因と言われている。

衛生要因：満たされないと仕事に不満をもたらす
仕事の不満足にかかわるのは「管理方式」「監督」「給与」「対人関係」「作業条件」など。これらが不十分だったり不足したりすると職務不満足を引き起こす。ただ、満たしたからといっても満足感につながるわけではない。単に不満足を予防する意味しか持たず、不満を引き起こす要因が衛生要因と言われている。

ハーズバーグの二要因理論

自己実現の欲求
自分が信じる目標に向かって自分を高めていこうとする欲求

自我の欲求
他人から尊敬されたいとか、人の注目を得たいという欲求で尊厳の欲求とも呼ばれる。名声や地位を求める出世欲もこの欲求の一つ

所属と愛（社会的親和）の欲求
集団への帰属や愛情を求める欲求

安全の欲求
危険や脅威、不安から逃れようとする欲求

生理的欲求
食欲、排泄欲、睡眠の欲求など、[生きること（生命の活動）]と直結した欲求

マズローの欲求5段階説

第1段階：生理的欲求 (physiological needs)
　　食欲、排泄欲、睡眠の欲求など、「生きること（生命の活動）」と直結した欲求。
第2段階：安全・安定の欲求 (safety-security needs)
　　危険や脅威、不安から逃れようとする欲求。
第3段階：所属と愛（社会的親和）の欲求 (belongingness and love needs)

集団への帰属や愛情を求める欲求で、「帰属の欲求」ともいわれる。

第4段階：自我・尊厳の欲求 (esteem needs)

他人から尊敬されたいとか、人の注目を得たいという欲求で尊厳の欲求ともいわれる。名声や地位を求める出世欲もこの欲求の一つ。

第5段階：自己実現の欲求 (self-actualization needs)

各人が自分の世界観や人生観に基づいて自分の信じる目標に向かって自分を高めていこうとする欲求のことで、潜在的な自分の可能性の探求や自己啓発、創造性へのチャレンジなどを含む。

■マクレガーのＸＹ理論

ダグラス・マクレガーが著書『企業の人間的側面』で提唱した理論で、マズローの欲求段階説を基に構築され、後年のモチベーション理論に大きな影響を与えている。マクレガーは動機づけに関する人間観を、「権限行使による命令統制のＸ理論：人間は本来怠けたがる生き物で、責任をとりたがらず、放っておくと仕事をしなくなる」と、「統合と自己統制のＹ理論：人間は本来進んで働きたがる生き物で、自己実現のために自ら行動し、進んで問題解決をする」の対立的な2つの仮定的考え方に区分した。

現実的にはこの2つの間に明確な境界はなく、人間はＸ－Ｙをつないだ線上にあるとしつつも、Ｘ理論はマズローの欲求段階でいえば低次元の欲求を多く持つ人間の行動モデルに、Ｙ理論は高次元の欲求を多く持つ人間の行動モデルにより適合するものとして分類、状況に合わせ、これらを踏まえたアプローチをとることが有用であるとした。

■ハーズバーグの二要因理論 (動機付け・衛生理論)

アメリカの臨床心理学者、フレデリック・ハーズバーグが提唱した、職務満足および職務不満足を引き起こす要因に関する理論。二つの要因から人の満足・不満足を分析することから、二要因理論と呼ばれる。人間の仕

事上の満足度は、ある特定要因の充足で満足度が上がる一方で、不足で満足度が下がる訳ではなく、「満足」に関わる要因（動機付け要因）と「不満足」に関わる要因（衛生要因）は別のものであるとする考え方である。

動機付け要因

　仕事の満足に関わるのは、「達成すること」「承認されること」「仕事そのもの」「責任」「昇進」など。これらが満たされると満足感を覚えるが、欠けていても職務不満足を引き起こすわけではない。動機付け要因は、マズローの欲求段階説でいうと「自己実現欲求」「自尊欲求」さらに「社会的欲求」の一部に該当する欲求を満たすものとなっている。

衛生要因

　仕事の不満足に関わるのは「会社の政策と管理方式」「監督」「給与」「対人関係」「作業条件」など。これらが不足すると職務不満足を引き起こす。だが、満たしたからといっても満足感につながるわけではなく、単に不満足を予防する意味しか持たないという。衛生要因は、マズローの欲求段階説でいうと、「生理的欲求」「安全・安定欲求」と「社会的欲求」の一部の欲求を満たすものとなっている。

　確かに、部下に行動を促すための影響力行使方法には、何通りかの手法がある。まずは、叱責や懲罰など恐怖による強制的な手法や、ポストや報酬などの報償的手法など、外的からの何らかの働きかけによる動機づけ方法が浮かぶ。かつて賃金向上による生活の改善が、多くの労働者にとって働く強い動機となっていた頃の金銭報酬などは、この外的な動機づけの分かりやすい例とも言える。

　だが近年、豊かな時代背景の中で育った人々の「働く意味づけ」は多様化し、個々の価値観や、意義や幸福、他者とのつながりといった、人としての、より内面的なニーズの充足こそが働く動機となってきている。

この傾向は、1981年以降に生まれたミレニアル世代以後の人材が多数派になりつつある現在、一層顕著になっている。

ミレニアル世代以降の人材は、高い給料やボーナス、福利厚生だけでは満足しないといわれる。職業を通じて生きる意義や幸福感、そして人とのつながりも求めているからだ。そのため、今日のリーダーには、メンバーのこうしたニーズを真に理解し、彼らの内面からのモチベーションを高めさせうる能力がより強く求められている。

これは幾多の調査報告でも明らかで、例えばマッキンゼー・アンド・カンパニーの調査では、自己の内面からのモチベーションが高い従業員は、意欲的に仕事に取り組むケースが32%、自分の仕事への満足度が46%と高く、パフォーマンスも他と比べて16%ほど高い、とされている。

2つの動機づけ

人に行動を促しその気にさせる「動機づけ」は、要因のありようにより、「外発的動機づけ」と「内発的動機づけ」に大別することができる。

「外発的動機づけ」は、対象となる行為を行うことで得られる報酬や評価、逆に行わないことで与えられる罰則や懲罰といった、外部からの働きかけによる動機づけを意味する。これに対し、「内発的動機づけ」は、物事に対する強い興味や探求心など、自身の内面的な要因によって、対象となる行為を自ら「行いたい」と感じるような動機付けを意味する。

（1）外発的動機づけ

「外発的動機づけ」は、本人自身は当該行動そのものを行いたいという直接的欲求は感じていないが、その行動を行うかどうかで外部から「賞」や「罰」、あるいは「利得」が与えられるという認識が、本人へ行動を促す（または抑止させる）ことになるタイプの動機づけである。

ここで言う「賞」には、「褒める」「報酬を与える」等があり、「罰」は「叱

る」「苦痛や不安、恐怖を与える」などがある。つまり、本人の意思とは関係ない、外的な要因から生まれるモチベーションといえよう。

　これらは、「生活を成り立たせるために働く」、「昇給には資格取得が必要なルールなので、取得する」、「上司に責められないように、週末にレポート資料を作成しておく」というように、行為を行う理由が、外部からの働きかけに求められるため、その働きかけが無くなれば、その行為も行われなくなるという特徴を持っている。

　そのため、外部者にとっては、本人に行動そのものへの興味や関心がなくても、その行動を促すことができるメリットがあるが、外部から働きかけられた目的を達成してしまえば満足して止めてしまいやすく、長期的モチベーションの維持が困難、というデメリットがある。よってこれらは、即効性はあるものの、与える側にとっての効果に限界があるといえる。

　なお、動機づける具体的内容は、受け取る側に「退避できる最低限の努力」しか期待しにくい「叱責や懲罰」や、一度貰えば次回はそれ以上の水準が欲しくなる性質のある金銭報酬よりも、「認める」「ほめる」「より高いレベルの仕事を与える」等の情緒的（心理的）な報酬の方が効果的であり、後述する内発的動機づけへとつなげやすく、有用性が高い面がある。

（2）内発的動機づけ

　「内発的動機づけ」は、「好きだからやる」「気になるから調べる」のように、人が自発的に見出す満足感や充実感などを動機とし、「やりたい」という自分の意思から行動を起こすタイプの動機づけである。

　自らの意思で行動するためストレスが少なく、損得勘定も抜きの自発的・能動的な行動につながり、高いモチベーションを長く維持しやすい点がメリットである。だが、周囲からの目線で言えば、本人にとってあまり興味や関心のない行動への動機づけが難しく、短期的に誘導することは困難で、働きかけに即時性がないというデメリットがある。

例）・「困難な挑戦を成し遂げた」という純粋な達成感の希求
　　・「もっと深く知りたい、探求したい」という知的好奇心、探求心
　　・「自らを成長させたい」という成長欲求
　　・「本来の自分を顕現させたい」という自己実現の欲求

　また、内発的動機づけで行われた行動に、「もっと伸ばして欲しい」などの思いで、良かれと考え金銭などの褒賞を与えてしまうと、外発的動機づけに戻ってしまい、賞がないと行動したくなくなってしまうような危険性もあり（アンダーマイニング効果）、注意が必要でもある。

（3）外発的動機づけから内発的動機づけへ

　これら2つの動機づけは、どちらが望ましいといった二元論に立つものではなく、同時に2つの要素が混在するような状況も少なくない。外発的動機づけによって始まった行動が、徐々に内発的な動機を喚起し、内発的動機づけによるものへ変化することもあれば、その逆もある。

　その意味では、リーダーはメンバーの行動が消極的な段階から積極的な段階へ変化するにつれ、動機づけも外発的なものから内発的なものへと意図的に変化させていくことで、長期的にモチベーションを維持させ、更なる成長を促すよう働きかけることも大切となる。

図表29　外発的動機づけから内発的動機づけへ

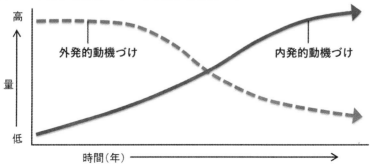

そのためには、最初は当該メンバーへわかりやすい形で褒賞を与えたり、必要に応じ罰を与えたりしつつ行動への積極的取り組みを促しながらも、本人の心理的成長に合わせてそれら外発的動機づけの量は徐々に減らし、内発的な動機が高まるように仕向けていくとよい。むしろ、そうしなければ、いつまでも傍でメンバーを観察し成果判定しながら、常に何らかの報酬を用意し続けることを求められ、チームの行動範囲は拡大しない。

　だが、多くの経営者の方と話していて感じるのは、内発的動機付けへのモードチェンジを意識的に考えておられる方が意外に少ないということだ。「人はカネと出世で動くもの」の感覚がいまだに染みついていると感じさせられることも多い。一つには、1990年代に一世を風靡した、「なるべく数値などで見える化された成果に対して、金銭等のわかりやすい報酬で差をつけて報いることが企業活性化の要諦だ」という、いわゆる「成果主義ブーム」の呪縛が続いてしまっているのかもしれない。

外発的動機づけから内発的動機づけへと変化を促すには

　では、外発的動機づけばかりで行き詰まってしまった職場に、内発的動機づけへの変化を促し、モードチェンジを図る（エンハンシング効果の実現）には、どうしたらよいのだろうか。

　一つの参考に「自己決定理論（Self-determination theory（SDT））」がある。これは、1985年に米国の心理学者、エドワード・デシ（Edward L. Deci）とリチャード・ライアン（Richard M. Ryan）が提唱した動機づけ（モチベーション）理論で、他者（親、教師、上司、セラピストなど）に指摘されて行動する（非自己決定）ところから、自発的に行動する（自己決定）に至るまでの道筋、つまり、「外発的動機づけから内発的動機づけへと至るまでの道筋」についての研究から生まれている。

　自己決定理論のベースは、「３つの基本欲求」と「内発的動機づけと外

発的動機づけの連続性」にあり、二分して考えられることが多かった内発的動機づけと外発的動機づけを、次の３つの基本欲求を基礎に置き、連続して捉えることにある。特に「自律性」の欲求は重要だとされる。

有能性（Competence）自分の能力とその証明に対する欲求。「自分に能力が十分にあって、他者との比較においても優れていると感じられる状態」を求める。

関係性（Relatedness）周囲との良好な関係に対する欲求。「周囲の人が、自分に関心を持ってくれていると実感できる状態」を求める。

自律性（Autonomy）自己の行動を自分自身で決めることに対する欲求。「誰からも強制されたものではなく、自らを律しながら主体的に行動していること。行動開始から終了まで、自らの意思で決定できる状態」を求める。

　これら３つの欲求、「自律性」「有能さ」「関係性」を上手く高めていく努力により、それらが互いに相関しながら満たされていくことで、当初は外発的な動機づけから起こしていた行動が、徐々に内発的動機づけによる行動へと変化し、更なる心理的適応を促進させることになっていくのである。我々の日常の組織コミュニケーション行動における、メンバーとの何気ないやりとりにおいても、このことをしっかり認識し、意味づけを共有していくことによって、変化を促すことが重要となる。

　例えば、上司が配下のメンバーを叱るとしよう。一言で「叱る」と言っても、その叱り方によって受け取り側の意味づけは変わってくる。「気まぐれな上司が腹立ちまぎれに叱っている」と、受け止め側が意味づけてしまえば、「面倒に巻き込まれたくないからやっておこう」と思われるだけのことが、「自分を目にかけてくれる先輩が、自分の軽率な行動

について目に涙を浮かべながら叱ってくれた」と意味づけられる状況である場合は、「尊敬する先輩を悲しませない自分になりたい」という、別の動機づけに結びついていくことになる。特別に大それた努力というよりも、日常の行動において、周囲のメンバーの心の中にある自己決定理論の3つの欲求を、いかに満たしていくかを常に念頭に置き、行動の意味づけを互いに共有していくことが変化への近道である。

内発的な動機を呼び覚ます「状況の法則」

　人は一般的に、自身の自由意志ではなく、他者からの指示や命令によって行動を求められた場合、大なり小なり抵抗感や反発心を持ってしまうことは少なくない。指示する側が、真にメンバーの成長に有益だと考えてのことであっても、うまく説明ができないと、メンバーの意欲を高めることができずに、チームの成長もおぼつかないままになってしまう。

　そのような際に有用なのが、「状況の法則」である。これは、イギリスの経営学者、フォレット（M.P.Follet）が提唱した考え方で、「たとえ他人からの指示や命令であっても、背景となる状況を伝えることで、メンバーに屈辱感なしに受容されるようになる」というものである。

　人が内発的動機づけによって意欲的に行動するかどうかは、『自身の選択で行動していると心底感じられるかどうかである。それは、自分が自由だと感じる心理状態であり、いわば行為が行為者の掌中にある状態である』（デシとR・フラストとの共著『人を伸ばす力：Why we do what we do』より）とすれば、自身に特段のメリットも感じない、他者からの指示・命令は、一方的、強要的に行為を強いられているかの如く意味づけられ、モチベーションの低下を招きかねないわけだ。

　そこで、指示の出し方を工夫し、意味づけとして「上司が」というより、「職場の状況が」指示や命令を出している、という考え方をベース

にすることで、一方的、強制的にやらされる行動から、状況に促された
自分が自ら行う積極的行動へと、転換していこうというものである。

　この、「状況の法則」を踏まえた指示や命令のポイントは、背景状況
の共有はもちろん、仕事の大局的な意味と、メンバーにとっての意味を
伝えること、である。冗長になりすぎるのは良くないが、少なくとも次
のような点は簡潔でいいので、共有し、互いの納得感を得ておきたい。

状況の法則を使うポイント

▶仕事の背景状況を共有する　⇒　・今、どのような課題認識の中にあるのか

▶仕事の大局的な意味を伝える⇒　・その仕事は、大局的にはどんな意味が
　　　　　　　　　　　　　　　　　あるのか
　　　　　　　　　　　　　　　・その仕事は、どのような目標を実現す
　　　　　　　　　　　　　　　　るためのものなのか
　　　　　　　　　　　　　　　・目的を実現する上で、どのくらい重要
　　　　　　　　　　　　　　　　な位置づけにあるのか

▶部下にとっての意味を伝える⇒　・その仕事の習得が、メンバーにとって
　　　　　　　　　　　　　　　　　どんな意味があるのか
　　　　　　　　　　　　　　　・その仕事を習得するのに、どうして今
　　　　　　　　　　　　　　　　がチャンスなのか

　職場運営において規律・統制力を発揮し、業務の速さで、優秀と目さ
れていても、この状況の法則に関心のないリーダーは少なくない。「指
示をするのが自分の仕事で、実行するのが部下の仕事。いちいち説明す
るのは時間の無駄だし、背景状況くらい自分で勉強しておく気構えが必
要だ。その気構えがないうちは、細かく状況などわからずとも、指示に
沿ってそのままやれば上手くいく」、といった感覚だろうか。

　わからなくもないが、指示される側は、自己決定理論でいうところの
3つの欲求、「有能性」「関係性」、そして「自律性」のどれも満たされ
ることがない。外発的動機づけ段階のまま、メンバー個々の高いモチベー

ションを期待するほうが、土台無理な話である。だが、実のところ、配下にきちんと説明せず、いつも不明瞭な指示をしているリーダーも多い。そんなリーダーに限って、部下に不満を抱き、不機嫌な態度で相互の信頼感を損ね、職場の心理的安全性も奪い去って、優秀な人材ほど辞めていく残念な職場の"原因"となっていることが非常に多いのである。

メンバーの「何」に働きかけるのか

　ここまで、メンバーにモチベーション向上を促す「動機づけ」のタイプと特性について見てきた。ここからは、人間の何に対して動機づけていくことが効果的であるのか、もう少し掘り下げてみよう。

　そもそも人間は、どのような状態のとき、自発的かつ持続的にその最大の力を発揮し続けるのだろうか。端的に言えば、それはおそらく「自身が心からやりたいことへの挑戦に没頭しているとき」ではないだろうか。

　そうだとすると、各メンバーが「（個人的に）心から達成したいと願う自身の目標」と、メンバーの協働的な努力で成し遂げるべき、「チームの共通目標」が同一化できているチームは、メンバーの総合的な力が最大限に発揮される可能性が高い（図表30参照）。しかもこの場合、メンバーはそれぞれ、自分がやりたいからやっているのであって、リーダーはメンバーに必死に努力させるように仕向けるよりも、むしろ頑張り過ぎて健康を害さないように心配することの方が大切だったりする。

　「ちょっと待て、会社の仕事なんぞは元来、生きるために必要だからやっているのであって、仕事の内容や成果が自分の内面的な目標や目的になんてなりっこない」、そんな声も聞こえてきそうである。だが、仕事でそれなりに成功を収めた者で、仕事を嫌々やってきた者はいない。
　もちろん苦しい時は必ずあろうが、どこかで仕事の面白さや楽しさ、

やりがいを見つけている。まして今日の社会では、一般的な給与水準は
それほど上がっているとは言えないのに、仕事の内容は、より複雑化、
高度化している。稼ぐためとはいえ、面白さも興味も感じないのに、割
り切って生涯やり続けるのは相当に苦しい所業だろう。

図表30　組織と個人の目標が合致すると…

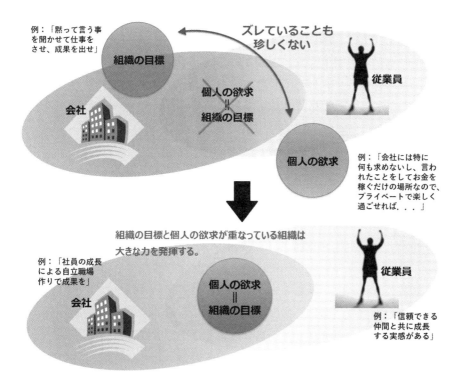

芸能人やスポーツ選手など、子供でも内容が分かる仕事は別として、
やらないと内容が分からない会社員の仕事では、よく言う“石の上にも
三年”程度は理解習得に時間が必要なのは分かる。だが以降は、仕事の
面白さや醍醐味を、多少なりにも掴んで動機づけられないと続かない。
　結果、若年者が数年で次々と辞めてしまえば、企業としての大きな損

失ともなる。そう考えると、従業員に対する「動機づけ」、すなわちモチベーションの向上のためのマネジメントは、組織側としても最も重視し、真摯な努力が求められる優先度の高い課題の一つと言える。

トータル・リワード（総合的報酬）という考え方

　ここで少し想像力を働かせてみよう。仕事に向かうある朝、幸運にもその日の仕事（業務後の飲み会ではなく）を楽しみにしている自分がいたとして、その理由は何だろうか。大抵、金銭報酬のことよりも、何か別の理由であることが多いだろう。また、これまで遮二無二、仕事に没頭し、また「誰にも負けないほどやった」と感じるほど仕事に集中していた瞬間、そこまで頑張った理由には、色々な要素は浮かぶものの、「お金」が真っ先に浮かんでくることは意外に少ないのではないだろうか。

　だが、組織経営について上級マネージャーたちと、「頑張りや成果にどう報い、どうモティベートするか」を論じると、大抵は真っ先に、「給与体系」「賃金水準」の話になり、「成果に見合う賃金体系が必要」とか、「十分な給料が払えないから従業員のやる気が今一つ向上しない」などという議論に重点が置かれてしまう。一つには、長年にわたる労使協議慣行の中で、労働者（組合）側にとって「いくら賃上げを獲得したか」が成果指標とされ、どうしても「賃金改善」こそが労働者のメイン欲求のように捉えられてきた背景も影響しているのかもしれない。

　ところが近年になって、若手従業員の意識は大きく変化し、多くの企業で、特に業績が悪いわけでもないのに、退職者の増加、それもなぜか優秀な者から辞めてしまう現象に頭を悩ませることが増えてきている。経営層の方々と話をしていても、やっと採用した若手が定着しないことに、大きな問題意識を持たれていることが多い。

　そこで、もう少し踏み込んで話してみると、「会社の業績は悪くない
し、将来性もある。結構、ボーナスも出していて、賃金はそんなに悪く
ないのだが…」という話はよく聞かれるものの、「御社が従業員に得て
もらいたい、提供したい"喜び""幸せ"や"満足感"って何でしょうか」
と尋ねると、「うーん…」となってしまうケースも多いのである。

　会社から従業員へ「目指す業績」や、「従業員が果たすべき義務」に
ついては、うんざりするほど情報を伝達していながら、「当社があなた
に提供したい"喜び"、"幸せ"はこれです」という情報提供はほとんど
なく、意識もされていないのである。本来、まず企業は収益を上げ、そ
の収益を基に社会や従業員にとって更なる価値創造を図るべきものであ
る。そうして、従業員を幸せにすることで高い意欲を維持し、企業を成
長させるサイクルを循環させていく必要がある。ただただ、収益を上げ
賃金を払いさえすれば従業員は幸せ、というものではない。
　だがこのところ、収益を上げるという結果にのみ意識が集中しすぎて、
従業員が自社で働くことのトータルとしての"喜び""幸せ""満足"といっ
た価値向上への意識が薄れ、「やって欲しいことばかり求めて、やってあ
げたいことは何一つ伝えていない」状況が多いように思う。そんな組織
が長期的に活性化し続けられるかどうかは、誰の目にも明らかであろう。

　この問題は、米国の産業界では、それまでの反省も含め注目され、「行
き過ぎた成果主義」を修正する意義も含めた「トータル・リワード（Total
Reward、総合的報酬）」という概念が重視されるようになった。
　これは、金銭的報酬だけでなく、様々な「報われ感」も報酬とし得る
として、「この会社で働けてよかった」、「この人たちと仕事ができて幸せ」
と心から思える組織環境を提供することなども報酬となる、という考え
方である。トータル・リワードとなりえる報酬の要素について、米国の
教育機関、World at Work は以下の項目を提唱している。

A. 感謝と認知 (Acknowledgement)

パートナーとして認知し、折に触れ褒め、感謝する。あなたがいてくれて嬉しいという態度を具体的に示してもらえること。

B. 仕事と私生活の両立 (Balance)

金銭だけではなく、毎日の暮らしを充実させる。私生活も大切にする姿勢を尊重してもらえること。

C. 企業文化や組織の体質 (Culture)

部下でも自由に意見を述べられる職場、公平で明るい職場。役職や立場を超えて認め合い、ねぎらい合える連帯感を大切にしてもらえること。

D. 成長機会の提供 (Development)

正しく仕事を教えてもらい、成長できること。社員の成長機会づくりに注力してもらえること。

E. 労働環境の整備 (Environment)

オフィスの環境、居心地の良さなど。人間の生理学的な働きやすさに配慮してもらえること。

　近年では、World at Work が提唱している上記 A ～ E の 5 つに、次の要素も加えられることもある。

F. 具体的行動の明確な指示 (Frame)

結果を出すための行動を、曖昧さを排除して明確に示す。好ましいと考えられている仕事の進め方を教示してもらえること。

「情緒的な報酬」とは

　トータル・リワードの考え方で言えば、人間を動機づける報酬は、原資に限りのある金銭だけでなく、心の中に「喜び」「充足感」「やりがい」といったポジティブな感情を呼び覚ます、「承認」「賞賛」「感謝」「敬意」

「共感」などの感情表現を表明し、受け取ってもらうことも報酬とすることができる。これらは、情緒的報酬、あるいは感情報酬とも呼ばれる。

　一般に、報酬というと給与や賞与等、金銭のイメージが強いが、日々の職場、チームにおける協働では、協力の見返りは金銭報酬よりも、関係性の安定や深まり、名声や評判、喜び、満足、愛情等の情緒的報酬としてメンバーのモチベーションを育んでいることが多い。

　自然科学研究機構生理学研究所の定藤規弘教授グループが発表した研究結果では、男女（平均年齢21歳）19人に、褒められる状況と、報酬として金銭が貰える状況とで脳の反応を比較したところ、他人に褒められ「心」が嬉しくなることで反応する脳の部位は、金銭報酬が貰える時に反応する脳の「線条体」と同じ部位だったことが報告されている。

　満たされるとモチベーションにつながる、人間の基本的な欲求には、「貢献欲求」「承認欲求」「親和欲求」「成長欲求」などがあるが、情緒的報酬＝感情報酬は、これらの欲求に対してダイレクトな充足感をもたらしてくれる上に、与えられると与えたくなるという相互作用性がある。
　また、基本的に、限りある資源を源にもしておらず、さほどコストもかからないため、与えると無くなるトレードオフ性もない。そのため、古くから「なんとなくうまく行っている組織」では、この情緒的報酬＝感情報酬のやり取りが、非常にうまく、かつ自然に行われている。

　そう考えると、この情緒的報酬のような非金銭報酬等を含めた、このトータル・リワードの考え方を効果的に活用できる企業は、「やる気」「意識」「風土」などの、目に見えない組織深部に潜む根本課題に斬り込むことが可能になり、企業の大小や、その経営状況に関わらず、成長へのエネルギーを手にしやすくなることがお分かりいただけると思う。

例）同僚の「明日休む
ので、代わりを頼む」
に応じる
⇒
コスト：仕事（手間）が増える、
　　　　自分の時間がとられる
報　酬：感謝、良好な関係、
　　　　逆の時の期待（情緒的報酬）

➢ 職場における協働では、協力の見返りは金銭等の報酬よりも、関係性の安定や深まり、名声や評判、喜び、満足、愛情等の情緒的な側面が報酬となりやすい。

➢ 情緒的報酬を得るには、メンバー間の信頼・理解・良好なコミュニケーションが必須。

➢ コミュニケーションの希薄な集団では、コストをかけてまで他者に協力することは少ない。

➢ チームの長期的存続が見込めない場合も、協力する動機が生まれにくい。

➢ 各メンバーが望む情緒的報酬は、それぞれの属性（年齢、性別等）、性格、精神的成熟度、職種等により異なることも多いため、それぞれのモチベーション管理が必要となる。
　例）男女半々の若者ばかりの集団、年配の男性ばかりの集団、異なる文化背景を持つ集団、など。

　ただし、良いことばかり書くのも何なので言っておくと、組織リーダーがトータル・リワードの考え方をチームに落とし込む際には、留意点もある。非金銭的報酬の多くは、賃金のように、画一的ルールで機械的に処理する類いのものでないことも多く、メンバーの心理状況を踏まえた適切な対応能力が必要とされると共に、そもそものベースとしての信頼関係作りが不可欠であることを、常に念頭に置かなければならない。

■ 人間そのものに対する深い洞察と理解を、常に心掛けること。
■ 自身の利益・目的に固執せず、「利他」の心を常に心がけること。
■「動機付け条件」は個々に違うため、一人ひとりをよく観察し、理解すること。
■ 人間の多様性を十分理解し、各人に合った非金銭的報酬をうまく活用すること。

「幸福感」について考えることの必要性

　これまでの日本企業では、人間心理を掘り下げたモチベーション管理は、あまり重要とは認識されていなかった。「業績を上げて将来安定性を高め、比較上位的な賃金を支給し、福利厚生施策を充実できれば自然と従業員は幸せになる」という感覚も強く、ゆえに「仕事は厳しいもので、和気藹々と楽しげにやるものではない」と、仕事中は規律と効率優先の画一的努力を求め、「稼いだお金と肩書きで、オフタイムに幸福感を味わって下さい」という意識もあった。働く側も、「働いている今この時は楽しくなくとも、定年後はゆっくり余暇を楽しめるから、それまではストイックに働かねば」という価値観が強かったのではないだろうか。

　確かに、以前は給料が上がれば、「家」や「車」というわかりやすい夢に近づく感覚が誰しも明瞭だったし、年功序列的処遇で「あなたも課長になれますよ」で皆が必死に働いた。だが、考えてみれば、20代から60代という人生の最盛期をろくに楽しむこともせず、長時間の残業や転勤も厭わずにストイックに働き続ける生き方は、長期雇用による安定や長期的昇給との暗黙的約束とバーターでもあった。それらが崩れ始めた今、そこに本能的な疑問符がつき始めるのも当然にも思える。

　今日の若手従業員からよく聞く、「車には興味ないので…それより社外のコミュニティ活動の時間が欲しいのですが」「管理職は、給料の割に責任ばかり重くてちょっと…そもそもそんな歳の頃まで会社持つんですか」「今の仕事は自分のキャリアに役に立つのでしょうか」「厳しい時代だからこそ仕事自体、自分らしく楽しめないと」、といった意識が普通になるのも、感覚としては頷けるのだ。

そうなると、優秀な若手社員をはじめこれからの従業員に対しては、高い給料や肩書で動機づけるばかりではなく、仕事そのものの面白さ、やりがい、人生における有意義さ、この会社の仲間と仕事をする幸福感といった、彼らの心の中に潜む内発的な動機に訴えかけることが求められる。そうして、これからの職場、経営者には、働くメンバーにどのような幸福感を感じてもらおうとするのか、という根源的な問いが問われ始めている。

　この状況を上位世代は、「わがままだ」「そんなに甘くないぞ」と感じるかも知れない。ある面、もっともでもあるが、いずれにしても、必死に働く動機となる「幸福感」について、考えてみる必要はあるだろう。

　人は何のために生き、働くのか…。この普遍的な問いに明快な「正解」はない。ただ、我々生物には「生きよう」とする本能があり、この本能は、自分にとって心理的に「好ましい状態」を求める特質を持っている。
　この「好ましい状態」をどう表現するかは少し難しいが、「満足」だったり、「安心」「リラックス」「楽しさ」「集中」「陶酔」「憧れへの近づき、達成」といったいわゆるポジティブな心理状態や、「他者との信頼関係」、「自分で決定できる感覚」、「今この状態は自身の人生にとって有意義で成長につながっている」といった心理ではないか。総じてそれらの心理の中にある感覚は、「幸福感」と言い換えることができるように思う。

　できるだけこの「幸福感」のある状態になりたくて、人は生きる努力をする。この「幸福感＝心理的ウェルビーイング（psychological well-being）」を求める行動欲求は、本能に裏打ちされているため、大きなパワーを内在している。
　そこで、組織の目標、目的や方針設定において、これらの心理を活かす視点で、組織目標に個人の目標や欲求のベクトルを近づけやすくする工夫を施すことも、モチベーション向上の面では有用になってくる。

心理的ウェルビーイングの6つの構成要素

「自己受容」　　　　　（self-acceptance）

「積極的な他者関係」　（positive relation with others）

「自律性」　　　　　　（autonomy）

「環境制御力」　　　　（environmental mastery）

「人生における目的」　（purpose in life）

「人格的成長」　　　　（personal growth）

「カネも出世も二の次」な若者が求めるもの

　実際、近年の働く側の意識傾向はどうなっているのだろうか。パーソル総合研究所が、2019年に、アジア太平洋地域（APAC）14ヵ国・地域の主要都市の人々の働く実態や、仕事に対する意識について実施した「APAC就業実態・成長意識調査」において、非管理職である人に聞いたところ、日本は「管理職になりたい」との回答者が全体の21.4%で、これは調査対象14の国・地域の中で最下位となった。

図表31　出世意欲の低い日本

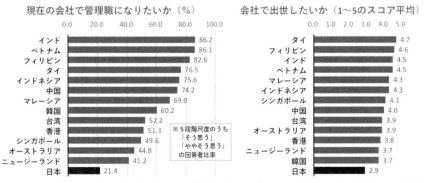

（出典：パーソル総合研究所、「APAC就業実態・成長意識調査」2019）

また、「仕事選びで重要視する点は」との問いについて、日本は、1位＝希望する年収が得られること、2位＝職場の人間関係が良いこと、3位＝休みやすいこと、の順であった。「年収」は他国も1位ないし上位だが、「職場の人間関係」や「休みやすさ」は日本のみベスト3に入っており、この点は、独自の傾向と言っていいだろう。

　そもそも、日本人は勤務先に関する満足度が低い。同調査において、「会社全体」に満足している人の割合は52.3％、「職場の人間関係」は55.7％、「直属の上司」は50.4％、「仕事内容」は58.2％であり、これら全て最下位だった。それもあってか、「今の勤務先で働き続けたい人」の割合は、日本は52.4％で最下位である。

　その一方で、日本の転職意向は25.1％でこちらも最下位。「勤め続けたいとも思っていないが、積極的な転職も考えていない」傾向が浮かび上がる。見えてくるのは、「やらなきゃいけないのでやっている」感覚や、仕事そのものに「期待していない」「諦め」のような感覚を纏い、内発的動機が極端に低く枯渇してしまっている日本人ビジネスマンの姿である。

図表32　勤務先に対する満足度
アジア太平洋地域(APAC)14カ国・地域平均と日本との比較

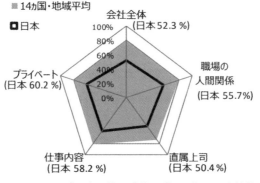

※スコアは、「非常に満足」「満足」「やや満足」の合算値

図表33　働き続けたくもないが、転職もしたくない日本人ビジネスマン

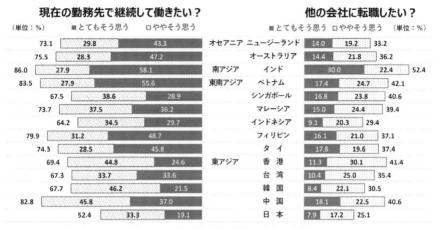

現在の勤務先で継続して働きたい？　　　　　　　**他の会社に転職したい？**

（単位：%）　■とてもそう思う　□ややそう思う　　　　　　　■とてもそう思う　□ややそう思う　（単位：%）

	現在の勤務先で継続して働きたい？			地域	国	他の会社に転職したい？		
	計	とてもそう思う	ややそう思う			とてもそう思う	ややそう思う	計
	73.1	29.8	43.3	オセアニア	ニュージーランド	14.0	19.2	33.2
	75.5	28.3	47.2		オーストラリア	14.4	21.8	36.2
	86.0	27.9	58.1	南アジア	インド	30.0	22.4	52.4
	83.5	27.9	55.6	東南アジア	ベトナム	17.4	24.7	42.1
	67.5	38.6	28.9		シンガポール	16.8	23.8	40.6
	73.7	37.5	36.2		マレーシア	15.0	24.4	39.4
	64.2	34.5	29.7		インドネシア	9.1	20.3	29.4
	79.9	31.2	48.7		フィリピン	16.1	21.0	37.1
	74.3	28.5	45.8		タイ	17.8	19.6	37.4
	69.4	44.8	24.6	東アジア	香港	11.3	30.1	41.4
	67.3	33.7	33.6		台湾	10.4	25.0	35.4
	67.7	46.2	21.5		韓国	8.4	22.1	30.5
	82.8	45.8	37.0		中国	18.1	22.5	40.6
	52.4	33.3	19.1		日本	7.9	17.2	25.1

出典：パーソル総合研究所、APAC就業実態・成長意識調査（2019年）

　では、新入社員はどうなのだろうか。日本生産性本部が、2019（平成31）年に新入社員を対象に行った「働くことの意識」調査によれば、「働く目的」について最も多い回答は、2000（平成12）年度以降急増した「楽しい生活をしたい」で39.6%だった。一方、かつてはトップにもなっていた「自分の能力を試す」は長期に渡り減り続け、10%程度まで落ちている。

　とはいえ、職場は楽しく「遊ぶ」場所ではないこと、は新入社員でもわかっている。では、「楽しい生活」がイメージできるのはどんな職場なのだろうか。そこで、会社選択理由に関する質問を見ると、最も多いのは、「自分の能力、個性が生かせるから」（29.6%）で、2位は「仕事が面白いから」（18.4%）、3位は「技術が覚えられるから」（13.1%）の順だった。「会社の将来性」は長期低落傾向にあり、職場に"寄らば大樹の陰"的な期待をもつ傾向は退潮し、これから仕事に就こうという若者の約半数は、「自分の能力、個性が生かされ、仕事が面白く感じられる職場」であるかどうか、を最も重要視する時代へと変化している。

図表34　新入社員の考える「働く目的」は？（主な項目の経年変化）

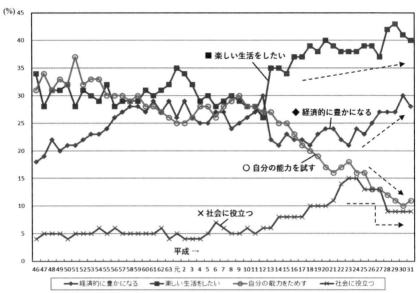

（出典：日本生産性本部　平成31年度 新入社員「働くことの意識」調査）

図表35　新入社員が会社を選ぶ「選択理由」（主な項目の経年変化）

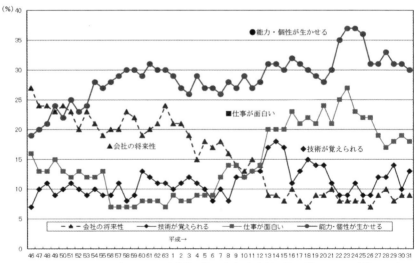

（出典：日本生産性本部　平成31年度 新入社員「働くことの意義」調査）

　また、時代経過的には、2000年前後を境に、興味深い意識変化が見て取れる。それまでは、"よい会社"、いわゆるブランド企業への入社が学生たちの憧れであったが、それ以降は"どの会社に入るか"よりも、"その仕事は面白いのか""自分が活かせるのか"という、まさに内発的動機づけ要因を主とした価値観に明確にシフトしている。

　つまり、かつては"世間でのよりよいステータスランクが得られる"という外発的な動機づけ要因でなされていた会社選びが、"自分が生き生きとして、心の底からやり続けたいと思える仕事かどうか"という、内発的な動機づけ要因を満たせる会社探し、に変化しているのである。

　ただ現状、パーソル総合研究所の調査結果にある「内発的な動機づけによって高くモティベートされ、現状の職場に満足している従業員の比率」はアジアの14ヵ国・地域主要都市労働者の中で最低、という現実が、大半の日本企業の内情を示している。一種の「リアリティ・ショック」ともいうべき、アンマッチ状況が生じていることは火を見るよりも明らかだ。

　かつては、ブランド企業に入れさえすれば、「どんな仕事か」「面白く働けるか」という内発的動機づけに関連した、事前の期待は特に強くもなく、期待と現実のアンマッチに苦しむことはさほど多くなかった。

　だが、内発的な動機の充足を切望し、期待して入社してくる今日の若者にとって、現状の日本企業は（アンケート結果にあるように）あまりにアンマッチな姿をさらけ出す存在になってしまっている。この現実が、近年の新規学卒者の退職急増につながっているのではないだろうか。

次世代層における意識変化の必然性

　この、2000年前後を境とした変化には、おそらくいくつかの要因が複合し影響していると考えられる。まずは、バブル崩壊や、就職氷河期、

リーマンショック、といった社会経済上の変化が大きく影を落としていることは明白だろう。両親や、周囲の人間に、勤め先企業の業績低迷や事業撤収による雇止め、良くて早期退職という出来事が起きていることは珍しくもない。正規社員を諦め、非正規労働で働く友人もいよう。

　企業の雇用維持能力は明らかに低下し、終身雇用の維持が風前の灯火であることを誰もが知った。同じ環境で長期間働くことは難しいと認識すれば、次に考えるのは、当然ながら「どう対応すべきか」である。

　上司に気を遣うことで出世しても、その企業にいられなくなれば、人間関係はリセットされてしまう。次でも同じポストにつける保証はない。そんなポストに執着するよりも、自分に合った自分らしい仕事のスキルセットを手に入れ、そんなエンプロイヤビリティ（雇われうる力）を武器に、多少の人生変化があっても楽しく強く生きていけるような自分になりたい、とピュアな気持ちで考えるのは、自然の理である。

　前述の通り、情報通信やモビリティ、金融技術などの各分野における技術革新は、グローバルな社会経済の構造を劇的に変えてしまった。これにより、今日の社会環境は短時間で変化し続けている。

　こうなってくると、一度作り上げた競争優位点を頼みに、余計なことは考えず、決められたことを決められた通り忠実に遂行し続ける、「マニュアルワーカー」中心の組織よりも、予期不能な変化に柔軟に対応し、「問題を解決する」「今まで気が付かなかった視点を与える」など、個々の高度な知的活動により付加価値を生む、「ナレッジワーカー」中心の組織を如何に作り出すかが、勝負の分かれ目になる。

　経済学者のピーター・ドラッカーが提唱した、この「ナレッジワーカー」は、知識労働者とも呼ばれ、自らの知識によって企業や社会に貢献する存在であり、特徴として、金銭的な報酬などの外発的動機づけよりも、自分

らしさが社会や組織への影響、貢献につながる実感が得られる、という内発的動機づけを重要視する傾向にある、とドラッカーは指摘している。

　その点でも、今後の企業組織においては、内発的な動機づけの効果的活用が、中長期での組織の浮沈を分けることとなっていくだろう。そう考えれば、近年の若手人材が、早い段階でキャリア意識をもって自身の付加価値獲得を真摯に考える傾向自体は、決して悪いことではない。

キャリア・アンカー

　とはいえ、一口に「キャリア」といっても、人ごとに求めるものは様々である。そこで、それぞれに個性ある各メンバーのモチベーション傾向を考察するにあたり、キャリア・アンカーという概念も紹介しておこう。

　キャリア・アンカーとは、自らのキャリア選択の際に、最も大切な「どうしても犠牲にしたくない」志向性や価値観、欲求であり、周囲が変化しても自己の内面で不動なもののことを言う。米国の組織心理学者、エドガー・ヘンリー・シャインによって提唱された概念で、個人を船に例えるなら、様々な波に船体が揺らされても、船をしっかりと繋ぎ止め続ける錨（アンカー）のように、生涯にわたって変わらず自分のキャリアの軸となる価値観や志向性、欲求を指している。

　それぞれの個人が、それぞれどのようなキャリア・アンカーを持っているかを把握することは、個人ごとに効果的なモティベート方法を見つけ出すことや、「どのような状況で力を発揮するタイプなのか」といった特性や能力の把握にも活用でき、職種をまたぐ職場異動の実施など、精度の高い人員配置が必要な際の重要な情報として活かすことができる（ただし、業務キャリアの浅い若年者は、設問に対して適切な回答を選びにくく、自己判定がし辛いため、30 〜 40 代以降の者において活用する場合に比べて判定精度が低くなることに留意が必要）。

シャインは主なキャリア・アンカーを、以下の8つに分類した。

- ✓ 専門・職能別能力（TF　Technical/Functional Competence）
- ✓ 経営管理能力（GM　General Managerial Competence）
- ✓ 保障・安定（SE　Security/Stability）
- ✓ 自律・独立（AU　Autonomy/Independence）
- ✓ 起業家的創造性（EC　Entrepreneurial Creativity）
- ✓ 奉仕・社会貢献（SV　Service/Dedication to a Cause）
- ✓ 純粋な挑戦（CH　Pure Challenge）
- ✓ 生活様式（ワークライフバランス）（LS　Lifestyle）

　キャリア・アンカーは、シャインが著書『キャリア・アンカー〜自分のほんとうの価値を発見しよう』で紹介している40の質問に答えることで簡単に診断できる。非常によく知られた概念ゆえ、Web上でも検索すれば質問表がすぐに出てくるので、興味をお持ちの方はまずはご自身でやってみてもいいだろう（不正確なサイトもあるのでご注意を）。

　筆者も人生の選択を迫られる場面で、「自分は一体何をしたいのか」と悩むことも多かった。置かれた状況が苦しいほど、人は人生に目先の安定や何らかの保障が欲しくなる。だがそんな時も、「やはり自分が求めているものは違うのではないか」と、志向の異なる選択肢の前で揺れる自分がいた。そんな時、キャリア・アンカーの概念を思い返しては自分が本当に欲しているものに気づかされ、「やっぱりそうか」と気を取り直していたものだった。もしその時、とにかく安定だけを求めて選選択し、決定していたなら、自分はまた別の苦しみを背負っていただろう。

　この錨＝アンカーの降ろし先は、人生の価値観に直結しており、本人もそう簡単に変えられるものではないため、本人や周囲が認識できているか否かが、本人とチームの幸福追求の成否を大きく左右する。

　同じ会社に出勤し、同じように働く同僚たちも、実はそれぞれ異なる
キャリア・アンカーを持っている。「純粋な挑戦」に大きな価値を感じる
従業員に、「こんなに当社は安定して長く働けるいい会社ですよ。だから
単調ですけどこの仕事を頑張って」とハッパをかけても、どんどん元気
をなくしてしまうこともあり得る。もし、異なる価値観を持つ者同士が、
互いの価値観を譲れず軋轢が生じるのなら、リーダーは早い段階で距離
を置かせることも考える必要があろう。やはり「人それぞれ」、「人生い
ろいろ」であって、全員に同じモティベート手法は使えないのである。

変わりゆく「求められるリーダー像」

　ここまで見てくると、ミレニアル世代以降のような新たな世代が上司に
求めるイメージと、過去の高度成長期などで当たり前とされていた上司の
イメージとは、大きな違いがあることも感じ取れるのではないだろうか。

図表36　2つの「上司イメージ」

過去の管理者（上司）像	これからの管理者（上司）像
偉い（と感じさせる）人	人間的な魅力のある人
監視する人	（達成感・成長感などを）演出する人
仕組みを守る人	正しい変化を作り出す人
厳しさを与える人	感動を与える人

＜伝わってくる"オーラ"＞～盲点の窓	※上司本人は自覚していないことが多い
・気難しそうだな ・なんだか、評価されているみたいだな ・見下されているような気がするな ・ピリピリしているみたいだな	・エネルギーが高くて楽しそうだな ・フレンドリーで話しかけやすそうだな ・親身になってアドバイスをくれそうだな ・何でも相談に乗ってくれそうだな

　このように、「成果を生み出すチーム作り」において、今日求められて
いるのは、それぞれのメンバーの内面に働きかけ、各メンバーの仕事への

満足感と共に、その内発的なモチベーションを高め、意欲的かつ自律的に仕事に取り組めるチーム状態へと導き得るリーダーの存在なのである。

　筆者の感覚ながら、成長途中の中小規模企業では、「高い能力で尊敬され、厳しく仕組みを守り組織を陣頭指揮する」という、"過去の管理者（上司）像"的な「あるべき上司像」を強く信奉するリーダーがまだ多いと感じる。そのようなリーダーがトップになり、いわゆるマイクロマネジメントが行われると、直下の部下たちは、とにかく「叱責の対象にならないこと」が、行動選択の基準であり動機となってしまう。

　そうなると、例えば、上手く出来ない同僚を助けることは、他人の災いに自ら進んで加わるようなものとなり、従業員同士が互いに無関心にならざるを得ない。ましてや、指示もないことに自律的に手を出して、責められるリスクをとる者はほとんどいなくなり、さらに責任リスク回避のため、微妙な業務判断はなるべく他者に振ろうとして押し付け合いになる。これはハーズバーグの二要因理論で言えば、衛生要因による動機付けにとどまり、それ以上高次の動機付けが難しいことを意味する。

「違い」を「なくす」のか「伸ばす」のか

　ただ、この「過去の管理者（上司）像」スタイルが、必ずしも間違い、ということではない。かつて多かった労働集約型産業における管理者は、予め決められた仕組みやシステムの中、労働者をとにかく効率的に労働させることがミッションでもあり、まさに「過去の管理者（上司）像」のイメージだった。一糸乱れぬアクションで効率を追求することが必要なビジネスモデルにおいては、統率すべき対象たる労働者が変に自律的に動かれては統制がとれないことも事実であろう。

　また、卓越したビジョナリー人材の頭脳内ビジネスモデルイメージを、即時に具現化することで急成長している企業も、たとえ従業員の成長のためとはいえ、いちいち従業員各自の自律性発揮とか挑戦と失敗によって、行きつ戻りつする気はないだろう。卓越したリーダーの強力なリードで継続的に成功しているのであれば、それはそれで「あり」である。

　ただ、不確実さの溢れた"VUCAの時代"、多くの組織で「変化対応力」が問われ始めたことで、画一的で変わらない一定の仕組みを変化なく高効率で継続させることよりも、多様性を持った人材集団の個々のモチベーションに基づく臨機応変の自律対応を、いかに高いレベルで引き出すか、が勝負の分かれ道となった現実を認識する必要はあろう。

　だが、実のところ、そのことを明確に意識し行動しているリーダーは、まだそれほど多くない。新世代の若手らを評して、「能力はあるが、権利ばかり主張して、忍耐せず、カッコいい理想ばかりを追いかけ、地道な下積みを忌避している」として、「若手の意識を変えて下さい」と仰る経営陣の方は実に多い。
　もはや各自の人生は自助努力で作り込む必要があることを体感的に理解し、切迫感をもってそのための環境実現を求めてくる若者に対して、転職など、変化対応経験の少ない多くの中高年社員や、会社の経営陣を含む運営陣は実感として心情を理解できていないのだ。

　この不幸なアンマッチもあって、真の内発的動機づけの意義を理解できず、「業績を上げて、ボーナスアップ、それがダメならノミュニケーションでやる気を出させよう」と言い続ける上位世代者に、若年世代は失望を広げている。世はまさに、大「人材不足」社会を迎えようとしているこの時、皆さんの会社が、人材刈り取り場となるか、人材の集まるオアシスとなるか、分岐点は近づいている。

第 10 章　組織風土を味方にする

組織固有の「風土」という存在

　著名なリーダーに率いられ、時代の波を上手く掴んで短期間に急成長し、時代を代表するまでになった企業を、我々は大抵いくつか挙げることができる。それらの企業には、そのサクセスストーリーを体現するようなリーダーもいる。類い稀なるそのリーダーの資質や、短期間で夢のような成長を成し遂げたストーリーは、成功スケールのわかりやすさもあって、多くの人々の心を惹きつけ、憧れの物語となっていく。

　一方で、物語の派手さはないが、時代の荒波を乗り越え 100 年以上の歴史を刻み、今もなお社会に必要とされる存在として輝きを放つ企業も存在する。特に、日本は長寿企業の多いことで知られ、日経 BP コンサルティングの情報サイト「周年事業ラボ」での、創業年数が 100 年以上、200 年以上の企業数に関する国別調査では、日本が両区分共に企業数で世界 1 位となっている。世界の創業 100 年以上の企業のうち半数近く、さらに創業 200 年以上の企業では、約 65％が日本企業であった。

　これらの長寿企業には、急成長企業につきものの「憧れのリーダー物語」の類いは見当たらない。それどころか、見たところ特別に目立つ人材もいないが、代々、リーダーが移り変わっても連綿として道を踏み外

184

さず、高い組織パフォーマンスを維持している企業が少なくない。

　企業組織は 20 年もすれば内部のコアメンバーは大抵ごっそり入れ替わることを考えると、これはこれで凄いことでもある。これらは一体何のなせる業なのだろうか。構成人員が入れ替わっていっても、変わらない何かがあるとすれば、それは「文化」であり「風土」かも知れない。

「文化」と「風土」

　通常、組織文化と組織風土という言葉には、通念上も明確に固定化された解釈があるわけではなく、あまり区別されずに使われていることも多い。が、あえて区分すると、一般的には次のように位置づけられることが多い。

組織文化：「組織内で共有され、組織の仕組みや行動に具体的に影響を及ぼす価値観や行動理念」

　　　　　　「経営の意図に基づき、経営ビジョンや企業としてありたい姿を示すステートメント、組織運営や仕事の進め方の明示ルールなど、意識的に組み上げられる組織運営の枠組み」

組織風土：「組織内で自然発生し定着した暗黙のルールや習慣、独自的・固定的な価値観」

　　　　　　「組織内での多数者における、コミュニケーションのとり方や目標に向かって仕事に取り組む姿勢、士気の高さといった、人間関係上に共通に見られる行動傾向」

　このような位置づけに沿えば、「組織文化」は、経営者が理想として描くビジョンやフィロソフィー（哲学）を具現化するミッションや価値基準の発信と共に、経営活動上の基準やルールとして落とし込む形で意図的にデザインされる、組織運営上の骨格のようなものと言えよう。

　そして、「組織風土」は、創業者をはじめ経営陣の掲げた組織文化が一定の時間を経て、その他の様々な要素と混ざり合ったり、事業環境や

時代背景、組織の属性等の影響も受けたりして、半ば自然発生的に生まれる「価値観や行動原理」である。これは組織内で無意識的に伝承され、従業員の考え方や行動、感情などに大きく影響を及ぼしているもので、時代の流れや外部からの影響を受けにくいのも特徴である。

このように「文化」と「風土」は、実際には相関する面もあり、時にほぼ同義的に扱われることも少なくない。英語圏の国では、"カルチャー：Culture" の1語で表現されることも多く、米国研究機関の論説などの "Organization culture" の意を読み込むと、大枠として「構成員間で共有されている行動原理や思考様式」を意味すると共に、「風土」の定義とされる「自然発生し定着した暗黙のルールや習慣、独自的・固定的な価値観」の要素も多分に含むことが多いことは留意すべきである。

まず、企業のトップが、その企業において共有されるべき価値観を能動的に作り上げたいと考えたとする。この場合、まずは経営陣から理念を発信し、従業員が共有・慣習化していくプロセスを経ていくことになろう。このようなプロセス＝過程について、前出の組織心理学者、エドガー・ヘンリー・シャインは、次の3段階のレベルに区分している。

レベル1：人工物（artifact）…ロゴやブランド、社内行事や服装、公式的な理念やスローガン、社名など、目に見える表面的なレベルで作られたもの

レベル2：価値観（value）…レベル1の背景にあるものとして共有されている、目標や戦略、評価や処遇の基準、社内哲学など、議論の余地がある観念

レベル3：基本的仮定（basic assumption）…レベル2のさらに背景にある、はっきりとは示されていないが無意識レベルで当然とされている、基本的な仮定

　このプロセスはすなわち、企業文化として意図的、明示的に掲げたものが、その正と負の作用（メリット、デメリット）を共にはらみつつ、時間をかけて収斂し定着していく過程で、従業員の無意識下での「仮定」「前提条件」と化し、さらに暗黙的に共有される行動パターンへとつながっていくプロセスと考えられる。そうなれば、これは「明示的」というよりは「暗示的」で、「理性的」というよりは「感情的」なものに根ざし、非常に強固で簡単には変らない（＝変えられない）「風土」となる。

　良くも悪くも、この「風土」の強固さを認識することは重要である。刻々変化する外的環境に対応するために、新たな企業リーダーが企業文化の革新を試みることは珍しくない。だがその場合、新たに示すミッションやバリューなどが、無意識下のレベルで、既存の企業風土とマッチせずにギャップを生じてしまうと、従業員側の心理的抵抗もあってほとんどの場合、上手くいかないものである。

　元マッキンゼー・アンド・カンパニーのコンサルタントで、リーダーシップ、組織文化、組織パフォーマンスに関する研究で知られるジョン・カッツェンバックも、「組織カルチャーは、経営戦略やビジネスモデルと同じくらい重要なファクターである」と強調している（彼の言う「カルチャー」には、「風土」の要素も含むと筆者は理解している）。

　彼はまた、組織文化や風土は、その中の者にとって水や空気のようなもので、客観的把握が難しいことを十分認識した上で、「もし、あなたが組織の何らかのレベルのリーダーで、自分のビジネスを新たな方向に動かすチャンスを探しているのなら、その努力の一部を組織カルチャーの向上に注げば、成功する確率が高い。逆に、カルチャーを無視したり敵視したりすれば、目標は達成できないだろう」（"The Critical Few"『最高の企業文化を育む「少数」の法則』より）と述べている。

日本企業の弱点ともなり始めた「組織風土」

　年功序列による終身雇用を基盤としてきたこれまでの日本企業では、一旦、企業の中へ入ると、他の企業文化や風土に触れることはまずなく、関心を持つ必要もなかった。そのため、企業の改革戦略上、「風土」はあまり顧みられなかった。それが近年、一転して風土を含む組織カルチャーに対する関心が高くなっている背景には、2つの大きな流れがある。

　1つは、急速なグローバル化や業種内の優勝劣敗の明確化が劇的に進む中、生き残るためのM&Aや事業提携が増え、全く別の組織で働いていた者同士が、突如として1つの組織で一緒に仕事をする機会が増えたことである。同業界でも、会社が違うと社員の意識や仕事のやり方が全く異なるものだが、人間は関わる相手について、自分と同じ風土や文化のモノサシで評価し行動しようとするため、そこに大きな戸惑いや混乱が生じ、ひいては経営の混乱まで至ることが非常に増えたのである。

　そしてもう1つは、ビジネスの急速なグローバル化、IT技術革新等による意思決定の高速化により、日本企業が元来、多分に持っていた気質や風土が、強みから弱みへと変化してしまったことである。日本社会同様、「コンセンサス重視」気質を多分に持つ日本企業は、突出したリーダーの専制的かつ大胆な意思決定よりも、無難さに価値を置いた、集団合議による意思決定を重んじがちで、それは一種「風土化」していた。
　これには時代背景的"必然性"もあった。高度成長期の社会では、成長の波に乗ることこそが大切で、意思決定のスピードが多少遅れても、流れに乗れればそれでよく、万が一、判断を間違っても集団で決めたことであれば特定の人間への責任集中が避けられるため、既得権者にとってはリスクが少なく都合が良かったのである。

　だが、世はグローバル化し、横並びは通用せず、判断スピードが成否を分ける世界になった。そのため、日本企業特有の、コンセンサス形成のための迂遠な時間や、常に無難な横並び決定が決定的な弱みに転じ、事業競争力の長期低落という、今日の状況に至ってしまったのである。

　前出のジョン・カッツェンバックが主宰するカッツェンバック・センターによる 2018 年の「グローバル組織文化調査」においても、日本の回答者の 87% が「風土を含む組織カルチャー」を重要視するテーマと回答している。「組織カルチャーは、企業戦略とオペレーティング・モデルよりも企業業績にとって重要である」ことへの共感も 76% にのぼり、グローバルの回答の 65% を大幅に上回った。さらに、「将来会社が成功し、優秀な人材を確保するためには、自社の組織カルチャーを大幅に進化させなければならない」と考える日本の回答者は 96% にのぼる。

　これらの結果は、日本企業の経営者にとって組織カルチャーが最も重要な経営課題の一つになっていることを明確に示している。ピーター・ドラッカーも、"Culture eats strategy for breakfast"（カルチャーは戦略を食う）という言葉を残している。どんなに素晴らしい戦略を立てても、それを実行する企業組織のカルチャーが酷いものだったら戦略なんて機能しない。逆に言えば、素晴らしいカルチャーがあるなら、戦略が多少まずくても自分たちの目標を成し遂げる可能性は高い、ということである。

風土が作る組織の「暗黙」規範

　筆者もこの「風土」については、中堅時代の苦い思い出がある。
　元来、明るいこと好きで場を盛り上げることに自信もあり、若い頃は何も考えずに相手の懐に飛び込むだけで、可愛がってもらえた。誠意を持ってああしたい、こうしたいと言っているうちに、相手も「面白い若

造が言っているからやらせてやれ」と、色々な改革をさせてもらえた。

　ただそれだけだったが、会社もそんな評判を耳にしてか、課題職場に次々と配転され、その都度面白がってやっていると、やらないよりは成果も上がり、「自分には実力がある」と勘違いしてしまった。少々業務知識もついて、一端の正論も吐けるようになると、「自分の優れた論理性は武器ではないか」と、さらに勘違いした。そうして、肩書きもついて子会社へ赴任する頃には、どうにも雲行きが怪しくなっていった。

　確かに、新たな赴任先で半年もすると、財務数字や現場状況、キーマンからの情報等で、問題の核心は大体わかってくる。「こうすればいいじゃないか」とばかり、一見、理路整然とした改革プランを作り、自分なりに慎重なつもりで実行していった。作ったプランはどう見ても自分なりのフックも効いた、そこそこ良いものと自信はある。

　ところが、あれほど「新鮮な目で見て、変えてくれ」と言ってくれた上司たちが、非常に不機嫌になっている。「私たちに代わって正してくれませんか」と話してくれた中堅女性社員も、どこかよそよそしい。後で聞けば、その女性社員は子会社トップに「改革が性急すぎる」とクレームをあげていた。また別の者からも、「これまでの自分たちが否定されている」というクレームも上がっていた。

　「改革の方向性や内容はともかく、周囲がついていけないようなやり方はまずい、ここは本社じゃないんだ」。子会社トップはそう判断していた。筆者は知らず知らずに「風土」に逆らい、彼らの心理の奥底にあるものに興味すら持たず、その心理へのケアを怠っていたのだった。

　その子会社では、過去も本社から腰掛けのように出向幹部が来てはやっつけ的な改革策を押しつけ、結果、上手くいかずうやむやにしていた。子会社のプロパー社員たちは、そんな腰かけ出向者に下手に会社をいじらせると大変、という世界観を無意識の内に作っていたのである。

　彼らにとっては、筆者もそんな中の一人でしかなく、これまで同様、面従腹背でやり過ごすべき存在からのスタートだったのである。ゆえに、理屈の正しさよりも、まずは「信頼できる」点で違う人物とわかってもらうプロセスが必要だった。その上で、社内に深く根づく思考や感情、行動を熟知していくべきであった。少なくとも密接に協力して欲しい社員たちが何を好み、何を好まないか、その感情を知る必要があったのである。

大きな影響力を持つ「組織風土」

・組織内で自然発生し定着した暗黙の規範や習慣は、時に明文化されたルールや規則よりも、メンバーの行動に影響を与える。

・暗黙の規範や風土は、組織の暗黙知的な経験則・成功体験の集合であり、メンバーが DNA となってこれを伝承している。

・協働的事態へチームを導くには、暗黙のルールを含む規範・風土へのアプローチが必要。

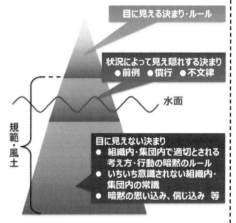

図表 37　組織の規範、ルールとは

組織の規範、ルールを氷山に例えると…

目に見える決まり・ルール

状況によって見え隠れする決まり
●前例　●慣行　●不文律

水面

規範・風土

目に見えない決まり
● 組織内・集団内で適切とされる考え方・行動の暗黙のルール
● いちいち意識されない組織内・集団内の常識
● 暗黙の思い込み、信じ込み　等

・リーダーはこの暗黙の規範・風土を感じ取るためにメンバーの行動をはじめ、集団のあらゆる事象を観察しなければならない。

・目に見えない規範・風土をよく把握し、課題を明確にした上で、あるべき方向へチームを導く「チームビルディング」が大切。

・ただし、チームの状況によっては、基礎になるチーム内の信頼感醸成に、一定の時間が必要となることに覚悟も必要。

組織風土へのアプローチ

　では、刻々と変わりゆく現代社会で、組織の新たな発展を目指し、時には意識変革の必要性も念頭に組織と向き合おうとするリーダーは、組織風土にどうアプローチすべきなのだろうか。

　考えてみれば、この組織風土へのアプローチは、殊の外、厄介ではある。当たり前だが、「風土ガイドブック」とか「風土理解のしおり」のような、明確な情報は存在するはずもない。理解しようとすれば、地道だが様々な人々と接し、得られるフィードバックを基にいろいろな角度から確認、仮説考察、検証することで理解していくしかない。これには、情熱と行動力、人間集団に対する洞察力が求められる。そのため、時には仮説設定を間違えたアプローチ行動によって、思わぬ軋轢を生じてピンチに陥ることだって珍しくない。前出の筆者の事例は、まさにそんなケースと言えよう。

　組織風土へのアプローチについて、カッツェンバックは、すでにある風土を顧みないルールやスローガンの制定と強力な施行のような包括的なアプローチで、自分たちの風土を含むカルチャーを全く新しいものに取り換えようとするよりも、膨大な事象の中で組織風土を形作っている特定かつ重要な要素を絞り込み、その風土の中ですでに非公式ながらも影響力を持っているリーダー＝キーパーソンとの協働的作業等により、今あるカルチャーを改善する努力をすることこそが重要であるとした。

　この、「重要な要素に絞り込んで改善する」という考え方を、彼は「クリティカル・フュー（重要な少数）」という言葉を用いて説明している。まずはその組織カルチャー形成に大きな影響を及ぼしている「少数」要素（要因）を綿密に検証し特定する。その上で、実際の現場を支えている「少数」かつ真の非公式リーダーを必ず関与させ、組織カルチャーを

改善するための「少数」の効果的な行動を起こすことを提唱している。

　だが、なぜ「少数」なのか…。確かに、一定以上大きくなっている組織が、一体となって包括的な改革に挑戦しようとすると、解決しなければいけない課題や問題が無数に生じ、結局、先に進めなくなってしまう。であれば、現状否定という心理的ハードルをことさらに作り出す包括的なアプローチよりも、真に影響力あるポジティブなリーダーの力を借りて、「アリの一穴」のように、現実的に効果を出しやすいところから改善に着手する方が現実的と言える。

　そうして、少しずつでも成果を残していくことで、ネガティブな感情をことさらに惹き起こさずに、その成果を組織全体の改革につなげていくということが可能となる。考えてみれば、非常にオーソドックスなアプローチともいえるが、おそらく、世界中の数多くの企業・団体の組織カルチャー改革現場の様々な失敗例・成功例を目の当たりにすればするほど、結局はこうしたアプローチにたどり着くのであろう。

組織風土を洞察する

　自組織を、ポジティブで成果の上がる組織にしていきたいのであれば、メンバーに息づく感情や行動、深く根づいた姿勢や思考を熟知しなければならない。メンバーが実のところ、何を望み、何を望まないのか、その感情を知る必要がある。この、組織風土への洞察によって、何がメンバーを動機づけているかが見えてくる。それをせずに、組織の財務状況などの数的指標などから、わかりやすい包括的なアプローチによる改革にばかり気をとられ、「早期退職による人員整理で、固定費削減をせざるを得ない」とか、「組織再編を検討する」などといったアプローチに偏重することは、多くの場合、改善や以降の発展を難しくしてしまう。

組織が大きく、歴史があればあるほど、メンバーは自分の仕事の内容や、やり方を容易に変えようとはしない、というよりもできない。一時的に数字は改善したとしても、結果的に悪い習慣は続いてしまう。

　それよりも、組織についての洞察を深めることで、今の組織風土の中に、感情に訴えかける重要な要素を見つけ出し、逆にその感情の勢いやエネルギーを「てこ」として、ポジティブな力にする必要がある。それほどに感情的なエネルギーは強く、大きいものなのである。

　後述するが、元来、人間は、「良く」生きたいものである。人々が毎日毎日、出社して働くのは、ただ給料のためだけではない。個人ごと、組織ごとにそれは同一ではないかもしれないが、洞察していくと、大きな傾向を持っていることが分かったりする。

　現在の組織風土や文化のどこかには、「プラスの感情的なエネルギー」が眠っているはずであり、組織や人々に対する洞察によってそれらを見つけ出し、大いに活用することこそが、改革への近道のように思う。そのためには、ポストや肩書よりも、非公式ながら真の貢献度、影響力を持つ者たちの声を、労力を惜しまずつぶさに拾い、彼ら自身が自らの問題に取り組み、それを解決できるよう励まし、後押しすることを心に銘ずることが必要に思う。

第11章　チームの混乱と再生のマネジメント

チームの成長と崩壊

　長く組織の一員をしていると、異動や転職などもあって、様々な組織を目の当たりにすることになる。集団を構成するのは、それぞれ固有の気質、感情に動かされて行動する「人間」であり、そのメンバー構成も長い目で見れば一定ではない。また、各メンバーも身体状況や周囲環境、経験や加齢による考え方の変化もあって、内面的にも一定ではない。

　そうして組織は常に変転している。そのため、チームビルディングによって、ひとたび良好なチーム状況が生み出せたとしても、時の経過と共に再び混乱が生じることも決して珍しくなく、リーダーには、様々に起こる変化に常に対応していくことが宿命づけられているといえよう。

　チーム状況の変化については、チームの成長や成功に「ある日突然」が無いように、チームの混乱や崩壊にもある種のパターンとプロセスが存在し、何らかの予兆と共に少しずつ、じわじわとその変化が表れてくるものである。「最近なぜかメンバーが対立することが増えて、雰囲気が悪くなってきた」とか、「今までは上司の指示が的確に部下に伝わっていたのに、食い違いや誤解が増えてうまく伝わらなくなってきた」「このところ優秀な社員が立て続けに退職していった」等、ちょっとしたチーム内の変化が、崩壊への一種のシグナルとなっていることも少なくない。

「サボタージュ・マニュアル」からの示唆

　ここで、やや極端な事例かもしれないが、一つのエピソードを紹介しよう。CIA の書庫に、「Simple Sabotage Field Manual」という公式文書が保管してある。日本でも「サボタージュ・マニュアル」と呼ばれ、公開された当初、「まるで日本の会社組織のことを書いているようだ」と話題になったので、ご記憶にある方もおられるかもしれない。

　これは、CIA の前身で、第二次世界大戦中に活躍した米国の諜報機関 OSS（Office of Strategic Services）が、1944 年に作成した諜報員向けのマニュアルで、敵対国の組織に潜入した諜報員が、その組織の活動を妨害し、生産性を落として弱体化させるためのマニュアルである（現在は書籍販売もされている）。言ってみれば、チームを弱体化させるコツを纏めたもので、組織を崩壊させる具体的な項目が様々に記されている。内容が興味深いので、ここでは「管理職として潜り込んだ諜報員への指示」とされるものの中からいくつか抜粋して紹介しよう。

■管理職向け指示項目より一部抜粋（※筆者意訳あり）
・決定事項はできる限り、「十分検討するため」として 5 人以上のメンバーからなる委員会マターとし、委員会での検討を長引かせること。また承認までの手続きをできるだけ複雑にすること。
・従業員のモラルと生産性を下げよ。効率の悪い従業員を優遇して待遇を充実させ、優秀な従業員に対しては不公平な理由で叱れ。
・何事も簡略化せず、決められたルート・手順で行わせ、決断を早めるための近道を認めるな。
・指示は（口頭ではなく）文書で出すよう求めよ。
・会議では長いスピーチを頻繁に行え。自分の言いたいポイントを説明

するのに、個人的な経験や逸話をたくさん盛り込め。

・さして重要でない業務を、完璧に行うように要求せよ。

・重要な仕事がたくさんあるときに限って、会議を行え。

・以前行われた会議の決議を再度持ち出して、妥当性を議論せよ。

・会議の議事録や通信文は、些細な言葉づかいまでチェックして訂正させること。

・紙文化の重要性を説き、ペーパーワークを増やせ。

・新たな仲間には知識共有するな。常に誤解しやすい内容で指示を出せ。

・全ての規則を厳格に適用し、何事にも承認が要るようにせよ。

・承認手順を複雑化して詳細なチェック体制を増やすこと。1 人で承認できるような事案でも、最低 3 人のチェック機関を設けること。

　読者の皆さんの組織にスパイがいて、意図的に崩壊を仕掛けていることはないと思うが、これら "効果的に組織を崩壊させる" 項目が当てはまっているような状況があれば、組織そのものやリーダーの思考、行動に崩壊への危険信号がともり始めているということかもしれない。

　実のところ、組織内で様々な理由から、これらの状況が当たり前のように見られることは決して珍しくなく、そのような変化にもリーダーは、うまく、柔軟に対応していかなければならないのである。

チーム崩壊の予兆

　チームがどことなく上手くいかなくなる時、大抵は予兆がある。「勝ちに不思議の勝ちあり、負けに不思議の負けなし」。肥前国平戸藩の藩主で、「心形刀流(しんぎょうとうりゅう)」と呼ばれる剣術流派の達人、松浦静山(まつらせいざん)（1760 － 1841）の言葉だが、プロ野球で選手、監督として活躍した野村克也元監督が良く引用していたので、よくご存じの方も多いだろう。

元々は剣術の心技解説の中で語られた言葉だが、組織行動における成功、失敗の考察においても的を射ているように思う。様々な失敗事例を振り返ると、失敗に至らざるを得なかった要素が、何がしか見えてくる。人も組織も何かにチャレンジすればするほど失敗はつきもので、避けることはできない。であればこそ、むしろそこから多くを学び、パターン概念化して、同じ過ちを繰り返さないように学習していくことが肝要である。

　良きリーダーは、経験から学び、チームにとって良くない予兆を感じ取り、それらに未然に対処することでチームを絶えずアジャストし、あたかも何事もなかったようにうまく導いている。あえて例えれば、健全な人体の免疫機能が、人間の体内で頻繁に生まれている癌細胞の芽が大きくなる前に、未然に摘み取っているのと似たようなものかもしれない。

　そうしないと、良くない芽は徐々に成長し、制御が難しくなり、やがては組織の健全性を蝕むようになってしまう。とはいえ、組織は常に変転し、様々な芽が頻繁に生えてくる。それが良い芽か悪い芽かはよくわからないことも多いのだ。だからこそ、リーダーには〝リスクを感じ取る能力〟が求められ、そのリスクにどう処置するか、という〝リスクマネジメント〟能力、さらには、リスクが顕在化し問題化してしまった際の〝クライシスマネジメント〟能力が求められているともいえる。概念的な話になってしまったので、次でいくつか具体的事例を見てみよう。

チームに危機をもたらすリスクケース

ケース①：異端人材（エース社員やトラブル・メーカー）の出現

　まずはよくある「異端人材の出現」ケースから考察しよう。日本史における鎌倉時代の幕開け、源頼朝のマネジメントケースを見てみたい。

　頼朝が「打倒平家」を掲げ挙兵した際、馳せ参じた異母弟の源義経のケースも「異端人材の出現」と言えたかもしれない。挙兵直後の「チー

ム頼朝」に、血を分けた兄弟という絶妙なポジショニングで現れた義経はその異端の能力で次々と戦功を挙げる。この結果にチーム頼朝は沸き立つが、潜在的な対立組織である朝廷から勝手に検非違使という役職を貰ってしまったことで、対立が顕在化したと歴史資料には記されている。

　経緯の真偽は別として、義経のような飛び抜けたタレントの出現は、その存在を快く思わない者、あるいは憧れからその振る舞いを模倣し担ぎ上げようとする者の出現など、組織内に様々な反応を引き起こす。
　リーダーの頼朝からすれば、それ以前のどこかの段階でリスクの芽は感じ取っていたのであろう。問題が顕在化してからの頼朝のアクションにはブレがない。そのブレの無さゆえに「冷酷すぎる」「兄弟なのに」と後の不人気につながるのであるが、結果的に義経は排除され、鎌倉を中心とした御家人チーム体制の強化がなされたという見方もできる。

　歴史の先人たちの対応の是非はともかく、異能の才を持つ異端人材の出現は組織に何がしかの波紋を投げかけ、一種のリスクになることもある。組織の長期発展には「多様性」の確保が重要ではあるが、ただあればいいというものではない。リーダーにとって重要なのは、その「多様性」が孕むリスクをコントロールしマネジメントすることであり、その難しさを知り、対応する術を謙虚に学び、考え続ける姿勢なのである。

　現代の我々の職場でも、目立って異質なメンバーが登場することがある。それは、トラブル・メーカーかも知れないが、待ち焦がれた優秀なエース社員であるかも知れない。その高い能力で、周囲に不安感を持たせることなく、リーダーであるあなたの目指す手法や考え方を十分に斟酌し、互いの尊重、信頼の上で期待以上の大きな成果を生み出してくれるかもしれない。そうなればまさに、よき右腕の出現、と言えるだろう。
　しかし、必ずしもそこまでの確証がなく、優秀ながらも相互の信頼確

立までは至りきれない場合は、どうなるかわからない"不安な芽"と、周囲に認識されてしまう。その存在を快く思わず、やる気をなくしたり、陰で中傷したり、足を引っ張るような攻撃的な行動に出る者が現れると、職場の雰囲気は急速に悪化してしまう。優秀社員の方も、仕事や責任が集中しすぎて不満を感じたり、対立する同僚たちの態度に辟易したりして、職場全体にネガティブな感情を抱くようになり、結果、辞めてしまうことも少なくない。そうなると、職場にはネガティブ感情とやる気を失ったメンバーだけが残され、立て直しには多大な労力が必要になる。

　また、「異端人材」がトラブル・メーカーの場合も、トラブルを恐れるあまり「見て見ぬふり」「臭い物に蓋」的な対応をとってしまうと、「あんなことが許されるのか」と周囲のメンバーの不満を引き起こし、「真面目にやるのがバカバカしい」と、まともだったメンバーまでが問題を起こすような事態も生じ得る。そうなると、放置はできず、かといってあまり強硬な態度で臨めば、周囲のメンバーの心理に不安を引き起こす可能性もあり、慎重かつ的確な対応が求められることになる。いずれにしても、メンバーはリーダーがこの異端人材にどのような態度で臨むのか、固唾をのんで見守っている面があることを理解しておく必要がある。

ケース②：組織の沈黙

　職場のチームは、多くの場合、さらに上位の組織があるという階層構造の中にある。その上位組織に、配下に対して専制的な統制行動を強く求めるリーダーが就いた場合、日常業務において上意が様々に下達されるうち、暗黙の上意として（明言されずとも）、「会社で生き残りたければ指示に従うこと」というメッセージ性が付帯されていくことが多い。

　そうなると、たとえ業務上に何か問題があると分かっていても、メンバーは声をあげなくなっていく。また、組織規模の拡大に伴い、「自分一人くらいが何を言っても状況は変わらない」という、プロセス・ロス

や学習性無力感などが生じることで、「波風立てても得るものがないのでやめておく」心理も生まれ、その傾向にますます拍車がかかっていく。さらには、自分の意見は言わず、強い者に従い、むしろ責任を負うことなくいい目だけは見ようとする者も現れてくる。

　そんな保身ばかり考える人が増えた状態を「組織の沈黙（Organizational Silence）」とも呼ぶ。組織学者のモリソン＆ミリケンは、組織の沈黙の原因として次の2つを挙げている。（Morrison, E.W. and Milliken, F.J. (2000) Organizational Silence）

1．上位者が部下からの否定的なフィードバックを忌避し、そのフィードバックを間違いだと退けたり、情報源の信頼性を疑い非難する。
2．上位者が以下のような偏見、思い込みを持っている。
　・部下は利己的で自分のことしか考えていない、信頼できない。
　・部下は物事をよくわかっていない。組織上位者は最善を知っている。
　・組織は団結すべきであり、反対意見は組織の調和を乱す。

　上位からの影響で、組織全体にこのような雰囲気が蔓延すると、組織の心理的安全性は損なわれ、モチベーションが失われかねないため、間に立つチームのリーダーは工夫をし、チームの心理的安全性の改善に努める必要がある。かなり困難な作業と言わざるを得ないが、少なからずチームメンバーはリーダーに一縷の期待を寄せている可能性もあるので、組織内状況を良く把握し、必要以上の軋轢は避けながら、メンバーが声を上げてもいい余地の確保に努めることが肝要である。

ケース③：過度の人間関係重視

　対人関係や同調性を重んじるあまり、リーダーやメンバーが「チームメンバーは仲良くなければならない、団結していなければならない」という思い込みを強く持ちすぎると、各メンバーの感情面への配慮が過剰になりやすい。「遅くまで仕事を頑張っているのだから昇格させたい」

とか、「彼ももういい年齢だ。子供もあるのだから昇進させてやろう」、「出張のたびにお土産を配る彼は皆のお手本だ」などと考え、惻隠の情とばかりに配慮しようとする。あるいは、とにかく好印象の獲得にばかり意識が集中し、周囲への過剰な愛想にエネルギーが使われてしまう。

こうなると、組織としての本来の目標達成よりも、情緒的な配慮にばかり意識が向かって、本来の目標を見失いかねない。また、「遅くまで仕事をする＝頑張っている」の反対解釈として、「遅くまで仕事をしない＝頑張っていない」という誤ったメッセージが受けとめられてしまい、他メンバーの不満を生むこともある。

いずれにしても、情緒面をあからさまに評価や行動の原理に持ち込むことは避けるべきである。この問題の難しいところは、人間の情緒への配慮は、一般に好ましいこととされがちでもあるために、「やり過ぎだ」というような異議を唱えにくいところだろう。だが、案外、人間の素直な感情と乖離しているのでは、と現状を苦々しく思っているメンバーもいることが多いので、声なき声にも耳を傾けることも重要である。

ケース④：行き過ぎたフラット化、全員平等参加主義

ケース③と重なる面もあるが、メンバーのプライドや平等意識への過度な配慮などから、「何事も全員参加で物事を決める方が民主的で満足度の高い組織運営ができる」という思い込みが強いチームがある。

また、企業トップのみが強い指揮命令権限を持ち、トップ以外は皆、指示待ちで実質的な権限を持たないような、いわゆる文鎮型組織の場合、チーム内で責任や権限の所在が曖昧となり、トップ以外の意思決定はコンセンサス形成にばかり時間と労力がかかるという状態に陥りやすい。

さらに、なかなか意見が纏まらず物事が進まなかったり、議論での意見相違が感情的なしこりになったりして組織内の雰囲気が険悪になり、いざというときに無責任な態度をとるメンバーが増え、チームが混乱や

崩壊へ向かいやすくなる。

　個人の情緒感情や、平等意識等への過剰な配慮は、メンバーたちが人間的に未成熟な場合、"美しい" ことと受け止められやすく、半ば信念化していることも多いため、まとまっていたかに見えたチームがおかしくなってしまうことも意外に多い。このケースは、一定以上の組織規模を経験していない中小企業の組織において、非常によく見られる。

　ネット通販の世界的企業、アマゾンの創業者、ジェフ・ベゾスが、会議の参加者が多いほど生産性は低下するとして「会議に参加するメンバーは 2 枚のピザを分け合える人数に抑えよ」と、合意形成のための協議人数を最大でも 8 人程度としていたことは前にも述べた。また、様々な研究から、一人の上司が管理できる部下は 4 人から 8 人程度、どんなに多くともせいぜい 10 人程、という考え方が、現在主流となっている。

　一般に、人間集団が一定の人数（スパン・オブ・コントロール）を超えた場合、異論を排除せずに効率よく意思決定していくためには、どうしても責任と権限を明確にしたピラミッド型階層組織に移行せざるを得ない。とはいえ、内閣官房内閣人事局による国家公務員組織の「部下の人数」を調べた 2017 年の調査では、11 名以上の部下を持つ上司が約半数だった、という結果にもあるように、多くの職場の現実は必ずしもそうなっていない。

　もし職場において配下のメンバーが 10 人を超えながらも、あなた以外にとりまとめ役のいないフラット組織を標

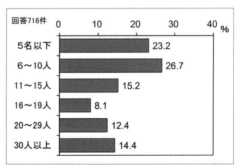

図表 38　管理職が持つ部下の人数

回答716件

	%
5名以下	23.2
6〜10人	26.7
11〜15人	15.2
16〜19人	8.1
20〜29人	12.4
30人以上	14.4

出典元：「管理職のマネジメント能力に関するアンケート調査」
内閣官房内閣事務局　平成29年

榜しているのなら、今一度、実情を再点検してみてもいいかもしれない。

ケース⑤：人数と業務量のバランス崩壊

　一般に、組織の成長発展に伴い業務量も増える。増加した業務量を変わらぬ数のメンバーでこなせば、それは生産性向上の賜物とも言えそうだが、結果的にメンバーの大半に法定労働時間の上限に迫る時間外労働が恒常化するような場合は、生産性の向上と言うより、単にメンバーの心身に無理なストレッチをかけて凌いでいる状況と言わざるを得ない。

　そのような状況では、メンバーの心身が疲弊し、そう遠からず弊害が顕在化する事態を迎える可能性が高い。また、処理効率ばかりを優先した組織運営を行っていると、次第に処理能力の高い優秀なメンバーに業務が集中してしまうのも組織の常である。

　これまでの日本企業では、「組織とはそういうもの、優秀者はそうして組織に貢献し、認められて力をつけるものだ」という見方、解釈もあり、勤勉な優秀者は一層、業務量が増え、企業側もその能力に依存する傾向が強かった。

　だが、優秀者も人の子である。先の見えない近年の競争激化状況下で疲弊し、一向に改善しない現実に「なぜ自分だけが」と意義を見失い、バーンアウト（燃え尽き）してしまうことも増えている。結果、程度の知れた金銭報酬や肩書きといった外発的動機付けよりも、自己実現や自分らしい人生を生きる実感など、内発的動機の充足への関心が高まるにつれ、若手優秀社員の退職増加、顕著化へとつながっている側面がある。

　全体としての過大な労働量や、一部の優秀者への労働集中は、時間の経過と共に心身の疲労、健全な精神状態の喪失を招き、メンバー間の不仲やモチベーション低下、果ては退職という形で効率を低下させ、チー

ムの崩壊要因となりかねない。競争が激化し、ビジネスマン一人一人への負荷が増大しつつある今日、「できるところまでやらせる」ことは、生産性の向上どころか優秀な能力の多大なる損耗でしかない。

　適度な休息とワークライフバランス確保は、さらなる成長への栄養素であり、企業側にも大きなメリットがあることは理解しておく必要がある。リーダーはこのようなリスクの兆候を感じ取った場合、速やかに業務量の適正化や、増員や業務配分の見直しといった手を打つ必要がある。

ケース⑥：行き過ぎた業務定型化（マニュアル化）

　増大する業務をいかに効率的に処理するか、また担当者の交代後もパフォーマンスの落ちない仕事の仕組み作りは、言うまでもなく組織業務効率化の重要なポイントの一つである。その解決策の一つともなる業務の平準化のために、マニュアルの作成、活用を奨励している組織は多い。

　しかし、行き過ぎたマニュアル化は、何でもマニュアルに頼り切る「マニュアル依存」や、どんな場合でもマニュアル以外の行動を許さない、「マニュアル至上主義」に陥るリスクがある。

　組織権限や責任の所在が曖昧な組織では、メンバーたちは自己防衛に走り、「マニュアル通りにやったのに、何が悪いのですか」とか、「それはマニュアルに書いてありますか」という反応も増え、仕方なくマニュアルを分厚くするような悪循環もよく見られる。だが、前述した経営学者ロバート・カッツの「カッツモデル」に見るとおり、組織業務では、業務レベルが上がるほど、ヒューマン・スキルや、コンセプチュアル・スキルなどの、定型化できない臨機応変の能力が必要になるものである。

　過度の業務定型化（マニュアル化）は、指示がなければ何もしない、自分の判断では動けないという精神構造を生み出し、より高度で定型化が難しい業務への挑戦意欲を失わせ、人材の成長を阻害する要因となっ

てしまうのだ。そうなれば当然、新しい発想も生まれず、メンバーも組織も膠着化し、堅苦しく活力のないチームとなってしまうのである。

ケース⑦：共通目標の喪失を生むモチベーション・マネジメント不在

　人は個々に多様な価値観を持ち、それが組織に活力や柔軟さ、変化対応能力をもたらすことは、縷々述べてきた。ただし、そのためには個々に異なる動機への適切なモチベーション・マネジメントによって内面に方向感を生み出し、組織と個人の目標を近づける努力が必須となる。

　そうしないと、各自が元々ベースとして持つ価値観に忠実に物事を理解解釈し、自身のやりたいことを正当化していってしまう。そうなると、組織として為すべきことの理解がバラバラとなり、本質的な目標すら見失ってしまいかねない。リーダーは「価値観はそれぞれ異なっていて当たり前」との認識の上で、個々のメンバー毎に適切なモチベーション・コントロールを継続する必要があることは知っておくべきである。

時に果断な判断も必要

　組織、チームにおけるリスクケースについて、いくつか見てきた。リーダーはこれらのリスクについて、なるべく早く、対応余地の大きい段階で処置していくことが肝要である。何気ない日常において、自身の人間性、感受性をもって様々な出来事から感じ取った問題を、面倒がって先送りせずに対処することが、いかに重要であるかを痛感するものである。

　しかしながら、諸々の状況もあり常にうまくいくわけではないのも現実だ。また、自組織だけでは何ともし難い、上位組織からの干渉などに頭を悩まされることも少なくない。状況条件は課題ケースごとに千差万別だ。
　そんな状況を何度かくぐり抜けてくると、柔軟かつ粘り強く、臨機応変に対応することがいかに重要であるかを、身に染みて感じることになる。

　確かに、課題深刻化の手前であれば、個々のモチベーション・マネジメントやカウンセリング、それでも難しい場合はローテーションなどの人事異動や業務分担変更など、様々な対応オプションを使って、当該本人やチームのモチベーションを落とさず、地道に最適解を探すこともできる。

　だが、問題が大きくなった場合、反発や軋轢を覚悟の上で、腹を決めて問題の核心たる人物や関係性に切り込む、果断な判断も必要となる。そうなればリーダーに求められるのは、人間観、人生観などにしっかりと裏打ちされた人間性以外の何物でもない。経営学の教科書からはなかなか学べない、「持てる人間性の全て＝人間力をもってあたる」リーダーの力量がいかに大切かを実感するのは、まさにそのような時である。

難局打開のタイミング

　事業に問題があって立て直しが必要な場合、企業の本部（本社）組織から、経営管理を学んできた若きエリートが送り込まれることがある。
　彼らは、課題解決のフレームワークについて学識を持ち、分析報告などのプレゼンテーション資料の作成能力には目を見張るものがあるが、得てして対人洞察、対処について経験不足で、課題突破のための人間力に乏しいことも多く、事態が緊迫化するといつの間にかいなくなってしまう。そうなると事態は複雑化し、労務問題も予見され、時間を味方とすることはもはや難しく、その分、果断な判断が求められる。

　このような状況下で課題に挑むリーダーは、「こんな状況にしたのは自分ではないのに」と感じても、「過去からのツケを精算する」ためにやるべきことをやるしかない。ただ、このような場合、崩壊の芽はもう剥き出しの状態で、芽というよりは樹木のような状況であり、何をすべきかはよくわかる。当事者たちも課題は認識しながら、適切なリーダー

シップの不在ゆえに立ちすくんでいることが多く、いざとなれば多少の
ことは受け入れる覚悟ができているものである。

　そのように、難局にはギリギリのところでほんの少し、思い切った挽
回策を打っても受け入れられるチャンスの時間が訪れるもので、そのタ
イミングを掴んで、いかに思い切った適切な手を打つかが最も重要、と
いうのが筆者の経験的な感覚でもある。ただそのタイミングをつかむに
は、日頃より物事の本質を外さずに見つめる心構えが必要にも思う。

　常々思うことは、事業経営管理と人事労務管理は車の両輪でもあり、
課題対応上はセットである。以前の日本企業においては、経営者候補人
材には必ず、人事労務分野を最低、数年は担当させる、という不文律が
あった。しかし今日の日本企業経営の前線では、両者は別領域とされる
ことが多く、経営の質が上がらない一つの原因となっている。

リーダーが日々感じ取るべきもの

　ではリーダーは、その日常において、何を注意して感じ取るべきなの
だろうか。米国、マサチューセッツ工科大学の元教授ダニエル・キム
（Daniel Kim）の提唱した、組織が成果を上げたり、成功に向かって進
んだりするための組織改革のフレームワークとして知られる「成功循環
モデル（Theory of Success）」においては、重視すべきポイントして次
の「4つの質」が挙げられている。

　　①「関係の質」
　　②「思考の質」
　　③「行動の質」
　　④「結果の質」

　業績に対して厳しい目線が向けられる現代において、組織は往々にし
て「結果の質」や、結果に直結する「行動の質」ばかりを追い求めがち

である。しかしこの「結果の質」や「行動の質」に大きな影響を及ぼしているのが、目には見えにくい「関係の質」であり「思考の質」なのである。

　組織としての結果の質を高めるためには、まず「関係の質」を高める必要がある。関係性の質を高めた組織では、チームメンバーがより能動的にアイデアを出し、ほかのメンバーから出されたアイデアに対しても前向きな意見を述べるようになり、チームとしての思考の質が高まることとなる。質の高い思考は行動の質につながり、結果の質の高さへとつながっていく。そうして結果が出ると、さらなるチームに対する信頼が深まることでより高い関係性の質につながり、好循環が生まれる。

　リーダーは可視化しやすい結果や行動の質だけではなく、チームにおける関係の質、そしてその思考の質にも感受性を働かせ、様々な情報を感じ取るようにすることが望ましいだろう。

図表39　成功循環モデル

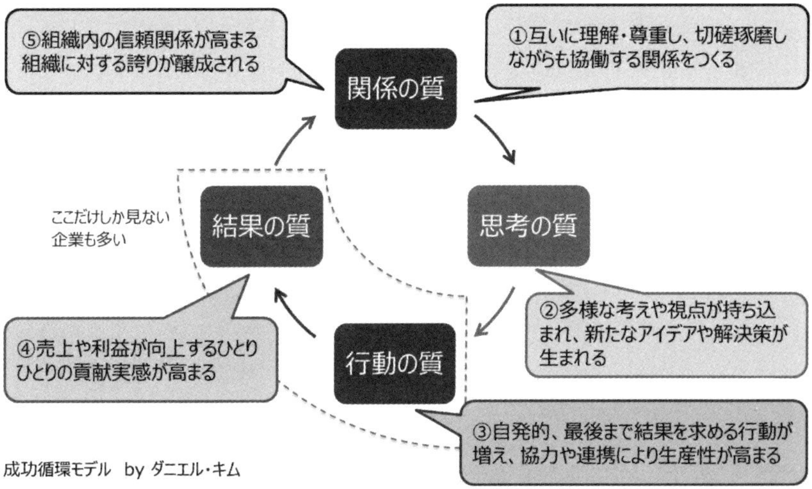

⑤組織内の信頼関係が高まる組織に対する誇りが醸成される

①互いに理解・尊重し、切磋琢磨しながらも協働する関係をつくる

関係の質

ここだけしか見ない企業も多い

結果の質

思考の質

②多様な考えや視点が持ち込まれ、新たなアイデアや解決策が生まれる

④売上や利益が向上するひとりひとりの貢献実感が高まる

行動の質

③自発的、最後まで結果を求める行動が増え、協力や連携により生産性が高まる

成功循環モデル　by ダニエル・キム

第３部　セルフ・マネジメント

第12章　セルフ・アウェアネス（自己認識）

良きリーダーに不可欠な「自己認識」

　ここまで、組織マネジメントの視点から、主に組織・チームとメンバーの心理理解を中心に話を進めてきた。だが、人と組織のマネジメントには一つ大切な対象がある。それは何を隠そう、「自分自身」である。

　言うまでもなく、「自分」について最大のコントロール権を持っているのは自分である。だが、この自分というものは、他者を観察するように第三者として客観的に見ることができないため、実のところ我々は驚くほど自分自身を理解できていない。とはいえ我々の日常の行動選択は、「自分はこういう人間」という、自己イメージ意識の前提の上に立って行われており、それは家庭や職場をはじめあらゆる他者との関係構築や、果ては人生を左右する重要な選択にも、大きな影響を及ぼしている。

　組織マネジメント上でも、チームに適切な影響力を及ぼすための最大の武器たるリソースは、「自分自身」だ。メンバーに認識される「自分」を使って働きかけ、「あるべきチーム」作りに挑むわけだが、もし、メンバー側からの認識と、自身の自己認識との間にギャップがあると、リーダーとして良かれと考え働きかけるコミュニケーションすら、意に反した「ボタンの掛け違い」のようなギャップの増幅につながり、抜き差し

ならぬ相互不理解を生んでしまうこともあり得る。

　そこで本章では、「自己」の内面をより深く理解し得るようになるために、人間がその人生を通じて成長発展させうる「精神」の働きについても掘り下げ、職場組織のみならず、自身の人生そのもののマネジメントも向上させ、実り多き人生を実現していくための考察をしてみたい。

「己を知る」ことの難しさ

　「敵を知り己を知れば百戦危うからず」という孫子の有名な言葉がある。孫子は兵法の視点で述べているのかもしれないが、人間の普遍的な教訓のようなものを教えてくれているようにも思える。「いかなる場合にも、周囲の状況を正確に把握すると共に、自分自身を知ることが大切だ」との教訓だ、と字面で言えば、いかにも当たり前である。だが、経験を経て「己を知る」ことの難しさを感じるにつけ、それが世の古今東西を問わず、人類がうまく生き続けるための「最重要課題」であることを、古代の賢人が伝えてくれていることに感じ入るのである。

　米国では、リーダーのおよそ 7 割は、「自分は人を勇気づけたり、動機づけたりすることが得意だ」と考えている傾向があるとされる。だが、『フォーブス』誌が発表したある調査では、「上司を辞めさせられるなら昇給はなくても構わない」と答えた従業員が 65％に、また、2016 年のギャラップ社のエンゲージメント調査では、82％ の従業員が、自分の上役を「基本的に退屈な人物」と見なしている、という意外な結果だった。

　定性的な回答表現を一意に纏めることは難しく、米国での調査事例でもあって、日本の状況に直接的には当てはまらないだろうが、上司側の自己認識と、部下側の上司認識には、一般に大きなギャップがつきもので、リーダーであるあなたと、そのチームメンバーとの間にもギャップが当然ながら存在する可能性は、前提としておく必要があろう。

さらに重要なことは、これらのギャップ事例のほとんどは、上司が自分に対する周囲の評価見解を過大視している形であることだ。ピーター・ドラッカーは「自分自身を管理できなければ、他者を管理することなどできない」と言ったが、確かに、優れたリーダーシップは、自分を正しく理解すること＝自己認識（セルフ・アウェアネス）から始まる、と言っても過言ではない。しかし、この自己認識（セルフ・アウェアネス）向上の取り組みは、重要とは認識されながら、今日でも、多くのリーダーたちにとって依然、高いハードルであり続けている。

　ハーバード・ビジネススクールのリンダ・A・ヒル（Linda A. Hill）と、ケント・ラインバック（Kent Lineback）は、優れたマネージャーの最も重要な要件として、「勇気」という資質をあげている。彼らのいう「勇気」とはすなわち、「他者と同じ視点で自分を見つめる必要性—たとえ他者の評価が自己評価と異なっていても」である。
　自分が思うほど有能で善意ある上司とは見られていない可能性がある、と知る覚悟を持って行動するには、大いなる勇気が必要だ、ということである。そう、自己の真実を知ることは、一般に人間にとって心理的負荷が高く、時に心理的なダメージすら予見させられるものだからだ。

　あるマネージャーは、自分は部下への権限委譲が得意で、多くを任せすぎかもしれないとさえ考えていた。ところが、実際は部下たちから、「面倒なことは部下に丸投げで、いざとなると突然、細かく指図する高圧的な上司」と見做されていた。それを知った時、彼はショックを受け、傷つき、部下との関係を大幅に見直す必要に迫られざるを得なかった。
　また、別のマネージャーは、チームと仕事に対する自分の熱意を部下たちにはっきりと伝えており、それはしっかりと伝わっているものと考えていた。しかし部下の多くからは、「見た目のカッコ良さばかり気にしていて、自分の見栄とキャリアにしか関心のない上司」と思われてい

たことを知り、愕然とせざるを得なかった。

　このような事例は、「自分を除いた」自身の周囲にはごく普通にあり
ふれていることを、我々は数々の実例…特に現在・過去に関わった上司
たちの姿などから大いに知っている。なのに、こと自分自身のことにな
ると、明瞭に自己分析できているかと言われれば、心許ない。

　「自分が思う（望む）自分自身のイメージ」で、他者も自分を見てく
れているのではないか、という希望的観測に近い思い込みを抱いてみた
り、薄々、ギャップの存在には気づいていても、それを知る勇気を持て
ずに、あえて深追いせずに日々をやりすごしたりしてしまう。

　それだけ、自己分析を突き詰め、正確な自己認識（セルフ・アウェア
ネス）を得ることは、口で言うほど容易ではない、ということだ。前出
の意識調査からもわかる通り、多くの人々は、これまでこの重要なスキ
ルの高め方について関心が薄く、驚くほど理解されていなかった。だが、
現実にチームビルディングがうまくいかない理由の多くは、この「リー
ダーの自己認識＝セルフ・アウェアネス」における問題から生じている。

　そのような課題認識は徐々に高まり、グローバル競争の激化が進む今
日、自己認識（セルフ・アウェアネス）の能力を、マネジメント分野に
おける重要な差別化要素として活用するための取り組みも加速してい
る。背景には、統計的実証研究の進展や、HR テックとも言われる、組
織人事分野のデジタル技術による分析力の向上などがある。

「メタ認知」による自己認識

　研究成果によれば、明確な自己認識を得られている者は、より自信が
あり、より創造的だという。より適切な判断を下すことができ、コミュ

ニケーション能力も高く、より強い人間関係を築くことができる。人間性についての自己信頼感も高く、嘘をついたり、騙したり、盗んだりする可能性が低い。そんな明確な自己認識を得るためには、できる限り客観的に、時に第三者的な目線で自己を理解したり、振り返ったり、コントロールし続けることを、「日常的に」行い得る能力が重要となる。

この能力は、一般に「メタ認知」とも呼ばれる。メタ認知の「メタ」とは「高次の」という意味であり、人間の様々な活動上、より良い成果を得るための重要な能力の一つである。

メタ認知により明確な自己認識を得ている者は、業務パフォーマンスに優れ、昇進しやすい。有能なリーダーでもあり、部下の満足度も高く、企業の収益向上にも貢献しうるとされる。なお、この能力は必ずしも先天的なものではなく、後天的に習得可能である。とはいえ、ただ成り行き任せで、がむしゃらに努力していれば身に付くというものでもない。

「内面的自己認識」と「外面的自己認識」

これらを踏まえ、組織心理学者のターシャ・ユーリックは、このセルフ・アウェアネス＝自己認識を、自分自身がどれだけ自分を的確に認識しているかという「内面的自己認識」と、他者が自分をどう見ているかについてどれだけ自分が理解しているかという、「外面的自己認識」の２つの能力カテゴリーに分類し考察するアプローチをとっている。

内面的自己認識：自分の価値観、情熱、願望、環境への適合、反応（思考、感情、態度、強み、弱みなど）、他者への影響力について、自分自身がいかに的確にとらえているか、という内省的な理解を表す。仕事や人間関係への満足度、自己および社会的コントロール、幸福感において正の相関があり、不安、ストレス、憂うつとは負の相関関係にある。

外面的自己認識：他者が自分をどのように見ているかに関する理解であり、自分自身で見る自分と、「他人」が見る自分が、どれだけ違うのかを把握することでもある。この認識力が高い人は、共感力と、他者の視点に立つ能力に長けているといえる。そのため、時に両者の認識にずれが生じたとしても修正は容易で、リーダーの自己認識と、リーダーに対する部下の認識が近いほど、両者の関係は良好で、部下はリーダーに満足を感じ、リーダーを有能視する傾向にある。

図表 40　自己認識の 4 つの原型

内面的自己認識（自分で自身をどれだけ把握しているか）と、外面的自己認識（他者からの認識をどれだけ理解しているか）のマトリクス

	外面的自己認識度が低い	外面的自己認識度が高い
内面的自己認識度が高い	**内省者** 自分が何者であるか、よくわかっている。だが、他者からの意見を取り入れることで自分の見方を疑ってみる、ということをしない。これにより、人間関係が損なわれたり、成功に限界が生じたりするおそれがある。	**認識者** 自分が何者であるか、何を成し遂げたいかを知っており、他者の意見も求め重視する。リーダーはここに至ると、自己認識の真の恩恵を十分に理解し始める。
内面的自己認識度が低い	**探索者** 自分が何者であるか、何を支持するのか、部下からどう見られているのか、まだわかっていない。その結果、自分のパフォーマンスや人間関係に行き詰まりや苛立ちを感じるかもしれない。	**八方美人** 他者にこう見られたいと意識するあまり、自分にとって重要なことを見過ごすおそれがある。そのうちに、自分の成功や充実につながらない選択を下しがちとなる。

出典：ターシャ・ユーリック博士

　前出のように、メタ認知を高めようとする多くのストイックなリーダーは、大抵、自己の内面を掘り下げ内省することで、自己認識を高め

る努力を行っている。これらは多くの場合、「内面的自己認識」を高めるための試みと言える。こうした内面的自己認識の向上については、多くのハウツー記事や書籍が巷間に溢れており、充分語られている感もある。

　だが、人間の意思決定、行動選択の多くが感情に影響される現実社会では、内面の真実だけが事象を形作っているわけではない。「自分が何者か」という真実追究と同じくらい（時にそれ以上に）、「何者と見られているか」「どう受け止められているか」が、結果に対して、重要な要素となることも少なくない。その意味でも、「外面的自己認識」は非常に重要なのだが、理解向上の重要性はまだ十分認識されていない感がある。

　この２つの自己認識力は、一方が高ければいいというものではなく、両方のバランスを高い次元で保つことが重要である。リーダーはメタ認知能力を向上させ自らを明確に捉えると共に、時に的確な手法によるフィードバックを取り入れ、他者からどう見られているかを的確に理解することの双方に、バランスよく積極的に取り組むことが大切である。

　内面的な自己認識ばかりに偏ると、自身に内在するバイアスを修正しきれず、自身の周囲への影響力を見誤ることがある。自己愛が強いタイプの人間は、「自分はもっとうまくやれる」「自分が変えてやる」と、影響力を過剰に見積もりやすく、自己肯定感が低いタイプの人間は「どうせ何も変わらない」「自分には無理」と過少に見積もりやすい。どちらも自ら周囲の期待とのズレを生じさせやすく、あまりいい結果とはなりにくい。

　逆に、外面的な自己認識力が高い場合でも、内面的な自己認識力が低いと、本当の自分が分からず、他者からの見た目に一喜一憂し、結局「人におもねるばかりの八方美人」のようになってしまう。つまり、自己認識とは１つだけの真実を探ることではなく、異なる２つの、互いに矛盾さえ

も含む見解の、微妙なバランスを理解するということなのである。このように、自己認識と一言で言っても、アプローチすべき方向性や角度には広がりがあることを理解することの必要性には、十分留意すべきである。

ジョハリの窓（Johari Window）

　ここで、良く知られているツールにも触れておこう。自己認識の理解促進のためのモデルツールとして知られる、「ジョハリの窓」というものだ。読者の方でも、研修などで目にしている人も多いと思う。

　これは、サンフランシスコ州立大学の心理学者、ジョセフ・ルフト（Joseph Luft）氏とハリントン・インガム（Harrington Ingham）氏の両名によって 1955 年に考案された概念で、同年夏に米国で催行された「グループ成長のためのラボラトリートレーニング」席上で発表された「対人関係における気づきのグラフモデル」が、2 人の名前を組み合わせて、後に「ジョハリの窓」と呼ばれるようになったものである。

　この「ジョハリの窓」は、「自分自身」というものを、自分の認識と、他者からの認識について、それぞれ「知られている部分」と「知られていない部分」とに分けることで、4 つに区分された領域で捉え、その領域のありようを分析することで自己理解を促進し、ポジティブかつ効果的な自己開発を積極的に進めていくためのツールとして利用されている。

【4 つの領域】
① 自分も他人も知っている自分の性質（開放の窓、Open self）
② 自分は気付いていないが他人は知っている性質（盲点の窓、Behind self）
③ 他人は知らないが自分は知っている性質（秘密の窓、Hidden self）
④ 自分も他人も知らない性質（未知の窓、Unknown self）

図表41　ジョハリの窓

自分で分かっている ← → 自分で分かっていない

他人に分かられている ↑↓ 他人に分かられていない

Ⅰ
解放の窓
「公開された自己」
Open self

フィードフォワード

自己開示

Ⅱ
盲点の窓
「自分は気が付いていないが他人からは見られている自己」
Blind self

Ⅲ
秘密の窓
「隠された自己」
Hidden self

Ⅳ
未知の窓
「誰からもまだ知られていない自己」
Unknown self

【解放の窓】「あなた」自身も気付いていて、他人も知っている「あなた」
　　　　= あなたがオープンにしている部分

【盲点の窓】他人には見えているが、自分では気づいていない「あなた」
　　　　= 「彼は、自分ではわかっていないが○○だ」

【秘密の窓】「あなた」は気付いているが、他人には見せておらず、当然他人は気付いていない「あなた」
　　　　= 周囲は知らない「もう一人のあなた」

【未知の窓】「あなた」自身も周囲の人も気付いていない「あなた」
　　　　= 「あなた」に秘められた無限の可能性
　　　　→この部分があるから、人生は楽しいともいえる。

　前出のマネージャーたちの事例では、自身の自己イメージと、部下が自分に対して持っているイメージのズレが、両者間の見えないコミュニケーション課題を引き起こし、最も重要な「チーム内の信頼構築」に大きな影を落としていたわけだが、このようなケースでの課題分析、問題

解決において、「ジョハリの窓」による自己分析は非常に有効である。

　前述の通り、自分のことは自分が一番わかっていると思っていても、他者から見た自分像との間に、大きなズレがあることは珍しくない。当たり前だが、他者から見た自分はあくまでも、他者その人の認識している自分でしかない。そのため、両者にズレがあると、自分の思う自身のイメージで他者に働きかけているのに、相手の反応はいつも自分の期待と異なる反応が返ってくることに、困惑し続けるような状況が起きてしまう。

　前出の事例でいえば、上司が部下やチームのことを考え、良かれと思ってやっていた行動が、部下から見れば上司の「鼻につく」スタンドプレーとしか見えないようなことも起こる。そうなると、その状況を続けることはいたずらに状況を悪化させるだけでしかない。それだけでなく、一向に改善しない状況に業を煮やした上司が、部下に「なぜそう無理解なのだ」と詰め寄ってしまおうものなら、状況修復はもはや困難となるだろう。

　特に、マネージャーになりたての頃や、異動や転職直後のチーム形成期はこの「自分と他人との認識のズレ」が起きやすい。周囲は新しい上司の人間性をよく知らず、信頼関係も十分にできていないので、迂闊に「あなたはどういう人間ですか」などとぶしつけな問いかけをして確かめることはできない。だが、上司側に以前の職場での成功体験があったりすると、「自分はこう見られているはずだ」とか、「上司はこう見られなければいけない」という思い込みで行動してしまうことも珍しくない。
　考えてみればこれは、「きっと、自分はこう受け止めて貰えるだろう」と、いわゆる「だろう運転」（交通安全講習で、「事故を起こしやすい」とされる、何事も都合良く楽観的に捉える運転スタイルを指すあれである）で突っ込んでいくようなものであり、危険極まりない。まずはその前の「信頼のコミュニケーション」作りこそが重要なのだ。

そのためには、自分自身に関する、自身と他者との認識のズレをしっかり認識し、適切な自己開示などによる信頼関係の醸成に努めることが、遠回りのようで、実は一番の近道でもある。また、他人の目を通じることで見えてくる、短所も含めた自分の実像を受け入れることは、より良い自分作りには何が必要か、を今一度考える良い契機ともなり得る。

　結果的に、他者認識とのズレも軽減され、円滑な自然体のコミュニケーションにより、チーム全体が今まで以上に円滑かつ協働的な関係性で、一体となって課題に取り組むことも可能になる。その意味でも、「ジョハリの窓」は有効性の高い分析手法といえるだろう。

長期的に安定した「信頼のコミュニケーション」作りのために…

✓ 真の自己が適切に開示され、メンバーに認知されていればいるほど、安定感・信頼感につながる（※ただし、真の自己がネガティブな思考に満ちていると直接マイナスの影響を及ぼすことに注意は必要）。

✓ 一般的には、「開放の窓（自分も他人も知っている特性）」を広げ、「未知の窓（自分も他人も知らない特性）」を狭めていくことが良いとされる。

✓ 積極的な自己開示により「秘密の窓」を狭めていくことができる。

✓ 「盲点の窓」は、他者から進んでフィードバックを受けること
　　⇒ "フィードフォワード" で「解放の窓」にできる。

他者の協力が不可欠な「外面的自己認識」を高める工夫

　自身に関する他者と自分との認識のズレ（ギャップ）を自己認識し、積極的な自己開示と自分に関する適切な情報取得によって、チームの現在状況を把握することこそが、チーム状態に継続的な進歩、改善を生み出すための重要なステップとなることはご理解いただけたと思う。

と同時に、この「他者が認知している自分」を知ることの難しさも感じ取られたのではないだろうか。

　人は誰しも、知らなかった不都合な事実で自分が傷つく辛さを知っていると共に、その不快感や「傷つけられた」という被害感情から憎しみを買うリスクも考慮し、互いに相手を傷つけることは避けようとする。ゆえに、それが相手にとって重要と分かっていても、「あなたはこう思われていますよ」と伝えることは、多くの人間にとってタブーである。

　とはいえ、他者が認識している自分についての情報を一定以上の精度で知ることは、他者の協力なしでは難しい。ポイントは、いかにこの情報伝達行為の危険度を下げて、険悪な感情の渦を起こすことなく、友好感覚の中でやり取りされるようにするか、にある。

　その意味では、このツールを使った関係者によるグループワークなどで、自分に関する他者からの認識と自己の認識とのギャップを、あまりシリアスになり過ぎず、うまく指摘し合えるような場の演出も、有効な試みである。

　筆者の研修では、事前に個人アセスメントを受診してもらい、まずその分析結果を面白おかしく解説しながら本人へフィードバックし、充分に心の硬さを取り除いた上で、互いによく知るメンバー（メンバー選定も重要）でのグループワークによって、自然と互いのフィードフォワードを得られるような体験の場としている。研修のような場は、日常業務の場を一旦、離れるリラックス感があり、筆者のような講師を、利害関係のない第三者的ファシリテーターとして利用することができるメリットがある。

フィードフォワード

　ここまでで、自己認識（セルフ・アウェアネス）のための適切なフィードバックを得ることの重要性に何度か触れたので、そのための有効な手法とされる"フィードフォワード"についても触れておきたい。

図表42 フィードバックとフィードフォワードの違い

フィードバック	フィードフォワード
Why（なぜそうだったのか）	What（何をすれば良いか）
過去	未来
過去にどうしたかを教える	将来実践できるアイデアが出る
誤りや欠点を話す	問題ではなく解決策に焦点を当てる
優位に立つ人が批判する	職場の仲間が互いを助け合う
その人固有の問題として捉える	その人固有の問題として捉えない
苦痛、恨まれる、仕返し	許可、守られる

　例えば、自分自身について、こう考えているとしよう。「自分は基本的に有能だし、間違いなく善意に満ちていて、常に内省を繰り返し、自分を深く理解していると言える」。もしそうなら、少し気をつけたほうがよい。そう考えているほとんどの上司には、自分に対する周囲の見解を過大評価している傾向が見られやすいからだ。そして実際には、自分に対する周囲の評価や信頼度は、直接尋ねない限りわからない。

　では、どのように尋ねればよいのだろうか。前出のような研修の場は別として、上司を信頼していない部下や、低く評価している部下の口からは、真実はまず聞けない。上司を尊敬している場合でも、正直に「ここを直してください」とは言いにくい。ましてや、無能で自信のなさそうな上司が、「正直に言ってくれて構わない」と前置きして意見を求め

たとしても、「求められているのは結局、褒め言葉であり、批判すれば怒られるにちがいない」と多くの部下は考える。そうなると、真実に近い情報を自主的に教えてくれる部下はまずいない。

　しかし、これらの困難を乗り越え、自分は上司として部下にどう思われているのかを、積極的に探ることが大切なのだ。いずれにせよ、部下に率直な意見を求めるには勇気と工夫が必要だし、その貴重な意見を受け入れて行動に反映させるためには、さらに多くの勇気がいる。しかし、これは優れた上司になるには避けて通れない道なのだ（そう考えると、世の中に優れた上司が少ないのにも納得がいく）。

　「フィードバック」、ビジネス界でも馴染みのある言葉だ。一般的に、自分または他者の「過去の行動状況を振り返り、出来た点や出来なかった点をなるべく具体的かつ論証的に振り返り、その反省を今後の行動に生かすこと」といった意味に捉えられることが多い。つまり、その重点は、過去の行動における良くない結果の原因や誤り、改善点等をなるべく正確に指摘、認識することにあり、「何が悪かったのか」を明確にしないといけない「ダメ出し」のイメージもあるのではないだろうか。

　これに対して、「フィードフォワード」は過去や現状の行動の良し悪しではなく、あくまでも将来や未来に視点を向けた、成長への「気づき」を促すことにフォーカスした人材育成、開発の手法を指す。そこでは、未来に予測される課題に対して、これからとるべき行動についてアイデアを出し合いつつ、「対話すること」に重点が置かれる。関わる者に明確な役割はなく、また何らかの答えのような「意味づけ」といったものも存在しない。実はこのフィードフォワードこそが、自己認識、特に外面的自己認識を高める手法としては非常に有効である。
　もう少し簡単に言うと、フィードフォワードは「過去や現状の善し悪

しに関するコメント」ではなく、「自分がこれから変革したいテーマについて、周囲からアイデアをもらうこと」である。2人1組で行うことを基本として、予め手順と範囲を共有し、その範囲の中にとどまることを共通理解として行う。手順は次のようなもので、大変シンプルだ。

フィードフォワードとは

　・・・自分が変革するアイデアを周りの人からもらうこと

（方法）

①あなたにとって重要なことで、変えたいと思う行動を一つ選ぶ。

②その目的を、あなたの知っている人に直接説明する。

③その人に、こうなりたいと思っていることを達成するために、役立ちそうな提案をしてもらう。

④アイデアを注意して聞く。

⑤「ありがとう」と言う。

出典：コーチングの神様が教える「できる人」の法則
マーシャル・ゴールドスミス Marshall Goldsmith

【フィードフォワードの進め方の例】

1．リーダーが陥りやすい「20の悪癖」（第5章「リーダーのコミュニケーション」参照）の中から変えたいと思う言動を一つ選ぶ。例えば、「人を傷つける破壊的コメントをする」など（複数同時に変えることはできない。欲張らず1つに絞る）。

2．1で選んだ言動を改善するためのアイデアをくださいと言う。

3．聞き手は、思いついたアイデアを伝える。

4．話し手はアイデアをメモに取り、「ありがとうございました」と言う（アイデアに対して評価や反論をしたり、感想を述べたりしないこと。ぐっとこらえて、「ありがとうございました」とだけ言う）。

5．役割を交代して2から始める。

　単純なことだが、これらのルールに沿うことによる、お互いの安心感の中で行うことがポイントだ。特に「ありがとう」ルールを守ることで、アイデアを言う側にはどんなアイデアでも必ず、「ありがとう」と言ってもらえる安心感がある。「改善するアイデアをください」と言われたとはいえ、必ずしも的を射たアイデアを言えるとは限らない。相手の役に立とうと思えば思うほど、むしろ悩むかもしれない。そこまでして、やっとの思いで口にしたアイデアに評価や反論を受けたとしたら、おそらく、この人を支援しようとは二度と思わなくなってしまうだろう。

　一方、アイデアをもらう側も最後に「ありがとう」とだけ言えば良いので、アイデアを集中して聞くことができるメリットがある。リーダーは概して人の話を聞くのが苦手な人が多く、他人の話を聞きながら、自分が次に言うことを考える癖がついていたりする。「フィードフォワードを実践して、久しぶりに相手の話に耳を傾けた気がしました」と言うリーダーもいる。
　「あなたにフィードバックをしたい」と言われると身構えがちだが、慣れてくると「フィードフォワード」は実に楽しい。なぜなら、得てして人は、未来に対して実践的なアイデアをもらうことが好きだからである。

フィードフォワードによる変化

　フィードフォワードの提唱者でもあるマーシャル・ゴールドスミスらによる調査結果によれば、他者にフィードフォワードを求め、得られたフィードバックに応えてフォローアップを行ったリーダーは、部下からリーダーシップが劇的に変化したと評価される結果となったという。
　また、「フィードフォワード」でアイデアを貰うと、その中に1つくらいは、これは良いかもしれないと思うものが出てくる。これこそ、対話の力である。さらに、このフィードフォワードの活用によって、その

考え方や手法がチームに定着すると、組織上の役職や役割に関係なく、あらゆる社員が本音の意見を出し合うことで、会社に貢献しているという意識がメンバーに芽生え、自律的な人材の育成にもつながるというメリットも得られる。

図表43　フィードフォワードによるリーダーシップの変化度

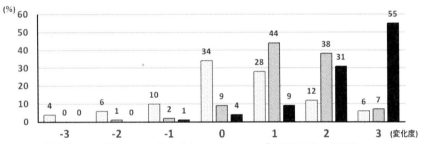

□ 上位者がフィードフォワードによるフォローアップを行わなかった場合
▨ 上位者が時々フィードフォワードによるフォローアップを行った場合
■ 上位者が常時（定期的）フィードフォワードによるフォローアップを行った場合

出典：未来組織のリーダー（ダイヤモンド社、1998年）

　また、生産性が追求され、時間に追われる今日の職場では、「話しかけると迷惑がられるのでは」とか、「こんな話は無駄話と思われるのではないか」と、リラックスした本音の対話は難しくなっている。

　だが、職場から会話が少なくなるほど、他者に対する不安が強まり、ネガティブ思考に陥りやすくなり、ますます会話をしなくなる悪循環に陥る。コミュニケーションの基本である会話がなくなることは、人間の活力源でもあるストロークの減少にもつながる。その意味でも、「フィードフォワード」で意図的にメンバー同士を対話させ、かつアイデアを出し合うということを実践してみてはどうだろうか。今の職場には、とても必要なことのような気がしてならない。

第13章　自己認識を妨げるもの

現実社会に満ち溢れている「思考の偏り＝認知バイアス」

　ここまで、自己認識＝セルフ・アウェアネスの大切さを中心に説明してきたが、自己認識が深まるにつれ、それまで、自身の的確な自己認識を難しくし、妨げてきたものも見えるようになる。そこで、本章では、その「自己認識を妨げるもの」について、代表的な例に幾つか触れつつ掘り下げてみたい。

　「認知バイアス」という言葉がある。これは、「思考の偏り」とでもいうもので、人間なら誰にでもあるものである。無意識の先入観や思い込みにもつながりやすいものだが、人間が人間である以上、これらの影響を全く受けない、ということは難しい。ただ、その存在を意識しているかどうかで大きな差が生まれる。
　職務柄、多くのリーダーたちの傍らでその意思決定を見てきたが、本当に偏りなくフラットに事実を捉え、判断を積み重ねているリーダーは非常に少なかった。また、このバイアス＝偏り自体も、結果としては必ずしも全てが誤りであるわけではなく、時に情報不足の際の事象予測の助けにもなり、意思決定に一定の効率性をもたらしているのも一面の事実である。

　特にリーダーたちの判断行動において、バイアスは「経験則」とも認

識され、賢さの象徴のように扱われることも多い。そうなるとリーダーの持つバイアスに疑問を差し挟む余地は非常に少なくなり、良くも悪くもチームに強力な影響を及ぼす。ゆえに、後で振り返ると「なんでこんな判断を…」と首をかしげるような結末を招来することもある。

　思い入れや先入観なしに歴史教科書や産業史を読み返すと、「リーダーたちはなぜこんな判断ミスをしたのだろう」と首を傾げたくなる出来事もある。そんな「世紀のミスジャッジ」の背後には、この集団的な認知バイアスがあったと推測される事例も少なくない。

　身近なところでは、大企業トップの稚拙な判断から引き起こされる不祥事の数々や、大きなもので言えば、太平洋戦争で無謀な行動を繰り返し、およそ300万人という膨大な犠牲の上、敗戦という結末まで突き進んでしまった日本のありようまで、読み解くことができる。

快適に暮らすために必要な機能でもある「バイアス」

　ただ、この「バイアス」は見方によっては、人間がうまく生きていくための「必要機能」でもある。人は物事に意味づけを見出すことで生きるエネルギーや、モチベーションを得ている面がある。

　この意味づけは人により様々だが、誰しも、辛い現実認識と共に生きることには大きな心理負荷を伴うため、なるべく自分にとって心地よい現実認識＝意味づけが選択されやすい。そうして、自身のバイアスに沿って、「心地よい」「うまくいっている」という認識から手っ取り早く活力を得ることは、快活に生きるという点で、最も効率的ではある。

　名経営者や名選手と言われる人々の中にも、ここぞという勝負時の直前には、自らが心地よくなるような内容で、奥方にあらん限りに褒めてもらうことで、自らを勢いづけていたという人も少なくない。

　また、現代人は日々、膨大な情報の中で生きている。加えて今日のビジネス社会は大競争社会でもあり、効率性がその勝敗、優劣を左右するため、膨大な情報から必要な情報を取捨選択し、次々と判断を下していく必要がある。とはいえ、人の脳には処理できる量の限界があるので、入ってくる情報を意識的にすべて詳細に確認している余裕などはない。

　そこで脳は、過去に同様な状況があったとみなす事象の場合、徐々に、無意識下での情報選択や意思決定を行うようにすることで効率化を図り、脳のエネルギーロスを最小化し、より新たな事象にエネルギーを振り向けるようになっている。つまり、必要な情報だけを意識下で受け取り、本当に判断が必要なものだけに頭を使うようにできているのである。

　このように、快適かつ効率的に生きるために、無意識下で情報の取捨選択を可能とするためのバイアスは必要な機能ではある。ただ、取捨選択の基準は、多くの場合、「自分の都合を優先」しがちである。

　本来、自分の考えと矛盾し、認めたくないような都合の悪い情報が入ってきた場合、その矛盾がなぜ起こるのか、自分の考えの何が間違っているのか、深く考え、時には自分の考えを改めることも重要となる。

　だが、その行為には、時間と、脳の大きな労力を必要とし、大きな疲労感すら伴う。「自己改革」の難しさとも言えるが、強い意識がなければ、多くの場合、自分の意思や考えに沿った情報だけを選択しがちになり、それが「確証バイアス」という認知バイアスの一種へとつながっていく。

　これはこれで、生理機能としてはよくできたシステムだが、問題は、無意識下での処理のために書き込まれたバイアスが、人によっては組織の意思決定を誤りかねないほどに、大きく歪んだ偏りを持ってしまった時である。そうなると、バイアス自体は無意識化に沈んでいるだけに、本人すらその歪みに気付かないまま、リーダーとしての行動原理に影響

し、組織の行く末に大きな影を落とすことにもなり得てしまうのである。

陥りがちな「管理者（上司）イメージ」バイアス

　ここでちょっと読者の皆さんに、いくつかの質問に答えてもらいたい。以下に挙げたリーダー像に関するイメージについて、「そう思う」という場合は YES、「必ずしもそうは思わない」場合は NO としてみて欲しい。

図表44　上司（リーダー）に関する10の「ビリーフ」〜あなたはどちら？

No.	ビリーフ項目	YES	NO
1	上司たるものは、自部署のビジョン・目標・方針を明確に示すべきである		
2	自分の示す目標・方針は部下から受け入れられ支持されなければならない		
3	将来への夢がないと、部下は一生懸命に仕事をしないものである		
4	周りの評価を気にしないで、言うべきことは率直に言うべきだ		
5	人を説得するには論理的で筋の通った話し方をしなければならない		
6	コミュニケーションにおいては本音のやり取りが必要だ		
7	上司は手本でなければならない（上に立つ者は率先垂範すべきである）		
8	上司は部下より仕事や知識の面で上でなければならない		
9	相手の短所を指摘するより、長所を褒めることが大切だ		
10	何かをやろうとするときは、他人をあてにせず自分でやるべきだ		

　どうであろうか。各項目が正しいかどうかは、ここではさほど問題ではない。それよりも「そう思う＝ YES」の数に注目してほしい。YES が多い場合は、「思い込み」が強い可能性がある。各項目は実のところ、リーダーの絶対条件ではない。もし、これらを絶対条件化してしまうと、それ以外の状況の否定につながり、半ば価値観の強制となりかねない。そうなると、周囲は辟易しているにもかかわらず、本人は求道者然として自身を美化し続けるような、残念な状況につながりかねないのだ。

　かくあるべし、という明快さに、「信念が強く、ブレない上司」と望ま

しいイメージを抱く人も少なくないとは思うが、物事を固定した見方で見る傾向が強いとすれば、変化や多様性に対する許容度が低く、自身と異なる思考、価値観に共感できずに過度に否定的になったり、拒絶してしたりして十分な信頼関係を築くことができない危険性がある。また、現実の職場では課題は常に 1 つとは限らず、様々な要素で課題の優先順位は変化するため、固定的な見方にこだわることは判断ミスにも直結しかねない。

　ところが、筆者の経験上、トップリーダー、特に中小企業のトップにおいてはこの「決めつけ」ともいえるバイアスが、一種、「鋼の信念」化している方が少なくないのである。ぶれない信念と行動力で、とにかく頑張ってきたのだろうと考えれば、「そりゃそうだろうな」と妙に納得する面もあるが、逆にそのバイアスのために、ある一定以上には組織が成長できず、時間の経過とともに衰退していく事例も多いのである。
　正直なところ、これは日本の産業界にとって非常に残念な気がしている。もしそれらのトップリーダーの方々に「何かが違うな、今一度、これまでの自分のやり方を虚心坦懐振り返って、マネジメントについて学び直し、もう少し柔軟にやってみよう」と、少しの変化を試す柔軟さがあれば、元来、実行力のある方々のこと、さらなる再成長軌道に乗っていくだろうにと残念な気持ちにもなる。だが現実はなかなか難しい。

自己認識を妨げる「豊かな経験」「権力」

　一企業のトップとなるということは、一種の「成功体験」である。心地よい達成感や優越感をさらに確かなものとするべく、成功の理由づけとして、「自分には能力がある」「自分は経験豊富である」「だから成功を得られた」という意味付けをして自信を深めることも少なくない。
　だが、そうして、そこに成功の理由づけを見いだしていると、反証的証拠や意見の探求、自分の思い込みを疑ってみる、といった行為の必要

性をだんだんと感じなくなっていく恐れがある。

　日頃から、自己認識の向上に心を砕き、積極的にフィードフォワードを得ている場合は、これらを防ぐこともできようが、成功体験の大きさはそのような自己認識向上の必要性を意識させなくなることが多い。

　それどころか、自分のパフォーマンスや自己認識のレベルについても過信を招き得る。実際に、いくつかの研究結果からも、経験がより豊富なマネージャーは、経験の浅いマネージャーよりもリーダーシップ能力に関する自己評価の精度が低かった、という報告がなされている。

　さらに、成功体験の結果、得られたリーダーの権力がより強いほど、その自己認識上、共感性、信頼性、リーダーとしての手腕などを含めて、自らの技量と能力を過信する可能性が高くなってしまう。

　これには、主に2つの仮説が成り立つだろう。第1に、上級リーダーは、その立場の高さゆえ、率直な意見を貰えるような、さらに上位の者がそもそも少ない。日本の場合、年齢も高いことが多いので、なおさらだ。

　第2に、リーダーが権力を行使すればするほど、下位者は自分のキャリアを損なうことを恐れ、当人への建設的なフィードバックを避けるようになる。加えて、多くのリーダーは、自らの権力が大きくなるにつれ、聞く耳を持たなくなる。自分は部下より多くを知っている、あるいは知っている存在であるべきと考え、下位者へ意見を求めると、その代償として権力が減じる（実際はそうではないが）不安認識があるためだ。

　だが、それでも世の中には、組織をさらなる成長へ導くリーダーたちもいる。調査研究の結果、リーダーシップ能力に関する360度評価で非常に高い評価を受けたそのようなリーダーたちは、上司、同僚、部下、取締役会等からの厳しいフィードバックを頻繁に求めていた。そうして自己認識を高め、他者からますます有能視されるようになっている。

　彼らはまた、1人だけのフィードバックのみに過剰に反応や修正をしないように、厳しい提言や予期せぬ意見を貰うと、他の人にも相談するなどの工夫までしていた。このように、外面的自己認識の向上には、「愛のある批評家—当人のために真実を伝えてくれる他者」を積極的に用意し、彼らからのフィードフォワードを受け続けることが有効である。

歪んだ自己概念

　ここまで見てきたような、「バイアス」を含めた、「自分がどんな人間であるか」について抱いている考えを、一般的に「自己概念」と呼ぶ。そこには、「こんな人間になりたい」、あるいは「このように理解されたい」という、「理想の自己」（Ideal-self）も含まれる。
　自己概念は、自分で自分を観察することはもちろん、自分に関する他者からの評価を聞いたり、自分の言動に対する他者の反応を観察したりする中で、時間をかけて少しずつ形作られる。ごく日常的なプロセスだが、そこでは、自身の自己概念に沿う事象の方がより強く認識されがちとなり、自己概念に合った振舞いをますます強く志向していくという、概念自体の強化に能動的な側面を持っていることに留意が必要である。

　「カウンセリングの神様」とも呼ばれたカール・ロジャーズ（Carl Rogers）は、この「自己概念」と、現実の状況との乖離が少なければ、「自己一致」の領域が大きくなり、心理的に健全で、「うまくいっている」と感じる状態たり得るが、両者間に乖離があればあるほど、「自己一致」の領域は小さくなり、苦悩（不適応状態）が大きくなるとした。

　例えば、幼い頃から学業優秀で、一流大学を出て一流企業で働くビジネスマンの多くは「自分は優秀な人間である」という自己概念を持っていることが多い。仕事で成果を出し、高い人事評価を得ているうちは、

「自己概念」と現実状況とが一致しており、「人生、うまくいっている」と感じ得る「自己一致」状況と言えよう。だが、プレイヤーとしての能力を認められ、マネージャーに昇進し、部下を持つリーダーとなった途端、うまくリーダーシップを発揮できず、チームとしての成果をあげられなくなることは珍しくない。前述のように、プレイヤーとしての能力と、マネージャーに求められる能力やスキルはまた別のものだからだ。

　「プレイヤーとしては一流だったが、リーダーとしての修練はこれからだ、頑張ろう」と考えられれば、別に気にすることでもなく、むしろ新たな成長の機会として挑戦を楽しめるだろう。だが、「自分は優秀である」という自己概念が強いと、「優秀な自分が、なぜこんな成果しか出せないのか」となって、自己一致の領域が小さくなり、逆に、苦悩が大きくなっていってしまう。そんなフラストレーションの中、結果を焦るあまりに、部下や周囲に対してハラスメントまがいの過大な要求をしてしまうような事例は、実際の職場最前線では決して珍しくないのだ。

　このような事態を打開する手は２つだ。「自己概念に沿う程の結果を何としてでも出すこと」ともう１つ、逆に「自己概念を変えること」である。自己認識（セルフ・アウェアネス）を高めていくと、長い間の「私は優秀だ」という自己概念の強化過程で生じた、「私は優秀でなければならない」とか、「人間は優秀でなければ認められず、価値がない」という、自身の「歪んだ価値観」の存在が浮き彫りになることも少なくない。

　こうした自己を縛る歪んだ価値観は、実は多くのビジネスマンも大なり小なり持っている。「人は優秀でなければいけない」という概念が、非合理的な思い込み（イラショナル・ビリーフ）に近いことは、少しロジカルに考えれば分かるが、囚われている者も意外に多い。組織の上位レベルに立場が上がれば、周囲も優秀な人間ばかりになり、「優秀」と

いう多分に相対的な基準が満たされることは、どんどん難しくなる宿命
にあって、そんなものに自身の価値基準を置くことはリスクでしかない。
　優秀なプレイヤーだった人材が、上司となり二流リーダー化してしま
うのは、歪んだ自己概念ゆえの自己不一致感に気をとられ、メンバーと
の双方向コミュニケーションが欠乏気味になり、彼らの気持ちを汲み取
る余裕を失って、チームビルディングに失敗するためである。

　「何度も失敗した。上には上がいる。優秀さに基準はない。それよりも、
至らない面も含め、ありのままの自分をさらけ出し、信頼し認め合うこ
とで、ポジティブサイクルを生み出すためのトリガー人材になろう」、
そんな「自己概念」の変化が、チームビルディングの立て直しにつなが
れば、現実の結果をも変えることができる。自己認識（セルフ・アウェ
アネス）の向上がもたらす効果の大きさは、時に想像以上にもなるのだ。

　ただ、効果が大きい分だけ、取り組むことに相応の苦労もある。この
自己概念の形成は、幼児期の体験から始まり、青年期までにかなりの部
分が形成されると言われるが、その影響は仕事のみならず、生涯に渡り、
親子、夫婦などの家族関係や、地縁血縁を含む社会内交流など、自身が
触れる全てのコミュニケーションにまで影響を与え続けるほどに、自分
の核となっている性質を持つものだからだ。

　従って、幼少期に受けた暗示により生まれた小さな歪みが、その後の
生涯を決定づけていたことに、後になって気づかされるようなことも多
く、実に考えさせられる。コミュニケーション理解の考察の中で触れた
「交流分析」における"人生脚本"の考え方においても、幼少期におけ
る人格形成の影響について触れているので、そちらも参考にしてほしい。

自己認識を妨げる、人間としての「エゴ」

　人は誰しも、自分が一番可愛く大切なものであり、そのために人間としての「エゴ」を内在させている。自己認識について考察していくと、大抵、このエゴに向き合う場面が出てくる。これには当初、抵抗を感じることもあるが、それだけ重要でもある。そこで以下に、筆者が思いつくままに、そんなエゴから生まれる思考のパターンについて列記してみたので、良かったらセルフチェックをしてみていただきたい。

① なるべく自分が一番、いい思いをしたい。

② 自分のいる集団の中で、「重要な存在」と認識されていたい。

③ 一度得た地位、権利は手放したくない。

④ 良いとわかっていても、面倒くさいことはあまりしたくない、誰も責めないのなら後回しにしたい。

⑤ 誰にも見えないところでまで、厳格にルールを守るのは損である。

⑥ 他の人がやっていないのに、「火中の栗」を拾って自分だけ苦労したくない。

⑦ なるべく多くの人から好かれたい、他人に厳しいことを言って嫌われたくない。

⑧ 自分はどこか人より優れていると思いたいし、自分の弱い部分は隠しておきたい。

⑨ 自分の関わっている期間が良ければそれでいい、その後のことまでは考える気がしない。

⑩ 人材育成が重要だとはわかるが、育てた人間に自分が立場を脅かされたくない。

⑪ 自分がやらなくても、誰かがやってくれるはずだ。

⑫ 回りに情報を流さなければ、知っている自分が優位に立てる。

⑬ ホンネでぶつかれと言うが、他人から厳しいことを言われてショックを受けたくない。
⑭ 自分ぐらいちょっと手を抜いても、大きな流れに大差ない。
⑮ へたに手助けをして、相手に手柄をさらわれたくない。

　どうであろうか。ほとんどチェックがつかなかった方は正直、素晴らしい。実はこれらは、恥ずかしながら、筆者自身が持っているエゴから生じた思考のパターンについてカミングアウトしたものである。そういう思考の自分がいることを自覚し、部下を始め周囲の人々にどのような感情を引き起こしているのか、なるべく自分の外側から自身を見つめ自戒すべくリストアップしたが、実際はもっと載せる項目はあるだろう。

　マネジメントを成功させる上で大切なことの一つは、"利己"一辺倒ではなく"利他"の心をどれだけ持てるかにある。これは言い換えれば、「部下の感情に関心を持つこと」である。人間は自分について、自分が思うよりも、他者の方が客観的にその行動を見ているもので、真に部下の心情に関心を持っているかどうかは、自分自身よりも周囲の者たちの方が良く把握し、感じ取っていると考えたほうが正しいことが多い。

　筆者の経験則だが、自分が隠しているつもりの"エゴ"は、部下にはほとんど見抜かれている。ただ面と向かってそのそぶりをしないのは、こちらが上司であるがために「知らないふり」をしているだけか、よほど部下たちが優しく見守ってくれているかのどちらかかもしれない。

人間心理を支配しがちな「解釈」「意味づけ」「思い込み」

　ニーチェの言葉にこんなものがある。「事実というものは存在しない。存在するのは解釈だけである（There are no facts, only interpretations.）」。

哲学者の言葉はいつも、あえて余白を残し、人々を永きにわたり魅了する部分もあって、正確に理解しているかはわからないが、この言葉を知った時、筆者の中で何か、「はっとする」ものを感じたことを覚えている。

　現実世界で起きる事象は、物理的には単に「起きた」だけだが、人間がその事象を意識した時点で、見る者なりに何らかの主観的な「意味付け＝解釈」が生じている。でければ、およそ記憶に残らない。そしてその意味付け＝解釈は、少なからず見る者の立場や心の状態、意味付けを探している何らかの潜在的意識や感情の動きと密接に連動している。

　結果、様々な見方が生まれ、また、それらに「これ」という正解はない。つまり、事実と思っていることは、その者なりの意味づけが加えられた「解釈」なのだが、「事実」と思い込んでいるために、自分で決めつけただけのその意味付けに縛られて苦しんでいるのではないか。そう考えると、これまでの精神的な苦しみの多くは、自身の生み出した幻影だった可能性もある様な気がしてくるのだ。

第14章　多様であることの許容

日本の強み、「ゆとり」が支えていた「多様性」の喪失

　2000年代以降、情報のデジタル化、経済のフラット化が、世界的規模で急速に進展した。そのため、勤勉さや、職人気質的な気真面目さにより、日本企業が長期にわたり蓄積してきたアナログ技術、ノウハウ、知見などによる優位性は失われ、その存在感は低下していった。そのような経済環境下で、日本企業は生き残りの戦いに臨まざるを得なくなっている。

　かつて日本企業は、分厚いアナログ的知見などの暗黙知に支えられた、利益率の高いコア事業から得る安定的キャッシュで、リスクを取って技術イノベーションや新規事業開発に挑んだ。だが、事業競争の激化により、そんな「ゆとり」、言い換えれば「あそび」部分を削って利益を出さざるを得なくなってしまった。そうして、「ゆとり」「あそび」部分によって許容されていた「多様性」「寛容性」は、組織内からじわじわと奪われ、「自己革新力＝セルフイノベーション力」の深刻な喪失を招いている。

　さらに、失敗責任を追及する株主の目も厳しくなり、最大の効率性をもって確実に成果をあげる行動ばかりが強く求められ、従業員の日常にも、かつてとは比べ物にならないほど統制された画一的な行動が強く求められるようになってしまった。今日、我々が無意識ながらも、どことなく感じる"息苦しさ"の訳も、そのあたりにあるのかもしれない。

IT リテラシーの世代間ギャップから生じる価値観の断層

　「ゆとり」を失い、組織内の多様性許容度が低下する一方で、社会全体に生じつつある世代間ギャップの存在も無視できなくなっている。

　この20年ほどの間に、IT インフラは急速な進化を遂げ、人々の行動原理構造を大きく変えた。1990年代頃までは、主な業務知識の習得方法は、TV や新聞からの一方的かつ一般的な情報の他、書店で探す参考書か、身近な "先輩の背中" くらいだった。企業の人間集団とその価値観にどっぷり漬かり、プライベートも共有しながら仲良くなった先輩の生きざまなどから、様々な情報を学んでいたものだった。

　だが、近年の若年就業者にとっては、そこまで先輩の全てを受け入れ、無理やり仲良くならなくても、何でも検索可能なオンデマンド型の情報メディアは花盛りだし、SNS で常時つながっている外部人脈からの情報もある。WEB 上の仲介媒体も発達し、イザとなれば転職も容易だ。

　必ずしも先輩の背中など手本とせずとも、様々な外部情報源を持っていることで、知識習得や価値観形成のプロセスが、以前の世代と比べてかなり変化してきている。というか、時に「別の星から来たのではないか」と思うほど、情報の取得、交換に対する感覚はかなり違っている。

　これは人材採用を行う上でも、肌感覚として痛感するところだ。近年の若年層は、持ち合わせている社会知識や処世術的な情報が非常に合理的で、老成しているというか、妙に達観しているようなところもあって、驚かされることも多い。時に冷静、というか冷めた目で組織の問題点も捉えていて、その的を射たロジカルな指摘に返す言葉がないこともしばしばである。若者らしく幼い面もあるが、色々な事を知っていて、イメージ的には、どことなく "クールで賢い" 感じ、とでも言おうか。

それでいて、金銭やポジションに対するこだわりは思うほどは強くなく、妙に純粋なところもある。特に、上の世代が、組織内の出世や金銭的インセンティブに敏感なのに対して、若年者世代は外部情報も豊富であるせいか、社会の中での有用なキャリア取得、「やりがい」や人間関係性等、非金銭のインセンティブにも敏感に反応する傾向もあるように思う。

世代によるポジショニング・イメージ

そんな違いを理解せず、競争激化で短期成果の達成を迫られ、ゆとりを失った職場で、先輩たちが有無を言わさず旧来の価値観を押し付けるようなことをすれば、彼ら若年者には心中で半ば呆れられたような感覚を持たれ、「得るものは得ましたので」として転職されていってしまう。

これは単に、IT 機器の使用方法に習熟できているかどうかの違いではなく、もはや情報分析、価値観形成の脳内プロセスの差異であろう。

図表45　世代によるポジショニングの違い（イメージ）

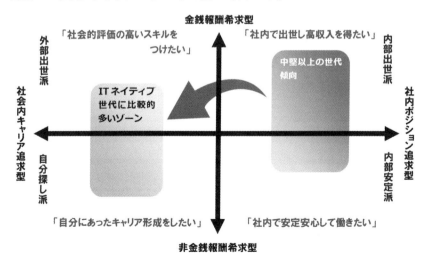

彼らITネイティブ世代は、幼少期から、Webメディア等の表面的に洗練された対人言語スキルに親しんでいるため、上の世代を蔑ろにするような態度こそとらない。だが、かつての世代ほどには、上の世代に「育ててもらった」という恩義を感じてはいないこともあって、人間的な魅力なしに「年齢が上だから」とか、ちょっとした業務知識量は上だから、というだけで先輩風を吹かせるようなことは、知らず知らずのうちに断層を深めてしまう点で危険である。

　とはいえ、組織というものが、異なる世代をまたいで形成されることに変わりはなく、リーダーはこの世代間ギャップの存在を受け入れ、そのような多様性と変化への対応力をつけて、その多様性をむしろ強みに変えていく意識、姿勢を組織全体として持つことが重要になるだろう。

世代、年齢、環境でも大きく変わる「人生の意義」

　ITリテラシーに着目して考察するだけで、これほどの世代ギャップの存在が浮き彫りになるわけだが、元来、組織においては、世代意識、つまり年齢からくる様々な意識の差という課題は常に存在している。そのため、リーダーがより多くのメンバーのモチベーションを高めたいと考えるなら、それぞれの世代に特有の意識感覚をも理解し、できれば共感性も持って関わり合うことは、そもそも必要なことである。組織の多様性許容度が下がっている現在、その持つ意味はますます重くなっている。

　多くの人間にとって仕事をする理由は、第一義的にはまず、個人的な「経済的安定」の追求にある。しかし、人間が働くことにおいて見いだす意義はそれだけではない。
　米国の経営学者、心理学者、キャリア研究家で、「キャリア発達理論」の提唱者であるドナルド・E・スーパー（Donald.E.Super）は、「キャリア」

を「人々が生涯にわたって追求し、社会的に占めている地位・業務・職務の系列」として、ある瞬間の職業活動内容だけに限定しない、「人生全体としての生き方や人間関係、社会的役割」であると定義づけた上で、キャリア考察のための重要な基準として、「ライフステージ」と「ライフロール」の2つをあげた。彼によれば、まず一つ目の基準、「ライフステージ」には、5段階のライフステージがあるとされる。

図表46　5つのライフステージ

1	成長期	0〜14歳	身体的な発達と自己概念の形成を主とする時期で、自分の興味・関心や能力について探求を始める発達的な段階。
2	探索期	15〜24歳	様々な分野の仕事やその必要要件を知り、自身の興味・関心と合わせて特定の職業に絞り込んでいく時期。
3	確立期	25〜44歳	特定の職業に就いて、責任を果たし、生産性を上げる時期。職業的専門性が高まり、この時期の中〜後半では昇進の期待も高まる。
4	維持期	45〜64歳	確立した職業的地位の安定的な維持、自己実現を図る時期。後半は退職に向けての計画を立てる。
5	解放期	65歳〜	職業活動のスローダウン、あるいは退職などで、職業外の新しいライフキャリアを歩む時期。

　そして、2つ目の基準「ライフロール」は、人間がその人生で担っている「役割」であり、スーパーはこの役割について次の8つを定義している。

■子ども　親との関係における自分。乳幼児はこの役割が大部分となる。
■学生　　学ぶという立場。小〜大学生はもちろん、習い事なども含まれる。
■職業人　文字通り仕事をする立場。アルバイトも職業人としての役割となる。
■配偶者　家庭における夫、妻としての役割。
■家庭人　親元を離れたところから始まる役割。自立した生活行為を果たす。
■親　　　子どもを持つことによって始まる役割。
■余暇を楽しむ人　趣味やスポーツなど好きなことをして楽しむ自分。
■市民　　社会の構成員として社会に貢献する、市民としての役割。

人は皆、年齢や集団などによって様々な役割を持ち、それぞれの場面で役割を担っている。それらの役割は、1つだけということは少なく、ほとんどの人は、多くの場面で複数の役割を同時に担っている。

　また人によってそれぞれの役割の重さ、配分も違っており、そのありようが、言ってみればキャリアの「幅」ともなっているのである。

ライフキャリア・レインボー

　スーパーは、キャリアを職業のみならず人生全般から捉え、「キャリアは生涯を通じて発達する」という考え方を基盤とし、生涯での各ライフロールの始まりと終わり、役割相互の重なり合いを、通称「ライフキャリア・レインボー（キャリアの虹）」と呼ばれる概念に集約した。

　ライフキャリア・レインボーの理論では、職業上の志向や能力だけでキャリアの発達は成し得るものではなく、人生上の様々なライフロールとの相互的な関係に影響を受けるものだと、スーパーは強調している。

　例えば、概念図で見ると40〜50歳代は各ライフロールが最も多く重なり、果たすべき役割が多い。この年代は昇進の分岐点でもあり、仕事の責任や負担も増えるが、「配偶者」「家庭人」としての家事分担、「親」としての子育てや教育、あるいは「子ども」としての親の介護などの役割も同時に求められる。そのため、もし仕事に没頭するあまり、他の役割を疎かにしバランスが崩れれば、そのために生じる家庭内の不和や様々なトラブルが、かえって仕事に支障をきたすことも珍しくない。

　このように、人間は一定の年齢になると、仕事以外にも多くの役割を同時に担うようになるが、その配分やバランスのとり方は、その人間の「働くうえで大切にしている考え方や価値観」によって人ごとに異なり、結果、多様化してゆくものなのである。

図表47　ライフキャリア・レインボー（ライフキャリアの虹）

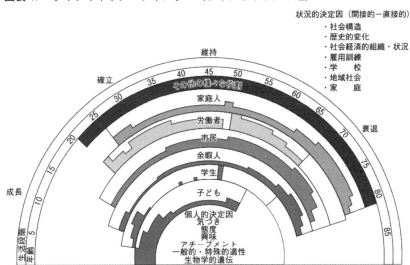

ある男のライフ・キャリア

「22歳で大学を卒業し，すぐに就職。26歳で結婚して，27歳で1児の父親となる。47歳の時に
1年間社外研修。57歳で両親を失い，67歳で退職。78歳の時妻を失い81歳で生涯を終えた。」
D.E. スーパーはこのようなライフ・キャリアを概念図化した。

出典：文部省『中学校・高等学校進路指導資料第1分冊』平成4年

自己概念への追求がもたらすキャリア発達

　人間はそれぞれ、「自分がどのような人間であるか」について何らかの
イメージを抱いている。このイメージを一般的に「自己概念」と呼び、そ
れは自分で自分を観察することで形作られる「主観的自己概念」と、自分
に関する他者からの評価を聞いたり、自分の言動に対する他者の反応を
観察したりする中で、時間をかけて少しずつ形作られる「客観的自己概念」
とが統合されたものであることは、他章でも触れた。この自己概念、特に
客観的自己概念によって裏打ちされたポジティブな、「自分の強み、特徴」
「興味、好きなこと」「価値」といった肯定的な自己概念は、自身のキャリ

アを発達させる（逆に自己の弱点などに意識が集中し、低い自尊感情や消極さにつながってしまうイメージを「否定的自己概念」という）。

　これは、肯定的な自己概念の中の「こんな人間になりたい」、あるいは「このように理解されたい」という「理想の自己（Ideal-self）」イメージが、日常でも、そのイメージに沿う出来事をより強く意識させ、自己概念に合った振舞いをするよう自身に働きかけることで、「社会などの集団内の人間関係に映し出される自分」が形作られていくからである。

　スーパーは、そうして「自己概念」はそれぞれの集団の影響を受けながら変化を続け、生涯を通して形成・発展させていくものと位置づけ、そこに「職業的自己概念」の概念も加え、「人は職業選択を通じて自分の〝職業的自己概念〟を実現すべく仕事をする、あるいは〝自己概念〟の実現の手段として職業を選ぶ」と述べている。

　すなわち、ライフキャリア・レインボーの概念によれば、本来、キャリアの発達とは、その時々の自分の立場に応じたライフロールを果たすことで、社会や周囲の人々との相互関係を保ちつつ、職業選択も含め自分らしい生き方を展望し、実現していく過程に他ならない。ゆえに、人はそのライフステージ段階に応じた「価値観・意義の変遷」と共にキャリアを歩むものであり、リーダーは個々のメンバーたちが、それぞれの「価値変遷の過程」上にいることは、十分理解しておく必要がある。

　特に、スーパーの言うライフステージの中で、概ね40代後半から60代前半にあたる〝維持期〟の後半は、「なりたかった自分」や、「（手に入れたかった）自分らしい生き方」について「たどり着けたのか」を確かめたくなる情動が生じる時期でもあり、少なからず自己の中に不安や葛藤、後悔などの混乱が生じる確率が高いことにも留意すべきである。

248

生きる意義を見失いがちな 50 代

　スーパーは、人は職業選択を通じて、自身の「職業的自己概念」を実現すべく仕事をするものであり、その職業価値（work value）を、経済的な安定のためだけではなく、自分の能力が活用できること、人の役に立てること等にも求めているとして、およそ 20 の尺度にまとめた。

　この視点を参考に、リクルートワークス研究所が行った「シニアの就労実態調査」では、スーパーの提唱したそれらの尺度を基に、現代日本の実情を踏まえたアップデートを加えて計 29 の価値観とした後、互いの関係性の深さを考慮の上で因子分析し、現代の日本人が働く上でのモチベーションになっている価値観を大きく 6 つに分類した。すなわち、「他者への貢献」「生活との調和」「仕事からの体験」「能力の発揮・向上」「体を動かすこと」「高い収入や栄誉」である。

図表 48　人が働く上で感じる 6 つの価値観 （出典：リクルートワークス研究所）

他者への貢献	人の役に立てること、社会の役に立つこと、仕事において自身の責任を果たすこと、会社の成長に貢献すること
生活との調和	無理なく仕事ができること、仕事をする場が快適であること、自分自身が望んだ生活をできること、幸せな家庭生活を実現すること、職業が安定して、将来に不安のないところで働くこと、効率よく対価を得ること、毎日働くことで生活にリズムがつくこと、気の合う仲間と一緒にいること
仕事からの体験	わくわくするような体験をすること、様々な人と交流する機会があること、いろいろな種類の活動をすること、新しいことを発見したり、発展させたり、考え出したりすること
能力の発揮	自分自身の専門性を高めること、自分の能力を活かせる仕事をすること
体を動かすこと	仕事において、身体を使って活動すること、一生懸命に身体を使って仕事をすること
高い収入や栄誉	昇進できること、高い収入を得ること、大きな意思決定ができるような権限、権威をもつこと

その上で、この6つの価値観を使って、年齢を経るごとにその価値観がどのように変わっていくのか、各因子得点の推移を年齢別に集約したところ、非常に印象的な結果が得られた。

　これを見ると、社会人としての歩みをスタートさせる20代は、仕事に多くの価値を見出す年代だということがわかる。なかでも「高い収入や栄誉」に大きな価値を見出していることが見て取れ、まずはこうした目標を持つことが、仕事に関する能力を拡張させるモチベーションになっている。さらに、「仕事からの体験」や「能力の発揮・向上」も得点が高い。新しい仕事に楽しさを見出し、仕事能力の向上を実感することができる年代が20代であることがわかる。

図表49　仕事に対する価値観の変化（価値観の因子得点の合計）

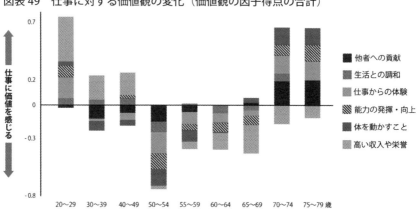

出典：リクルートワークス研究所 Works Review「働く」の論点 2021 定年後のキャリア論（坂本貴志）
※同研究所「シニアの就労実態調査」より作成

　多くの日本企業が、30〜40代における大きな賃金上昇を、モチベーション維持のメイン要因として設定するスタイルをとっていることもあり、30代や40代の時点でも、会社で地位を上げ収入を高めることに希望を見出す人は多い。しかし、30代以降、多くの因子は急激に下がる。さらに歳を経るにつれ、仕事を通じて感じる価値は減じていく。

　職業外では家庭を持って子供ができ、仕事を通じて家族の生活を豊かにすることを求める人が増えるため、「生活との調和」は引き続き重要な価値となっているが、それ以外の要素は重要だと感じなくなっている。

　そして、なんとほとんどの価値観について、落ち込みの谷が最も深いのが 50 代前半であった。これは、すでにこの時期を経過してきた筆者としては感覚としてよくわかる。日々やっていること、基本的な仕事内容は 40 代の頃と変わらないとしても、自分の中で何かが変わるのだ。
　徐々に自分の中で、「(職業的自己概念として) 自分が辿り着きたかった場所はここだったのだろうか」「これでよかったのだろうか」という漠然とした不安がどんどん大きくなる。定年という区切りを前にして、「でも、もう時間はなくなってしまった」との喪失感も加わり、ここでも一種、「中高年クライシス」ともいえる気持ちが湧き上がってくる。

　役職定年、そして定年が迫り、「高い収入や栄誉」の因子得点もマイナスとなる世代となり、生きがいや目標を見失う不安に加え、そもそも職業世界での成功以外には、人生上の目標を持っていなかったことを思い切り気づかされ、ショックを受けるのである。

　おそらくそうした現実が決して珍しくないことは、データからも窺えるように思う。だが、少子高齢化の進むこの国において、50 代に危機的なまでの意欲低下、人生の意義喪失があたりまえのように生じることは、社会にとっての大きな活力ロスにつながりかねない。

　人生 100 年と言われる現代、50 代の体力は過去の時代と比べ、非常に向上している。逆に言えば、仕事や人生に対して新しい価値、新しい意義を見出す転機やチャンスも、その年代にあるとも言える。個々の多様で豊かな人生経験を基に、それぞれの心が見いだす新たな価値観は、

おそらく多分に内発的な動機づけを含み、精神世界においてより実りのあるものとなる可能性が高くなる。

　特に、「他者への貢献」に大きな価値を見出していく傾向は、社会に「利他」の精神をもたらし、企業トップの行き過ぎた私利私欲追求などに象徴される、社会の歪みを抑制しうる文化、風土の醸成にもつながるのではないだろうか。

　つまり、今日の社会においては、誰にでも訪れるこの中高年の危機を乗り越えるプロセスにも、新たな価値観を生み出す大きなチャンスが秘められている可能性があると言えよう。また一方で、発展を続けるITインフラは、企業を超えた人のつながりにも変革の波を起こしつつある。これらを踏まえるに、今こそ社会として、その私利私欲に与しない良質なエネルギーを、うまく活用する新しい仕組みが求められ始めているように感じるのは、筆者だけであろうか。

第15章　就労環境とメンタルヘルス

いまや珍しくもない「メンタル」課題

　「メンタルがやられちゃって…」。今では何気ない雑談でもごく普通に耳にするようになった。確かに、社会で40年近くも働けば、「上手くいかない時」は誰にでもある。そんな時は大抵、精神的な苦しみを伴うもので、乗り越えれば、「苦しみが成長させてくれました」と一種の美談にもなり得る。ただ、それはあくまで結果論的な面もあり、そんな苦しみにも限度というか程度というものがあり、長期にわたる「度を越した」ストレス状況は、やはり問題と言わざるを得ない。

　長期の過度なストレスや精神的苦痛は確実に身体を蝕み、時にその命を奪うことすらある。そこまでいかずとも、精神に大きな傷跡を残し、後の人生に大きな影を落とすことも少なくない。会社に雇われての仕事に責任感を持って取り組むことは大切だが、命を落としかねないほどその身をすり減らしてまで、業務上のストレスに耐えるだけのリターンを、会社が用意できるかと言えば疑問である。本来、会社への貢献と個人的人生の喜びとは相関し、ある程度バランスすることが望ましいが、現実の企業社会において、必ずしもそんなバランスはとれていない。

　筆者が初めて勤めた企業が、業績悪化により、生え抜きのプロパー

経営陣から外部金融機関出身の経営陣へ体制変更した際に両者が対立、OBや組合上部団体も巻き込む深刻な内部紛争が生じ、数年に渡る混乱に巻き込まれる形で、転職を余儀なくされたことは前にも述べた。

　退職の数年前、工場の閉鎖撤収を仕切った後に本社に戻っていたが、プロパーの一人だった自分が、混乱の中で微妙な立場に立たされるのは時間の問題だった。程なく子会社へ異動となったが、対立構造は社内の各所に持ち込まれており、異動先でも徐々に圧迫的で厳しい管理や叱責を受けるようになった。業務上の必然性もなく続く、出口のない激しい叱責などに、信頼していた同僚の関与や、新経営陣の意向も噂され、後ろ盾の喪失感もあって、精神的な逃げ場のなさは絶望感につながった。

　だが、特に辛かったのは、会社という枠の中で認められることをほぼ唯一の人生価値とし、「尽くせば会社は応えてくれる」という依存的な思い込みを持っていた自分にとって、その価値観の上に積み重ねたつもりのキャリアが無意味化していく衝撃だった。寝付けない日々で色々考えたが、目の前の事態をどう考えたらいいのかわからず、家族にどう話せば良いかすら分からない。憔悴の度を増す中、何らかの体調不調にいつ陥ってもおかしくないというギリギリの感覚は常にあった。そこでは「メンタル問題はすぐ隣にある」と強烈に感じざるを得なかった。

　ただ、人間の精神活動に備わる不思議な対応能力も感じた。深夜帰宅時の通勤電車内で吊り革にすがりつき、暗い車窓をぼんやり眺めていた目線をふと脇にそらした時、目に入った缶コーヒーの広告にあった「どんな絶望にも必ずスキはある」という言葉にハッとした。なぜか急に心が楽になった。「自分の落ち度を探して後悔するより、自分を信じスキをついて突破することに集中すればいい」、そんな気持ちが湧き出して「まあいいか」という気になった夜のことは、今でもよく覚えている。

　結果的には、考え過ぎると思考が停止してしまう個人的な弱点も幸いしたことと、事の展開上、同境遇の者たちが多くおり、彼らとの横のネットワークがあったこと、そして背中を押された形ではあったが、退職で、程なく状況の切り替わり局面を迎えたことで、たまたま乗り越えられた。

　その面で言えば、メンタル面の危機も乗り越えられれば、大きな成長や気づきを与えてくれる一種の学習経験、との感覚も確かにある。

　ただ、状況がもっと長く続いたり、少しでも違う展開となっていたりすればどうなったかはよくわからない。個人ごとの対応能力も千差万別だ。正直、自分の子供にはこんな思いはさせたくないと今でも思う。

　度を過ぎない程度の修羅場経験などは、人材を育む上で大切ではある。だが、深刻な相互不信や、人間らしさを欠く行為による、度を過ぎたハラスメント等によって引き起こされるメンタル問題は、「社会の歪み」の現れとして深慮しなければならない。

　そんなこともあり、本章では、社会に生きる人間にとって重要な、就労環境におけるメンタルヘルスの現状について、少し考察してみたい。

看過できないメンタルダウンの社会ロス

　前述のように「メンタルヘルス」は、もはや我々の日常における一般的な言葉となった。だが、思い返すと、1990年くらいまでだろうか、昭和の時代はそれほど聞き慣れた言葉ではなかった。厚生労働省の調査でも、うつ病を含む気分障害の患者数は年々増えており、2017年には日本人の30人に1人の割合で、気分障害で病院に通院や入院をしているとされる。特に、うつ病（鬱病、Clinical Depression）は2000年代から患者数が急激に増加しており、自殺者も多くなっていることから、厚生労働省も重要な健康問題と認識し、様々な対策を行っている。

うつ病は、気分障害の一種で、抑うつ気分、意欲・興味・精神活動の低下、焦燥、食欲低下、不眠、持続する悲しみ・不安などを特徴とした精神障害とされる。2017年、世界保健機関（以下、WHO）は、世界でうつ病に苦しむ人が2015年に推計3億2200万人に達しており、これは10年前の2005年比較で18%以上の増加であったと発表した。日本においても、厚生労働省の「患者調査」によれば、2017年は127.6万人と推定されており、これは2005年比較で、38%も増加している。

　ただ、この「うつ病」の明確な発症原因は、現時点では不明とされ、原因からの分類や明確な定義は困難であるとされている。
　また、抑うつの症状を呈したからといって、必ずしも「うつ病」であるとは限らず、そもそも長期にわたる気分の落ち込みを感じていても、医療機関を受診するなどの行動に出ない者も多いことは想定されるものだ。ゆえに、社会における実際の状況はなかなかわかりにくく、実際の総数はもっと多いのではないか、という声もある。

　いずれにしても、実業の現場で従業員と向き合ってきた感覚でも、確かにこの20年ほどで、職場の雰囲気の変化と共に、何がしかのメンタル不調を抱える者の数は確実に増えた実感がある。

　そして、当事者たちと向き合うたび、メンタル不調が、当事者やその家族の人生に落とす影の大きさを痛感し、やるせない思いで考え込まざるを得なかった。

図表50　うつ病・躁うつ病の総患者数

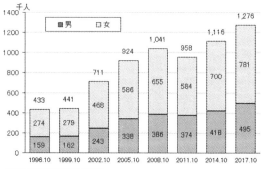

（資料）厚生労働省「患者調査」

魚にもある「うつ状態」

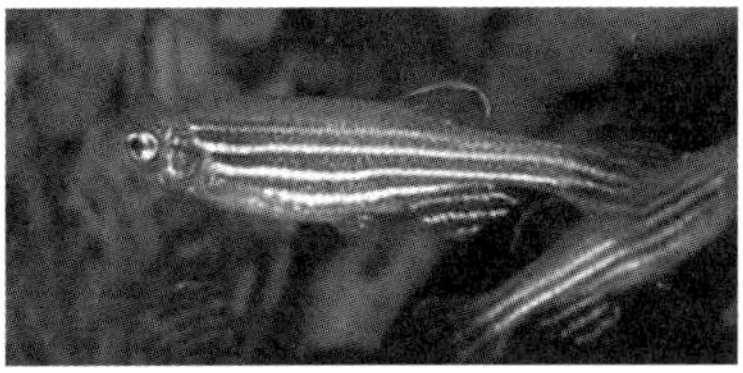

　ゼブラフィッシュという小さな魚を
ご存じだろうか。多産で世代交代期間
が短いという遺伝学に適した特徴を持
ち、さらに体外で受精・発生し、胚が
透明で観察しやすい特徴も備えている

図表51　ゼブラフィッシュ

ため、発生学や遺伝学の分野で研究に使われ、重宝されてきた。
　アメリカ・ニューオーリンズにある "北米ストレス研究学会" は、こ
のゼブラフィッシュを使った研究で、ある条件下においたゼブラフィッ
シュがうつ状態になることを突き止めた。

　うつ状態のゼブラフィッシュは、水槽の底で動かず、正常なゼブラフィッ
シュに比べ、明らかに動きが鈍くなってしまう。自然界ではありえないほ
ど長い間、ゼブラフィッシュの天敵であるリーフフィッシュと同じ水槽に
入れ続けていたところ、初めは、天敵から素早く逃げ回っていたものの、
ある時期を境にほとんど動かない状態になってしまったのである。
　この状態のゼブラフィッシュを調べると、ストレスホルモンが大量に検
出された。自然界であれば、リーフフィッシュから逃げることで平常に戻
ることができるが、小さな水槽という異常な環境下で、常に危険な距離
にとどめ置かれたために、止まらないストレスホルモン分泌が脳にダメー
ジを与え委縮させたことで、「うつ状態」になってしまっていたのである。

日常化する扁桃体の暴走

　生物はその進化の過程で、重要な能力を身に付けた。それは「危険か
らの回避能力」である。身体の各種器官で危機情報を察知すると、筋肉

を活性化させるなど、身体機能を瞬間的に危機回避のために最適な状況へと調整し、さらにはその危機情報を強烈な記憶として記録することで、次回の危機に備えるなどの能力を持つ「脳のしくみ」を発達させた。

　人間の脳には「扁桃体」（扁桃とはアーモンドの別名で、形に由来した名前）と呼ばれる直径約1cm程の部位がある。脳の側頭葉の内側にある神経細胞の集まりで、命の危機を瞬時に評価し、恐怖などの情動反応処理を司る、脳の「危険アラーム機能」とも呼ばれている。
　この「扁桃体」は、人間(脊椎動物)のはるか祖先にあたる古代の魚類生物において、天敵の攻撃から身を守る機能として発達した。危険を察知すると、扁桃体が活発化、コルチゾールやアドレナリンといった抗ストレスホルモンを分泌させて全身の筋肉を活性化させ、運動能力を高め、天敵から素早く逃げたり闘ったりする態勢をとらせるのである。

　さらに「扁桃体」はその隣にある「海馬」との連携において、記憶にも重要な役割を果たしている。「海馬」はいわば記憶全体を司る司令塔で、データを一時的に保持する他、選択した情報を大脳皮質に送って長期保存し、必要に応じて呼び出す役割をもつ。
　極度の恐怖など「扁桃体」を激しく活動させる出来事は、この働きによって強い記憶として脳に焼きつけられる。常に危険と隣り合わせの厳しい環境を生きた我々の祖先は、この焼き付けられた「恐怖の記憶」によって、その後の同様の重大な危険を本能的に回避し生き延びてきた。

　この「扁桃体」と「海馬」、そして「前頭前野（DLPFC、背外側前頭前野)」の3つの部位は、互いに影響し連携し合って活動しており、「海馬」が抗ストレスホルモンの分泌を制御する役割を、「前頭前野」が「扁桃体」の暴走を鎮める役割を果たしている。

　そうして人類は、危険を回避しながら繁栄してきた。だが、今日の社会では、生命を直接脅かすほどの重大な危険こそ減少したが、別の形で長期間かつ終わりの見えない過度のストレスに晒されることが増え、その状況が「恐怖の記憶」として焼き付けつけられるようになった。これらは、祖先の生物たちが外敵に出会う頻度以上に日常的であるために、繰り返し思い出され続け、「扁桃体」を過剰に活動させ続けてしまう。

　長期間にわたるストレスで「扁桃体」が過剰に反応し続けると、思考・判断・意欲をも司っている「前頭前野」が正常に機能しなくなり、判断力が衰え、意欲も低下することになる。また、過剰な抗ストレスホルモンが分泌され続けると、そのストッパー役の「海馬」が制御不能に陥り、破壊され、萎縮してしまう。これにより記憶力も減衰する。

　こうして判断力が鈍り、意欲がなくなり、もの忘れも多くなるという、うつ病の代表的な症状が現出する。つまり、一時的な恐怖をうまく回避して自己防衛を果たすための「扁桃体」は、長く終わりのない恐怖に対しては、むしろ結果的に、自己に刃を向けることになるのである。

うつ病のメカニズム

　うつ病は、誰でもかかる可能性があるとして、以前はよく「心の風邪」という表現が使われた。だが、現実に向き合ってみると、「気持ちの落ち込み」レベルの問題というよりは、何らかのストレス反応で、「体（脳）」に変化が生じてしまう身体異常であって、風邪というにはレベルが違い過ぎるので

図表52　扁桃体と海馬

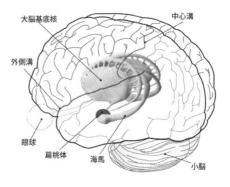

はないかという、一種の違和感を禁じ得なかった。風邪は十分な休息を
とれば元の体調に戻るが、うつ病は個人差も大きく、また根本にあるス
トレスや環境や、それを感じるその人固有の自己認識などがうまく変わ
らない限り、単に休養をとっても、なかなか元に戻れない。

　近年では研究が進み、扁桃体を中心とした脳の危機アラーム機能が長期
にわたり作動し暴走して、脳の正常な機能を低下させる状況の詳細なメカ
ニズムについて、様々な仮説検証が進められるようになっている。ちょっ
と難しいが、有力視されつつある仮説の一つを紹介しよう。

　長期間の過大なストレスが、扁桃体をはじめとする脳の危機アラーム
機能を作動させ続け、脳の一部である視床下部（hypothalamic）・下垂
体（pituitary）・副腎（adrenal）（頭文字をとって HPA 軸ともいう）な
どの働きで抗ストレスホルモンのコルチゾールが過剰に分泌される。
　すると、脳神経細胞の成長や新生を促すタンパク質の一種で「脳細
胞の栄養」とも言える、『脳由来神経栄養因子（BDNF、Brain Derived
Neurotrophic Factor)』の産生が低下し、海馬、前頭皮質などの脳細胞
が萎縮し、情報をスムーズに伝えることができなくなって様々な身体不
全症状を引き起こしている、という「BDNF 仮説（神経可塑性仮説)」だ。
　まだ研究解明は道半ばであり、過度なストレスによって海馬やセロト
ニン神経系がダメージを受けるのは、コルチゾールが増えた結果なのか、
BDNF が減った結果なのか、などまだ分かっていない点も多いようだ
が、いずれにしても過度なストレスが脳にダメージを生じさせ、うつ病
などのメンタル不全を引き起こしていると考えられている。

　うつ病を引き起こす要因には、「うつ病に対する脆弱性（なりやすさ)」
や「生育環境」「性格の傾向」「ストレス感受性」などの点で個人差もあ
ろう。だが、それらを差し引いても、社会経済環境の劇変下にある近年

の日本では、天敵と共に水槽に閉じ込められ、不安や恐怖が消せないような精神状態の者が増えているのではないか。そう考えたとき、つい思ってしまった。"これはもはや救いのない「ホラー映画」のようだ"。

組織管理の重要項目となったメンタルヘルス

振り返れば「メンタルヘルス」の社会課題化は、この20年のことである。やや古い統計だが、社会経済生産性本部メンタル・ヘルス研究所が2007年に実施した、「産業人メンタルヘルス白書」を見ると、「会社の最高経営層に信頼感を持っている（かどうか）」との質問に、1982年には55%が「はい」と答えているのに比べ、2002年には33%まで低下しており、以降も、社員の会社や職場に対する信頼は低いままである。

図表53　所属企業の最高経営層に信頼感を持てるか

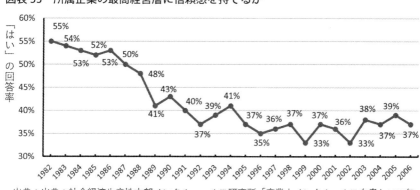

出典：出典：社会経済生産性本部メンタル・ヘルス研究所「産業人メンタルヘルス白書」2007年

また、米国のPR会社エデルマン（Edelman）が世界28カ国の約3万3000人以上を対象に実施している「エデルマン・トラストバロメーター」の2016年調査でも、日本企業社員の「所属企業に対する信頼度」は、28カ国中最下位だった。2021年調査でも27位と依然、最下位圏で、1990

年代以降の日本企業の従業員エンゲージメントは危機的状況にある。

　2016 年調査について、エデルマン・ジャパンのロス・ローブリー社長はこうコメントしている。「『自分が働く企業に対する信頼度』に関する日本の結果の低さは特筆すべきである。終身雇用制度が育むと想定されていた愛社精神や、長時間残業を厭わず献身的に働くライフスタイルからは想像できない結果であり、世界最低となった、日本人の会社への信頼度は、経営者にとっての警鐘であり、新しいエンゲージメントの必要性を目の前に突き付けていると言えるだろう」。

図表 54　会社への信頼度 〜 日本企業の社員は所属企業を信頼していない

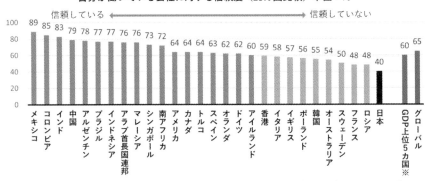

自分が働いている会社に対する信頼度（28カ国比較）単位：%

出典：2016 Edelman Trust Barometer　※ GDP上位5カ国は、アメリカ、中国、日本、ドイツ、イギリス

　この、現在の日本人にみられる、自組織に対する信頼感の特異的な低さは、少なからず日本人ビジネスマンのメンタル状態と、結果としての組織パフォーマンスに大きな影を落としているものと推察される。

　人間の「信頼」心理への、脳内化学物質「オキシトシン」の関与を提唱、「信頼が人間のモラルや社会行動に与える影響の研究」で知られる、米国の神経経済学者ポール・J・ザックは、著書『トラスト・ファクター』で、

互いに信頼しあう信頼関係が従業員のモチベーションや、組織の業績に
与えるインパクトについて、「組織の信頼度が上位4分の1の企業で働く
従業員は、下位4分の1の企業で働く従業員と比べ、生産性が50%、仕
事に対するやる気が106%、勤務中の集中力が76%上回る」と述べている。

　また、信頼関係が強い企業の従業員の方が、現在の仕事に対する満足
度が56%高く、「今後1年間は今の職場に留まるつもり」が50%、「家族
や友人に今の職場を勧めるつもり」も88%多かったとしている。

　また、前出のロス・ローブリー社長も、「従業員の信頼を得ることが
できれば、会社に対するアドボカシーは40ポイント、ロイヤリティー
は40ポイント、エンゲージメントは34ポイント、コミットメントは
31ポイントも増える」と述べている。

図表 55　信頼が、雇用主と従業員の関係性を強固にする

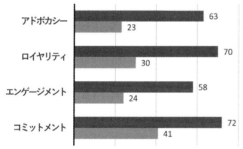

自社を信頼している従業員と、していない従業員が会社についてとる行動（%）

出典：Edelman Trust Barometer 2019

　見てきたように、会社や職場の人間同士の信頼低下は、メンタルヘルス
問題との間に強い相関性があると考えられる。激しいグローバル競争下、
従業員は高い成果要求のプレッシャーの下、以前ほど他者との協働的なコ
ミュニケーションを育む余裕もなく、互いの信頼感醸成を十分に図れなく
なった。信頼関係の薄い社内では、互いに助け合う協力関係や仕事への熱

意は生まれにくく、自分が損しないことばかり考える悪循環が生じる。

　結果を焦る経営者は、そんな従業員同士の信頼向上や、各自の内発的動機の醸成など「面倒すぎて」待っていられず、勢い、厳しい統制と金銭報酬による外発的動機づけに依存する。とにかく「早く、言った通りに正確に、大量に」最大効率で結果を出す人間集団を求めるため、ますます「個性を見極め、個別に関わって」いる暇はなくなり、従業員に一律の価値観を求め、「閉鎖社会への回帰」現象を引き起こす。

　そうなれば従業員側にとっては、強力な統制下で日常的な叱責をいかに回避するか、つまり安全をどう確保するかに関心とエネルギーが奪われる。周囲は信頼できず、自分だけでも損をしたくない心理は周囲への疑心暗鬼も生じさせ、グーグルが提唱しているような、「安心してモノが言え、話を聞ける関係」作りなどは夢のまた夢となってしまうのだ。「そんな極端な…」と思われる読者の方もおられるだろう。だがこれは、筆者が見てきたいくつかの企業においても、ありふれた日常風景でもあった。

　確かに1980年代までの日本企業では、経営陣と従業員間の信頼関係は比較的良好で、社内の強い信頼は「あって当たり前の福利厚生」的な感覚で、従業員の高いロイヤリティーやエンゲージメントにつながっていた。だが、今日の企業の最前線において、それらは大きく毀損されてしまい、今や最も優先度の高い改善目標の一つとなっている。

　そのような背景から、「信頼関係に裏打ちされた文化や組織風土を生み出すことが、ロイヤリティーやエンゲージメントの向上、離職防止などはもちろんのこと、その生産性、組織業績において中長期的に大きなリターンをもたらす」ことを明示する、米国を始めとした最前線の研究結果等が注目されているのである。にもかかわらず、現在の日本産業界においては、1990年代以降、組織内における信頼度は、グローバルなポジションで見れば、未だ最低レベルへ低下したままであることは、由々

しき状況と言わざるを得ず、熟慮すべき喫緊の課題となっている。

「うつ状態」出現率の高い日本のビジネス界

　少し古い調査だが、ニールセン・カンパニーが日本とアメリカの都市部で働く 20 歳以上の男女、各国 100 人ずつを調査対象に、2012 年に行った「うつ状態に関する日米比較調査」の調査結果は興味深いものだった。
　うつ状態になることが「ある」と答えた人の割合は、日本が 30.4％だったのに対して、米国は 9.6％でしかなかったのである。数字だけで見れば、日本は米国の 3 倍も「うつ状態」の出現率が高いことになる。上司の力が強く、解雇法制も日本ほど労働者に有利ではない米国の社会には、「強くないと生きていけない」ようなイメージもあり、「ストレスは日本よりあるに違いない」と思い込んでいた自分には意外な結果だった。

　しかも、うつ状態の原因上位 3 つを見ると、日本は 1 位「仕事上のストレス」82.5％、2 位は同率で「生活に対する経済的な不安」「自分の将来に対する不安」55.3％だったのに対し、アメリカは、1 位「自分の将来に対する不安」67.3％、2 位「生活に対する経済的な不安」61.4％、3 位「家庭内の問題」53.5％となり、日米で大きな違いが見られたのだ。
　中でも「仕事上のストレス」は、日本が 82.5％ に対し、米国は 51.5％、「学校や職場などの周囲との人間関係」は、日本が 43.7％ に対し、米国は 18.8％ だけで、それぞれ約 30 ポイントもの差があった。

　ふと思った。「日本では米国よりも会社の人間関係に苦悶しているというのか。日本のビジネスマンたちが、あれほどモヤモヤしている仕事のストレスや人間関係の悩みが、米国のビジネスマンたちにはそこまでないというのだろうか。そんなはずはない。ハリウッド映画のワンシーンでは、上司が主人公に「クビだ」と理不尽に叫んでいたではないか」。

確かに、米国では日本と比べ、一般的に上司が大きな人事権（採用と解雇の権限）を持っているといわれる。それだけボス（上司）の存在は大きく、現実にいつクビにされるか分からない面もあって、もしボスとの相性が悪ければ、それは大変なストレスであるはずである。しかも、日本で言うところの"飲みニケーション"もなく、人間関係も日本ほどにはウェットではない。であるが、米国のビジネスマンは、会社の仕事や人間関係に、日本人ほどストレスを感じていないというのである。

推論にはなるが、日本での1990年代以降の大幅な会社組織への信頼感の低下は、元々雇用保護が手厚いとは言えない米国社会と比しても、それ以上のメンタル悪化要因を招来しているのではないか。そしてそれは、日本の独特な労働慣行が、1990年代以降の劇的な外的環境変化についていけなくなった"軋み"や"歪み"が、日本社会に痛みの形で警笛を鳴らし始めた証左にも思えてならないのである。

逃げ場の少ない日本の労働市場

米国にあって、日本にはまだ整っていないものの一つは、流動化した労働市場だろう。米国の労働市場には分厚い「転職市場」が存在するが、日本では転職が徐々に一般化しつつあるとはいえ、2019年までの総務省の労働力調査を見ても、直近10年の転職者比率は、女性を含む総数で約5％程度にとどまっており、大きな変化は見られていない。

最近の日本の若者の間では「○○ガチャ」という俗語のような言葉がネット上などでよく使われているという。これは「人生は努力次第ではなく、所詮、運次第」という皮肉や諦観の混じった表現で、硬貨を入れてガチャっとつまみを捻るとカプセル入りの玩具が出てくるあの機械や、スマートフォンのゲームでプレイに使うアイテムを引き当てる「ガチャ」

行為で、「やるまで何が出てくるかわからない」ことになぞらえたものだ。

　最近はこれに「上司」をつけて「上司ガチャ」とか、「配属ガチャ」という表現が一般的に使われるという。「上司ガチャ」なら、「上司は選べず、運次第」ということで、「そっちは良いな。私の上司ガチャ、ハズレなんだけど…」と嘆く会話がSNSで飛び交っているわけだ。

　上司のばらつきは今に始まったことではないだろうが、そんなやり取りで状況を比較し合いつつ働く若年層の姿には、どこか一歩引いたような印象もある。そこに以前の日本企業のような比較的良好な信頼関係は窺えず、世代間の認識や就労観の違いが見え隠れしていると考えると、若者は未熟だと責めてばかりもいられない気がしてくる。

　1980年代までの日本の被雇用者には、「終身雇用」の意識も強く、一生を面倒見て貰える安心感と引き換えに、会社が求めるどんな仕事も意欲をもってやる、という暗黙の了解があった。だから、多少癖のある上司がいても、同じロイヤリティーを持つファミリーの一員でもあり、癖のある行動にも、どこか歯止めがかかっていたように思う。

　ところが、1990年代以降のグローバル競争激化と劇的な環境変化の中で、企業の優勝劣敗が明確化し、事業撤収や早期退職で仲間が次々と退場を迫られ、自分だけでも生き残りたいと願うようになると、同じロイヤリティーを持つ仲間どうしの配慮や思いやりは影を潜めてしまう。

　そうして、自己責任で社会を生き抜く力を身に付けないと危ない、と自覚し始めた者にとって、配属先がどこであって何が学べるかは死活問題と認識され、明らかに組織の都合で決められた配属先に不満や不信感を持ちがちになる。その頭で見つめると、上司や同僚も皆、自分のことで精一杯なだけに見えてきて、親愛や尊敬を伴う行動も生まれなくなり、相互の信頼感醸成もますます難しくなっているのが現状なのだ。

考えてみれば、日本もグローバル競争にのみ込まれた以上、終身雇用など期待できなくなった点は、世界の労働市場と同等となったとも言える。ただ、米国などと比して違うのは、いまだに雇用流動性が十分ではないということだ。確かに転職者は増えてきているとは言える。だが、日本では未だに、転職にはネガティブなイメージが付きまとっているのも事実で、それゆえに、一度入った会社の上司との相性が悪くても、なるべく限界まで我慢するしかない、という逃げ道の無い精神状態に追い込まれてしまう構図が生じてしまうのである。

職場は嫌いだが、転職もしたくない日本人

独立行政法人労働政策研究・研修機構による「データブック国際労働比較 2022」の報告では、調査対象の 14 か国（日本、米国、英国、ドイツ、フランス、イタリア、オランダ、ベルギー、デンマーク、スウェーデン、フィンランド、ノルウェー、スペイン、韓国）の中で、日本人男性ビジネスマンの平均勤続年数が 13.4 年で 1 位であった。これに対し、米国は 4.3 年で 3 倍以上の開きがある。日本の企業はそんなに長く勤めたくなるほど居心地が良いのであろうか。

以前の章でも引用した株式会社パーソル総合研究所

図表 56　主要国の勤続年数比較（年）

	計	男	女
日本	11.9	13.4	9.3
アメリカ	4.1	4.3	3.9
イギリス	8.1	8.2	7.9
ドイツ	10.8	11.1	10.4
フランス	11.0	10.8	11.2
イタリア	12.4	12.4	12.3
オランダ	9.4	10.0	8.7
ベルギー	10.9	10.8	11.1
デンマーク	7.2	7.4	7.1
スウェーデン	8.3	8.2	8.5
フィンランド	8.8	8.7	8.9
ノルウェー	8.6	8.7	8.5
スペイン	10.5	10.7	10.3
韓国	6.0	7.0	4.8

日本：厚生労働省（2021.5）「2020年賃金構造基本統計調査」
アメリカ：労働省（2020.9）Employee Tenure in 2020
その他：OECD "Employee by job tenure intervals"(2021.11)
注：アメリカは中位数、その他の国は平均年数

出典：独立行政法人 労働政策研究・研修機構
　　　「データブック 国際労働比較 2022」
　　　性別・年齢階級別勤続年数（2020）より

による、「APAC就業実態・成長意識調査（2019年）」を振り返ってみよう。日本は勤務先に関する満足度が低く、「会社全体」に満足している人の割合は52.3％、「職場の人間関係」は55.7％、「直属の上司」は50.4％、「仕事内容」は58.2％であり、これら全て調査対象のアジア太平洋地域（APAC）14か国中最下位だったことは前にも述べた。

図表57　職場の何に満足しているか

	日本	14カ国・地域平均
会社全体	52.3%	80.2%
職場の人間関係	55.7%	79.3%
直属上司	50.4%	74.5%
仕事内容	58.2%	81.0%
プライベート	60.2%	78.5%

出典：㈱パーソル総合研究所
APAC就業実態・成長意識調査(2019年)

「今後も現在の勤務先で継続して働きたいか」という質問についても、日本は52.4％で最下位である。その一方で、「他の会社に転職したいか」という質問に対しては、25.1％でこちらも最下位なのである。今の職場は好きではなく働きたい場所ではないが、かといって転職する気もないという日本人ビジネスマンの特異な姿が浮かび上がってくる。

図表58（33再掲）働き続けたくもないが、転職もしたくない日本人ビジネスマン

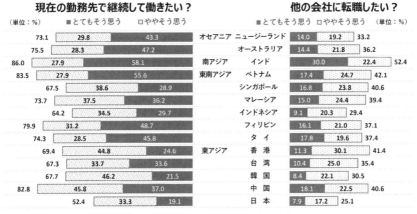

出典：パーソル総合研究所、APAC就業実態・成長意識調査（2019年）

米国人ビジネスマンならば、ボスと上手くいかなければ、その時点で、さっさと転職を考え始める。人間の相性は、合理的な努力だけで何とかなるようなものではないと分かっているからである。人間性のレベルで相性の悪いボスに気を遣いながら、神経をすり減らしつつ仕事を続けることは、人生の無駄遣いにもなりかねず、次の職探しに精力を注ぐほうがよっぽど大切だと考える。人間には個性があり、どんな職場の人間関係も、日本人のように「自分の考え方を変えてでも、頑張れば好きになれるはずだ」などとは必要以上には考えない。だから、上司と上手くいかなくなっても、会社が嫌いになっても、別に恥ずかしいことでもないので案外サバサバしている。そう、そこには逃げ道があるのである。

　ところが日本の場合は、相性の悪い上司や気の合わない仲間たちがいても、そう簡単に会社を辞めるわけにはいかない、と考える。人間関係のこじれを理由にして転職をすることは決して簡単ではないのである。
　そもそも、日本では転職に対するネガティブなイメージが強く〝一つの会社で我慢できなかった人間〟という見方に晒され、やむを得ない転職でも自分に無能感や、時には罪悪感まで覚えることも珍しくない。ましてや家族の生活や、世間体を考えれば、たとえ不満があってもリスクを冒してまで、会社を飛び出すなどということはできないのである。

　世間体を気にし、我慢を重ね、やる気の出ない仕事を続け、気分がすぐれず、どこか「うつ」のような不調を感じても、なんとか克服しようと頑張り続ける。そう、多くの日本人は、いまだ会社から逃げられない生き物なのである。会社側も、もう育成する余裕もなく、まして一生の職場など保証できないが、ゼネラリスト養成の名目で、実のところは特に個人のキャリア形成も考えず、漫然と配属や異動を続けている。

　予想もしない様々な業務が経験できる、とは言えても会社任せの異動

では専門性は身に付きにくく、外部で力を試す転職への準備も難しい。転職できないなら、会社にしがみつくしかない。そこで上司や周囲に気を遣い、気に入られて生き残るため有給休暇も取らずにサービス残業に明け暮れる、ひたすら「見せるための頑張り」の日々を過ごす。だが、現実のビジネス社会が求めるアウトプットは高度化する一方である。精神的におかしくならないほうがおかしいような気がしてくる。

　狭い水槽の中に、恐怖の対象であるリーフフィッシュと共に閉じ込められたゼブラフィッシュは、脳の扁桃体を中心としたアラーム機能が長期にわたり作動し続けたことで、一種の暴走状態となり脳の神経細胞がダメージを受け、意欲や行動力という基本能力の低下を招いてしまった。では、この事例を現代の我々の職場になぞらえてみるとどうだろうか。

　辞めてしまうと生活基盤を失う恐れのある職場は、逃げられない「水槽」にも見立てられる。中で働く従業員はゼブラフィッシュのような存在だ。そして、強い権力を持ちながら、共感性・相互理解感に欠け、信頼関係のない上司は、ゼブラフィッシュたちにとって不安・恐怖の対象＝天敵であるリーフフィッシュ、のような存在と見做せるだろう。

　しかも近年では省人化・IT化も進み職務中の会話の機会も少なく、程よく身を隠せるようなコミュニケーション・オアシスも見当たらない状況である。だが、大抵においてこの手の上司は他者への関心が薄く、こちらの状況について無自覚、無関心なことも多く、自身の欲求に沿う行動を強要することも厭わないだろう。この状況下では、自分＝ゼブラフィッシュの脳内ではストレスホルモンの分泌がとめどもなく続き、時間の経過とともに脳はダメージを受け萎縮していってしまうのである。実際の人間での実験・検証は難しいが、日本の職場のあちこちでゼブラフィッシュと同様のことが起きている可能性は否定できないのである。

「脳にとってはつらい」日本社会

　1980年代まで日本の発展を支えてきた雇用就労慣習は、技術革新や人口構造の変化、グローバル化などによる1990年代からの劇的な社会環境変化にも関わらず未だ堅持されている。経営の面から言えば、この仕組みは経済原則上、破綻しつつあり、経営制約化しているが、かといって社会構造の根幹にもかかわる問題でもあり、そう簡単には変えられずにいる。

　だがビジネス界の競争は激化し、企業は世界で通用する高い生産性を再構築しなければ生き残れなくなってしまった。そうなると日本では簡単に実施出来ない解雇や賃金引下げの代わりに、その賃金に見合うかそれ以上の生産性を上げることを、従業員に強力に迫らざるを得なくなる。とにかく「早く、正確に、最大効率で」結果を出す人間集団を作らないといけないという感覚になる。

　そこで何が起こるか。「モチベーション管理」の章で、人間を動かし行動を促す動機づけ手段について説明したが、特段の技能や人間への深い理解もいらず、最も即効的に人を動かす強力な手段は、「恐怖」や「不安」である。「激しい競争下で、多様性を認め、じっくり話を聴き、人と関わりながら、内面から"やりたい"と思えるような環境づくり…そんなことをやっている暇はない」と考える者にとって、「最も簡単に言うことを聞かせる方法」は、「恐怖」や「不安」を煽ること、なのである。

　「恐怖」と言ってももちろん、「あからさまな命の危険」ほどのものではない。言われたことを頑張らなければマイナスの状況になる、とのことさらな強調により行動を促されるものだ。理解されている実感もなく評価を落とされたり、異動になったり、昇進が遅れたり、担当業務を外されたり、厳し目の叱責が続いたり…だがご存じのようにこれだけでもビジネスマンにとっては十分恐怖なのだ。

　1980年代までの高度成長期は、同じ外発的な動機づけでも賃金や褒賞などの"ニンジンをぶら下げて頑張らせる"ような手法が多かった。だが、1990年代以降、企業などが強く「やらせなければ生き残れない」と考えるほど、「恐怖」や「不安」で動機づける行為はエスカレートしていった。これは一定の効果が出ると、やらせる側から見れば、一種、魔力的で、陶酔感さえも感じさせる怖さがある。

　スパルタ的で、ワンマンな経営手法で鳴らす経営者の中には、そんな陶酔感を感じさせる方も少なくない。確かにそんな企業の従業員は、異論を発することなく、一糸乱れずに同じ方向に向かって行動することで称賛されることも多いが、そんな組織における上司・部下間コミュニケーションの特徴は、次のようなものとなる。

① 単一、画一化された基準による単視眼的評価 ⇒ 上司の一方的価値基準で人間性まで評価される。
② 共感性、親和性の欠如 ⇒「話せばわかってもらえる」実感の喪失。
③ 攻撃的な係わり ⇒「イエス」と言わせるテクニックに走る。相手の事情はあえて聴かない。
④ 心理的安全性の喪失 ⇒ 自分らしさが相手の要求にそぐわなければ不利益を被る。

　これまで見てきた仮説が全て正しいわけではないかも知れないが、これらの仮説の検証に大きな示唆を投げかけるようなサーベイ結果も出ている。米国ギャラップ社が2017年に行った、従業員エンゲージメントの高い社員≒「熱意溢れる社員」の割合についての調査では、日本は驚くことに、熱意溢れる社員（Engaged）の割合はたったの6％で、調査対象139か国中132位という衝撃的な結果であった。

　熱意溢れる社員の割合は米国の5分の1しかなく、「さらに周囲に不満をまき散らしている無気力な社員（Actively disengaged）」は23％と、調査対象国の中ではトップクラスだったのである。

	■ Engaged	■ Not engaged	■ Actively disengaged
World	15%	67%	18%
U.S/Canada	31%	52%	17%
Latin America	27%	59%	14%
Post-Soviet Eurasia	25%	61%	14%
Southeast Asia	19%	70%	11%
Sub-Saharan Africa	17%	65%	18%
Eastern europe	15%	69%	16%
Australia/New Zealand	14%	71%	15%
Middle East/North Africa	14%	64%	22%
South Asia	14%	65%	21%
Western Europe	10%	71%	19%
East Asia	6%	74%	20%
Japan	6%	71%	23%

出典：【経済産業省】参考資料集 令和2年7月　※GALLUP "State of Global Workplace 2017" を基に経済産業省が作成

　これらを踏まえた考察においては、現在の日本の労働環境には次のようなメンタル悪化の要因状況があることが推察される。

メンタル環境悪化を招く要因
◆社会経済状況の劇的変化 ⇒ 企業生存ハードルは過去に経験のない難易度へ
◆雇用調整し辛い労働法制 ⇒ 人員削減し難い環境ゆえ個人に最大の生産性を要求
◆辞め辛い日本的雇用慣行 ⇒ 長期勤続優遇退職金、転職者を依然ネガティブ視
◆恐怖、不安による行動促進 ⇒ 従業員は敏感に察知、生きがいより忍耐・防衛に専念
◆単一価値観を要求、先鋭化 ⇒ 高負荷で歪みやすく、精神的健康を維持し辛い組織

　この状況は、見方によってはマズローの欲求5段階説的に言うと「安全への欲求」レベルでしか動機づけられていない状況ともいえ、短期間で一定の組織目標を達成するには効果的とは言えるが、長期間の組織運営上は、メンバーの逃避的行動のマイナス面が顕著化しやすい。
　しかも、社会に出る直前まで、様々なメディアで広い情報に触れ、個性を伸ばし、自由な価値観の中で伸び伸びと成長するように促されてきた若年層にとって、そのような組織は全くの異次元世界である。
　年功的賃金がない代わりに、初めから高めの魅力的な賃金体系を持ち、

様々な価値観、文化背景を学べて、キャリア上の価値も高い外資系企業も増える状況下で、労働市場にはやや混乱状況がみられ始めている。

スパルタ・パワハラ指導が引き起こす脳のダメージ

　恐怖心によって「言うことをきかせる」「画一的行動パターンを植え付ける」ことは短期的な効果は期待できると述べたが、理不尽な指導に耐え続けさせて指導者の思うままに動く人間集団ができても、それは必ずしも根性がついたとか、能力や人間性が向上したということではない。

　「恐怖」を煽る恫喝的な指導の下、本能的に生活維持手段喪失の不安と危険性を感じ続けたことで、冷静かつ合理的な判断能力が減退し、身の安全を守るため「言われた通りにやるしかない」という心理状態で盲従するようになった結果である。これは、人間の脳が持つ、本能的な生き残りのための危機回避機能を逆手に取ったものということができる。

　この状況が人間にもたらす影響の考察としては、幼少期に親などから大きなストレスを受け続けた子供の例も、参考になるかもしれない。福井大学の友田明美教授らの研究によると、幼少期に激しい体罰を受けた子どもの大脳新皮質の前頭前野は約19％萎縮し、その他複数の脳の部位の正常な発育も阻害されていることが分かったという。

　児童に対してストレスを与える存在は、大抵、親である。児童は親を選べない。また、親は子に対して体格や能力、立場等々、優越しており、弱者である児童は抗うことができない。この場合、その家庭はゼブラフィッシュが天敵と共に過ごす水槽のようなものかもしれない。その親から受ける恐怖は、まさに長期的で終わりのない耐え難いストレスであろう。その結果が脳の萎縮となって表れているわけで、本書でもたびたび触れている、幼少期における自己形成の大切さも踏まえると、恐怖

による過度なストレスが、今日の人間社会においていかに大きな課題となっているかということを痛感する。同時に、職場という環境においても同様のことが起きている可能性を否定できない気がしている。

　これらの場合、そもそも恐怖の指導をしている者の多くは、自分の指導の暴力性を自覚していない。こうした者の多くは大きな権力を持っており、周囲に進言する者もおらず、自分の言動を客観的に振り返る機会がなく、暴力性がエスカレートする傾向にある。これはまさに今、社会問題化しつつある、「パワハラ」の構図である。

　ところが、パワハラ上司の側からすれば、会社の業績向上への責任意識もあって、そのための行動であれば「当然のこと」で、大抵のことは許されるはずと考えている。こうして、プロセス・ロスのくだりでも説明した「ミッション幻想」認識などから無自覚的にパワハラ行為を行いつつ、さらに自身の中の信条、信念（ビリーフ）と結びつけて「正当化」していく。多くの加害上司はむしろ「キツイこともはっきり言っている」ことに陶酔感や達成感、美学すら感じている者も少なくない。
　上司側の「パワハラをしてしまう心理」は、本人の自己概念のあり方や、自己形成のプロセスにも起因する「認識の歪み」によることも多く、現実には部下の側からの働きかけで状況を改善させることは困難である。

　その意味でも、どのみち職場が生涯にわたる快適な居場所を約束することなど幻想となりつつある今日、精神的健康を損ねるまで我慢させることは社会の損失であり、社会システムとして、「逃げられる道」をもっと確保することが喫緊の課題ではないかと感じる。その点でも、日本の雇用慣行は明らかに曲がり角に来ているのではないだろうか。

第16章　人を育て自分も成長する「人材育成」

大切なのに後回しにされる「人材育成」

　中長期的なチームの発展と成長のために、マネージャーが心を砕くべき重要な課題の一つが「人材育成」であることに、異論を差し挟む人はいないだろう。しかし、大切だとは知りながら、一般的な職場においては最も二の次になりやすいものの一つが、「人材育成」だったように思う。

　その大きな要因はやはり、「目標がない」「基準が分からない」「成果が見えにくい」「評価されない」「やり方がよくわからない」「そもそも誰がやるべきなのかわからない」あたりになるだろうか。それでいて、昇進して上級リーダーになると、真っ先に気になりだすのが、「自部署に（真に有為な）人材はいるのか」ということなのである。

　長く組織を見てきて思うことは、組織を強くし、安定した成果を生み続けるためには、やはり「人を育てること」だということだ。どんなに優秀でも、やはり一人でできることには限界がある。実行部分だけ人にやらせて、思考判断は全部自分でしようとしても、現実にはどんな人間も、頭の中で同時に考えられることは1つであり、物理的限界がある。

　リーダーたる自分の代わりに、自分の思考パターンを理解しているチームのメンバーが、大枠の目的、方向性の中で、自律的かつ積極的に課題解決に取り組んでくれることは、想像以上に有難味を感じさせてく

れるものである。その上、メンバーからも、チームの連帯感や達成感の共有など、ポジティブな情緒的報酬を貰うことも多い。後にサラリーマン人生を振り返る時、部下の成長に寄与でき、互いに喜び合えたことこそが最も大切な思い出として、真っ先に浮かぶことも珍しくない。

　プロ野球で活躍し、監督としても多くの選手を育てた野村克也元監督もよく引用していた、明治期の政治家、後藤新平の言葉、「財を残すは下、事業を残すは中、人を残すは上なり」は、多くのリーダーに共通の思いではないだろうか。そこで、本章では、「人材が育つ」環境づくりのために組織のリーダー／マネージャーは何ができるのか、考察したい。

「育てる」のか「育ってもらう」のか〜動機付けとの闘い

　企業の教育責任者の仕事をしていた頃に感じたことは、教育という仕事の持つ"大切さ"と"難しさ"だった。企業の教育ニーズを踏まえた体系を考え、企画を立案することも主要な業務の一つだが、それらの企画はあくまでも日常の業務を離れた、いわゆる"業務外訓練（Off-JT）"で、業務外での教育にあたるものである。咽が乾いてもいない馬を、いくら水辺へ連れて行っても水は飲んでくれないように、ただカリキュラムを用意しても、受講する当事者たちは、それなりに前向きではあるが、「やらされている」感覚が強く、「学んだことを血肉として成長する」決意というか、主体的な情熱を感じることはあまり多くなかった。

　「ありがとうございます、いい気分転換になりました」などと言われると、正直、微妙な気持ちになる。研修等の業務外の教育機会は決して無駄ではなく、やらないよりはやった方が良いし、後々に生きてくるものであることは間違いないのだが、自己の成長においてそれを最大限に生かすかどうかは、あくまでも本人の動機のあり方に委ねられていることを、しみじみ感じたものである。

　その意味では、我々の提供するプログラムの善し悪しより、それ以前の動機づけプロセスで勝負がついている感覚もあり、我々としては「育てる」というよりも、各自の心のありようを必死に考え、そこにそっと火をつけて、彼ら自身の意思で「育ってもらう」よう仕向けるための闘いのような気持ちであった。まあ、そこまで思い詰めても仕方ないのだが、想いは、「教育こそ、組織の将来を左右する、やりがいのある仕事の一つであり、もし、人々に動機を生み出せる自分なりの効果的アプローチ手法を編み出せればそれだけで本望」といった心境でもあった。

簡単には両立しない「仕事のプロ」と「教えのプロ」

　多くの組織ビジネスマンは、企業組織の中の実務を担当し、遂行することを任務とし、人生の大半の時間をそれらに費やしている。とすると、全力で取り組むべきものは自分の担当職務の遂行、であり、（教育を任務とした教育業務従事者の方々は別として）他者への教育がメイン、と明快に言える者は、実際はそれほど多くはないと言っていいと思う。

　当然かもしれないが、企業のリーダークラスの方々で「私は教育者です」とか、「私は教えるのもプロ」という意識の方にはあまり出会わない。

　確かに管理職ともなれば部下がつき、部下育成は管理職の仕事、とはされていよう。だが、それら管理職のほとんどは、他者への教育スキルの高さではなく、営業なら顧客応対、製造なら製造設備とその運転管理など、まずは担当分野での実務遂行者（プレイヤー）としての技量・経験・知識を認められての昇進者であるからだ。

　仮に評価に「人材育成能力」を加えるにしても、評価において、「どれだけ多くの人財を育成したか」の定量的な結果を測ることは難しい。よって、よほど社員教育に熱心な組織でない限り、社員教育はリーダーが自身の興味と必要性の範疇で、自己流で対応していることが多い。そ

んなこともあって、会社側も教育の仕方をリーダー層に「真剣かつ全力で」学ばせていることは少なく、リーダーが責任感の強い実務優秀者であるほど、他人に任せられずに「自分でやってしまう」ことが多い。

　管理職向けの研修のたびに、対象者に人材教育に関する意識について質問するのだが、「十分にはできていない」との回答がほとんどで、その理由としては、「業務に追われ、育成する時間がない」「教えるための費用がとれない」「指導する人材が不足している」「育成してもすぐ辞めてしまう」「新入社員が入ってこない」「自分たちだってきちんと教えられた記憶がない」と、様々に"言い訳じみた"言葉が返ってくる。

優れたビジネスマンは何によって学ぶのか

　だが、現実には教育に対して十分な注力ができていない組織が多くとも、それでも優秀なビジネスマンは頭角を現してくる。そんな彼らは一体どうやって学びを得ているのだろうか。これに関しては、「ロミンガーの法則（70:20:10の法則）」とも呼ばれる調査事例がよく知られている。

　これは、米国の調査会社、ロミンガー社が優れたビジネスリーダーの経験について行った調査で、7割は「仕事経験から」、2割が「他人（薫陶）から」、1割が「研修や書籍から」学ぶ、との結果だったというものである。

　ちなみに各項目は、必ずしも単独で「最も効果のあるものはどれか」ということを意味しているのではなく、この3つが揃ってバランスすることで、効果的な学びに結び付

図表60　ビジネスリーダーは何から学ぶか

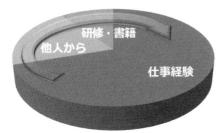

優れたビジネスリーダーは何から学んでいるか
（米国・ロミンガー社調査より）

くものとして提示されている。70：20：10という比率は、実際のところ、米国と日本との社会背景や時代背景などを考慮すると、ある程度幅を持って見る必要はあるだろう。だが、多くの優れたビジネスリーダーたちが、これらの要素の組み合わせを「学び」の上で必須として捉えていること、そして最も主たるものは「仕事を通じた経験」であることなど、ここから得られる示唆には傾聴すべき部分も多いと思う。

　その目で見ると、例えば研修については1割と、一見すれば「なんだ、その程度か」と感じるかもしれないが、1年で2000時間働くとして、20時間も研修を受けても1％、研修が自らの力量に影響を与えた割合が10％というのは、大きいと見ることもできる。また、「他者からの薫陶」は、本書でも触れている「フィードフォワード」や、「客観的自己概念の形成」の必要性から言っても、大変重要であることは言うまでもない。

　つまり、これら3つの要素はそれぞれを補完し合う「3点セット」と言える。経験なくして成長はおぼつかないが、経験がありさえすれば誰でも成長できる訳ではなく、経験の"質"と、サポートする他者の視点（指摘・アドバイス等）も大きなポイントとなる。すなわち、人材育成・開発の上では「経験を通じての効果的な学習プロセス」が欠かせず、そこでの、経験を基にした洞察から法則・原則を導きだすロジカルシンキングと、経験をベースに一定のサイクルを回す経験学習のプロセス思考が必要になる。それらがなければ、経験もただの出来事で終わってしまう。

経験学習モデル

　組織行動学者のデービッド・コルブ（David A. Kolb）は1984年、経験を通じて学んだ内容を内省（省察）し知恵に変換することで確実に成長の糧とし、次の経験に活かすためのプロセスについて「経験学

習モデル（experiential learning model）」という概念を提唱した。

この「経験学習モデル」によれば、人が経験を通して学習するプロセスには、次の4つの要素があるとされる。なお、これらは、体系化・汎用化された知識を受動的に習い覚える、知識付与型の学習やトレーニングとは区別されている。

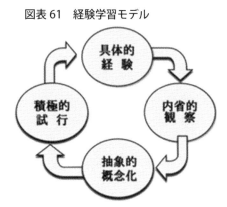

図表61　経験学習モデル

①具体的経験：
（Concrete experience）

対象者が何らかの具体的経験をする。

②内省的観察：
（Reflective observation）

経験を様々な角度から眺め、深く洞察し、内省（省察）する。

③抽象的概念化：
（Abstract conceptualization）

内省によって得た教訓を抽象的持論に昇華し、一般化を試みる。

④積極的試行：
（Active experimentation）

一般化された概念や持論を新たな状況に応用し、実際に試してみる。

この4つの要素を一見すると、ごく当たり前のことを言っているようにも見えるが、実務の最前線で奮闘している多忙なビジネスマンにとって、①の「具体的経験」は事欠かないとして、コルブの言うレベルでこのサイクルを有為に実行していくには、とりわけ②の「内省的観察」と、③の「抽象的概念化」のプロセスをよく理解しておく必要がある。

そもそも企業での仕事は、思いつくままに、好きなことや、やりたいことだけを選択的に経験するわけにもいかず、受け身的に指示された業務をこなす"来た球を精一杯打つだけ"の状況のことも多いだろう。ただ、そうして同じように経験を積んでいるように見えても、その経験か

ら「内省的観察」や「抽象的概念化」によって何を見出すかは、個人の取り組み方により大きく異なってくるところがポイントだ。

　誰しも、ある経験に対して全く無感想、ということは少なく、何がしかの振り返りは行っている。例えば、それが仕事なら、まずは「仕事の結果・出来映え」について振り返るであろう。そして、うまくいかなかった点について、何がいけなかったか、を自分の行動や周囲の状況に照らし合わせ、次回はうまくやろうと考える。ここまでは一般的ではないだろうか。そうして一通り振り返った後は、明日への活力とばかり冷えたビールを飲んでゆっくり寝る、も魅力的なごく普通の日常ではある。

　だが、経験学習モデル的に言えば、さらに深い「内省的観察」に努めることで、次の「抽象的概念化」により効果的に取り組むことができる。
　例えば、前出の仕事経験の例でいえば、出来事をただ振り返るだけでなく、「そもそもこの仕事はなぜ存在し、どんな価値があるのか、置かれている状況はどうであって、今後どうなりそうなのか、一歩下がって別の切り口はなかったのか、また周囲の者の立場や考え方はどうで、自分に求められているものは何か」等々、様々な洞察を巡らせるところまで思考を広げられる者も出てくる。

　このような洞察は、一見複雑そうに見える出来事でも、その背後に潜む基本原理のようなものへの理解を促進し、そこから普遍的な教訓を得ることにつながる。そうして、得られた教訓を次に生かしながら行動をとっていくことで、単調に見えたルーティンワークのような仕事の繰り返しの中にも、成長のポイントを見出していけるようになる。もちろん、このような経験学習のサイクルは、一部の優秀な人間だけの"特殊能力"でもない。そこで、リーダーやマネージャーは、メンバーがそのサイクルへと誘われるような環境づくりを心掛けることが望ましい。

①の「具体的経験」も、メンバーが日々積み上げていく経験なら何でも良いわけではなく、何割かは学習を促す"良質な経験"を積めるように配慮することも必要になるだろう。

　良質な経験とは、"予測し得ない結果をもたらす経験"や、"現在能力の2割増し程度の難易度"などの要素を含む挑戦経験のイメージと言えよう。逆に、マニュアルに縛られ自己判断要素を極力排除した単調なルーティンワークばかりだと、経験学習へと結び付けにくくなってしまう。

　また、②の「内省的観察」（省察）段階での、経験の意味づけ、振り返り、自身への深い問いかけには、直属上司やカウンセラー、同僚、家族など、サポートする他者のサポートも重要となり、できればリーダーやマネージャーは、なるべくそのフォロアーたり得ることが望ましい。そのような意味で考えていくと、リーダー自身の内省（省察）は、さらに大切であることもわかっていただけると思う。

リーダーの「内省（セルフコーチング）」

　時代の変遷に伴う社会環境の変化と共に、人々の価値観は多様化する一方だ。それはリーダーであるあなたの目の前にいる部下たちにも例外なく当てはまる。同じ組織に属していても、各メンバーの価値観はそれぞれ異なり、その違いは今後もより一層大きくなっていくことだろう。

　そのような状況下で、自分の考えの通りに「部下を変えようとすること」は、もはや「危険な行為」と言えるかもしれない。異なる価値観を強制されることによる心理的抵抗感は、反発、逃避、嫌悪、そしてそれに伴うチーム離脱（退職など）と言ったネガティブな反応を生み出し、たとえ受け入れてもらっても、今日その価値観が通用し続ける保証もなく、後の環境不適合を引き起こし、本人や周囲に不幸な状態をもたらす可能性もある。極端な話、同じ気づきでも、人に言われたのか、自分で

見つけたのかによって、モチベーションは天と地ほどに違ってくるのだ。

　リーダーであるあなたが為すべきことは、メンバー各自が自身の経験から自律的に学び、学習し、成長していくための良きフォロアーになることである。そのためには、リーダー自らが常に経験から学び、謙虚に変化し続ける姿を見せられるようになることも必要である。

　業務上の何らかの実務能力、技能が優れていることを買われてリーダーとなったとしても、リーダーに求められているものは、そのような実務能力や技能の高さではない。だからと言ってリーダーになった瞬間に、すぐに良きフォロアーとして行動できるはずもない。リーダー自身にも、良きフォロアーとなるための自律的経験学習サイクルによる学びが、時にメンバー以上に求められることとなるわけで、その意味で、リーダーの深い内省行動は非常に重要なのである。

　前述の通り、「内省的観察」を深めるためには、単に物事の「善し悪し」だけでなく、周囲の事象に対する洞察力が大切となる。この洞察には、単なる業務分析力や専門知識だけではなく、「自分はどういう存在で何をなすべきなのか」といった自分自身への理解、組織や人間の本質理解、社会を俯瞰する視点、自身の実体験だけでなく歴史上の体験に学ぶ視点など、幅の広い視野が求められる。総じて言えば、良きリーダーには「見識」や「志」、そして「人間力」というポテンシャルが求められる、ということになろうか。こういった視座を得る上でも、日々起こる事象を自分事として捉え、そこに「どんな意味があるのか」と自らに問う「内省（セルフコーチング）」の時間を持つことが重要なのである。
　この「内省（セルフコーチング）」力の核心は「自分に問いかける力」であり「問題解決力」ではないので、必ずしも「答え」を導き出さなくともよい。「自分の何が悪いのか」といった、「なぜ」ではなく、「どんな意

味付けができるか」「自分に何ができるか、何が使えるか」「自分はどうしたいのか、どんなリーダーになりたいのか」「どんな選択肢があるか」等々、未来志向での自分への問いかけであり、自分からの質問に答えながら、答えが浮かんだ時の自分自身の心の動きを感じることである。

　もちろん、自分の志や器、人間力等の課題をまざまざと感じ、向き合わなければならないような、必ずしも心地よい時間ばかりとは限らないだろうが、そのような努力がもたらす人間の大きな可能性を信じ、自己信頼を高めることで、自身に飛躍的な成長をもたらすことも可能となる。

```
┌─────────────────────────────────────────────────┐
│ リーダーの「内省的観察」イメージ例                   │
│ ┌──┐ ➤ 一般的な、リーダーの「振り返り」            │
│ │部│   「Aさんはまだ経験不足」「Aさんはああいう性格だから」等々 │
│ │下│     ⇒部下本人の問題、で終わってしまう          │
│ │の│                                             │
│ │A│ ➤ 内省的観察を加えた、リーダーの「振り返り」      │
│ │さ│   「Aさんの失敗を、周囲どう受け止めたのか？」      │
│ │ん│   「Aさんも自分に相談しにくかったのかも？」等々     │
│ │が│     ⇒「自分も関係要因かもしれない」と仮定して、    │
│ │仕│        自分を含めたチーム全体で、"何が出来るか"の目線で捕捉 │
│ │事│                                             │
│ │で│                                             │
│ │失│                                             │
│ │敗│                                             │
│ └──┘                                             │
└─────────────────────────────────────────────────┘
```

「抽象的概念化」とは

　優れたビジネスリーダーの頭の中で、内省的観察によって多角的に考察することで得られた様々な仮定的理解は、次に抽象的概念化能力によって抽象化され、体系的に整理されていく。具体的な物事を抽象的な概念に落とし込むスキルを身につけると、物事の本質をつかめるようになり、問題解決能力の向上も期待できるようになる。

　本書の前段で、経営学者、ロバート・カッツの「カッツモデル」を紹介した。彼が挙げた3つの能力、「テクニカル・スキル（業務を遂行する能力）」「ヒューマン・スキル（コミュニケーション能力）」「コンセプチュアル・スキル（物事を概念化してとらえる能力）」のうち、3つ目のコンセプチュアル・スキルは、まさにこの抽象的概念化能力のことを指している。

　前述の通り、コンセプチュアル・スキルが高い人材は、「本質を見抜くのが得意」「合理的な思考・行動を好む」という特徴があり、話してみると案外すぐわかる。というのも、抽象的概念への転換が上手なので、物事の説明の際、ものの例えや比喩に置き換えることが上手く、話がわかりやすいのである。「見えないものを見る」という点で、人の心を感じ取る共感性の高い人物も多く、話していて楽しい人も多い。このようなメンバーを見つけたら、良質な経験と共に経験学習プロセスを回すことで、大きく成長してもらえるよう、フォローに力を入れたいものだ。

　この抽象的概念化能力は、コンセプチュアル・スキルのところでも説明したように、即効的に身に付くものではないが、個々において的確なトレーニングやフォロアーたちの協力によって磨くことはできる。この分野については様々なメソッドもあり、本書では詳細解説までは触れないが、抽象化と概念化において、筆者も心掛けているチェックポイントを簡単に紹介しておきたい。日常の思考の中でこれらを使って、「もう一ひねり」の深掘りを楽しむのも一興である。

・**客観的事実と感情の分離**　　ありのままの事実を客観的に捉え、「起こったこと」と「自分の感情」を切り分けて考える。

・前提条件を疑う	あたかも当たり前のこととして思考の前提としている条件に、落とし穴があることも多い。一度全てをリセットして、根源から考え直してみる。
・手段と目的の分離	真の目的を実現するための手段行為そのものが、あたかも目的となってしまっていることも多い。根源に戻って、真の目的を考え直してみる。
・(一見無関係な) 情報の統合	"風が吹けば桶屋が儲かる"ではないが、世の中の現実事象は、大抵、どこかでつながっている。情報整理のための単なるカテゴライズの枠に縛られた思考のフレームを外して、一見関係のなさそうな情報も関連付けて考えてみる。

「一皮むけた体験」

　様々な人材の成長過程を見ていると、大抵において一定のペースで成長するというよりは、成長と停滞、時には迷走などがランダム（不規則）に訪れながら成長を遂げている。そして、振り返って見ると、大きく飛躍した人物には、ある時期の経験から後の飛躍につながるような大きな成長のタイミングが存在していたことが少なくない。この一時に大きな成長をもたらす、いわゆる「一皮むけた経験（quantum leap experience）」とはどんなものなのだろうか。

　リーダーシップ研究を精力的に行っている米国のCCL（Center for Creative Leadership）の研究員だったモーガン・マッコールたちによる「一皮むけた経験」研究によれば、調査対象とした米国企業のどの経営幹部にも、何かしら一皮むけた経験があったことが分かったとしている。

　同時に、経営者たちがキャリアのなかで「修羅場経験」を何回かしていたことを確認した。修羅場経験とは、それまでの経験では太刀打ちできないような大変な経験であり、失敗すれば自身も組織も多大な損失を被るような緊張感のあるような経験のことだが、こうした修羅場経験こそが、彼らに一皮むけた経験をもたらす大きな要因の１つであった。

　ビジネスマンの世界における「修羅場経験」を含めた「一皮むけた経験」に該当する仕事経験には、「全く畑違いの領域への配属・異動」「新規事業・新市場のゼロからの立ち上げ」「海外赴任」「悲惨な部門・業務の改善と再構築」「ラインからスタッフ部門・業務への配属」「プロジェクトチームへの参画」「降格・左遷を含む困難な環境」「管理職昇任」「昇進・昇格による権限の拡大」などが思い浮かぶ。共通しているのは「今までとは異なる仕事経験」「新しい経験」「困難な経験」であり、自身の持てる力をフルに発揮することが求められる状況であることだろう。
　人間は、そのもつ筋肉の能力向上と同様に、最大の力を振り絞ることによって、さらに能力を伸長させるようになっているのである。

　ただし、注意が必要なことは、成功者の経験に「修羅場経験が含まれていた」からと言って、大きな困難や苦労を経験すれば「必ず人は成長する」わけではないということだ。「毎日が修羅場のような職場にいる社員は必ず大きく成長するのか」と聞かれれば、「必ず」とは言えない点で答えはNOである。成功者たちは修羅場を経て生き残った側の者たちなのであり、その背後には、修羅場で力尽きた無数のビジネスマンたちがいた可能性も多分にあるわけである。

　では、彼らが、そのようなピンチでさえもチャンスにして成長できた背景には、何か補助要因があったのであろうか。確かに、レジリエンス（ストレスに適応する精神力と心理的プロセス）の個人差もあろう。

だが、見落とせないのは、まず「アドバイスをくれる」「相談にのってくれる」だけでなく、「どこかで自分を見てくれている」「窮地でそっと気づきをくれた」といった人間関係も含むフォロアーの存在、そしてさらに、修羅場を乗り越えるのに必要な能力が、本人の潜在能力を全くかけ離れるほどの大きさまでのものではなかったこと、であろう。

　結果論かもしれないが、彼らは持てる力の少し上の能力が求められる修羅場で、時にフォロアーの支えも得て奮闘し、自身に能力の一定程度以上の負荷をかけ続けることで「一皮むけた」と言えよう。
　逆をいえば、一般的な人間の最大能力範囲を超えない範囲での修羅場経験で、現在能力を少しストレッチさせる挑戦経験は、「一皮むける」成長をもたらす可能性が高いわけで、これらの研究以降、期待する従業員には、意図的に修羅場経験を積ませる、「ストレッチ」という人材育成概念が定着することにもつながっていったのである。

　そうして、複雑な仕事に従事し、高度な能力を示す熟達者たちも、自身の能力よりも少し難易度の高い課題を自身に課し、時間をかけ試行錯誤しながらスキルを向上させる「熟慮された鍛錬（Deliberate Practice）」を通じて学んでいることが、フロリダ州立大学のアンダース・エリクソンらの行った「熟達化に関する研究」で確認されている。

　さらに、世界的なアスリート、音楽家、チェスプレイヤーなどの熟達者は、並みの人たちとは鍛錬する時間数が全く違っていたことも確認された。そして、併せてその際に欠かせないのが、伴走してくれる優れたコーチであった。コーチから的確なフィードバックやアドバイスを貰い、時に精神的な支えを得ることで苦労のプロセスでもある鍛錬を乗り越え、彼らは人並み離れた領域へ到達していたのである。

成長を阻害する「学習性無力感」

　自己啓発セミナーなどで、よく引き合いに出される題材に「ノミの実験」というものがある。ノミは昆虫の一種で、元来、自身の体長の150倍もジャンプすると言われており、30 〜 40cmは跳ぶとされている。だが、このノミを20cmほどの瓶に入れ、ガラスの蓋を被せると、最初こそガラスの蓋にぶつかるジャンプをするものの、次第に蓋の高さまでしかジャンプしなくなり、今度は蓋を外しても蓋のあった高さまでしか飛ばなくなるという話である。どことなく寓話的で、実際の科学的実験の結果の話かどうかは不明だが、知らず知らずのうちに自分に「見えない枠」を設定し、自身の能力を低く見積もりがちな日本人ビジネスマンの姿がダブって見える、ということで共感を得て、広く引用されている。

　組織特有の価値観に染まり、同調圧力の下で周囲の目を意識し、リスクや失敗を恐れチャレンジしない上司や先輩、同僚と共にしがらみの中で過ごしていると、"蓋をされた瓶"の中のノミのように「必要以上に跳んでもムダだ」という、一種の「心理的限界」が無意識ながら形成されてしまう。一旦そうなると、たとえその組織の枠やしがらみが消えても一向にチャレンジしないという、日本人ビジネスマンの典型的イメージが、確かに連想されてくる。

　このように、努力しても変えられない、回避できないと感じる状態が長期間継続すると「何をしても無駄」だと学習し、自発的に行動できなくなることを、米国の心理学者、マーチン・セリグマンは「学習性無力感」と呼んだ。近年、明らかなストレス増加状況にある日本のビジネスマンたちも、天敵と共に水槽に入れられてしまったゼブラフィッシュのように、この「学習性無力感」から深刻な危険の回避行動すらしなくなり、「自力での事態打開など、自分には無理だ」と考え、成長への欲求すら失っ

てしまっていることが決して珍しくないように思われる。

挑戦的ストレッチを可能にする「自己効力感」

　だが、このノミの寓話には続きがある。瓶の中で過ごし、能力いっぱいまで跳ぶことを忘れたノミたちが、「ある出来事」で再び能力一杯まで跳ぶようになるというのである。答えは単純で、瓶に入っていなかった普通の元気なノミと一緒にしてやるのだ。そのノミが能力いっぱいに挑戦して思いっきり飛ぶ姿を目の当たりにすることで、跳べなかったノミたちも、再び「自分はやれる」という感覚＝自己効力感を取り戻し、元通り、精一杯ジャンプするようになる、ということだという。

　本当に他のノミを見るだけでそうなるかはよくわからないが、確かにこの「自己効力感」は大切である。カナダの心理学者アルバート・バンデューラが提唱したこの「自己効力感（セルフ・エフィカシー self-efficacy）」は、「自分が取り組むことに対する『できる』という感覚」のことで、言ってみれば「自身に対する信頼、自信」である。

　自己効力感は、学習意欲やストレス耐性、業務成果などに強く影響するもので、経済界のみならず、スポーツや芸術などの世界も含め、その人以外ではできそうもない偉業を達成した人たちの多くは、この自己効力感が高かったことが分かっている。筆者の周囲でも、抜きんでた結果を残す人たちは、普通の人間なら周囲の状況などから「ちょっと無理かな」と考えるような状況下でも、なぜか「自分はできるから」と、不安を感じたり逡巡したりする様子もなく、嬉々としてチャレンジしていた。
　傍で見ていて"こりゃ大変だな"、と思う状況にも見舞われるのだが、諦めずに延々とやっている。脇から見つめてきて思うのは、大きな成功の成否を分けるのは、才能もさることながら、このもはや根拠もよくわ

からないほどの「自己効力感」の大きさだったんじゃないかと思う。

　確かに、筆者の半生を振り返ると、大事なところで「そりゃ普通、無理だ」と自分に言い訳しては、失敗リスクを恐れチャレンジから逃げた記憶が苦々しさと共に蘇ってくる。バンデューラは言っている。「自己効力感の強い人は、人間として成就することや個人のウェルビーイングをいろいろな方法で強めていく。あることに関しての能力を確信している人は、困難な仕事を、避けるべき脅威としてではなく、習得すべき挑戦と受けとめて進んでいく」。では、彼らはそんな自己効力感をどうして身に付けたのだろうか。

　元々持っていた"天賦の才"なのだろうか。それもあるだろうが、多くのケースにおいて、良きフォロアーの存在が影響しているように思う。それは時に親であったり、先生、コーチや、上司であったりする。バンデューラは、以下のように自己効力感を高めるための4つの視点を挙げているが、良きライバルたちのいる環境にあえて身を置き、少しだけストレッチした課題へチャレンジしながら成功体験を積み重ね、ポジティブなフィードバックなどで他者からの承認を得ることで自己効力感を高めていくためには、やはり良きフォロアーの存在は重要である。

　組織リーダーやマネージャーは、自身の成長と共に、良きフォロアーとしてメンバーの自己効力感を高め、効果的な経験学習のサイクルを回すようサポートすることも、その重要な役割であることを忘れてはいけない。

自己効力感を高める4つの視点
(1)「直接的達成経験」：成功体験を積み重ねていくこと
(2)「代理的経験」：他人の成功体験を見たり知ったりして自己効力感が高まる
(3)「言語的説得」（社会的説得）：他人に「君はできる」と励まされること
(4)「生理的情動的状態」：心身を健康な状態に保つこと

第 17 章　ライフ・マネジメント

大切な「人生のマネジメント」

　現代社会において、職場は人生の大半を過ごす場所ともなっている。特に、世界でも珍しい終身雇用制をベースとする、日本的企業社会の中で生きてきた世代にとって、人生を振り返る時に頭に浮かぶのは、職場で過ごした日常の思い出ばかり、という人も少なくないと思う。

　今も、1980 年代生まれくらいまでの世代には、「できれば定年まで今の職場で全うしたい、他の職場を探すなど考え難い」という意識の方も多いだろう。だが、激化するグローバル競争の下、企業側に終身雇用を維持する体力はなくなってしまった。企業存続のための早期退職募集も当たり前となり、たとえ 20 年以上勤め上げても、自身の意思に関係なく会社から退職を切望されることは、ごくありふれた光景になった。

　その一方で、日本人の平均寿命は延び続け、2019 年の調査では、女性は 87.45 歳、男性でも 81.41 歳まで到達している（図表 62）。つまり、人生は長くなったのに、そのまだ半分過ぎの 40 代で、「もういらない」とばかりに望んでもいない形で追い出される、あるいは追い出されるかもしれないという現実に向き合わざるを得ないのが、今のミドル層の現状なのである。考えてみて欲しい。40 歳過ぎまで一企業の内側だけしか見ずに、言われるとおりに頑張ってきた者にとって、突然、外の世界

で戦う本物のファイティングスピリットが湧くだろうか。筆者自身も経験があるが、これは相当にショッキングな出来事だ。

図表 62　平均寿命の推移

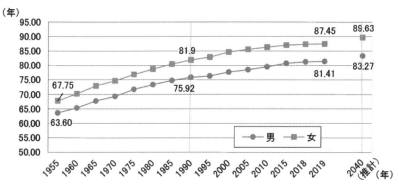

資料：2019年までは厚生労働省政策統括官付参事官付人口動態・保健社会統計室「令和元年簡易生命表」、
　　　2040年は国立社会保障・人口問題研究所「日本の将来推計人口（平成29年推計）」における出生中位
　　　・死亡中位推計。

　「ちょっと待て、今や人生 100 年時代、70 歳まで働ける社会になるはずでは」という声もあるかもしれない。確かに、70 歳まで働いてもらおうというのが国の目指すところでもある。ただこれには事情もある。

　ただ何もせずに家にいれば、精神のハリが失われ、健康も損ねやすく医療費もかかる。大幅な人口減少下の顕著な長寿化は、年金や健康保険などの制度インフラ破綻懸念も伴う。どうせ長生きするのなら、働くことで生きがいをもって体を動かし、心身の健康を維持しつつ、社会保険料もしっかり入れてもらいたいという、切実な事情があるのだ。

　企業側の内情は、そもそも高賃金な 40 代以上を減らさないと戦えないほど苦しい訳で、少しでも余計なコストは切り詰め、出来れば人材も若返りさせたいのだ。確かに少子化・人手不足の世、健康な高齢者が安い賃金でも素直に働いてくれるのなら、継続して働いて欲しいという

ニーズは必ずある。しかし以前のような年功賃金で、何らかのポストを
用意してでも、などという働き口は、望む者の数ほどには存在しない。

　ネット上の転職サービスも充実しつつあり、何らかの職には就けるだ
ろうが、当然ながら、そこに以前のような賃金やポストといった環境は
ない。ただでさえ新しい仕事の内容もよくわからず、人のつながりも少
なく、組織の風土に馴染むのも時間がかかる。年下の上司の下で、若手
社員とも仲良くして色々教えてもらわないといけない。まあそれでも家
族の顔を思い出して、歯を食いしばり何とかやっていくしかない。

　考えてみると、昔なら60歳になれば年金も貰えて、そんな世界はいず
れにしても卒業できた。それが、いまや年金は減少傾向で65歳までは貰
えず、国は「70歳まで働いてくれ」というのである。これは長いし、キツい。
　「60歳以降も誰に遠慮することなく、これまでと変わらぬ専門技能を
生かした仕事をこなす」という職種の人は良いかもしれないが、そんな
人ばかりではない。幸運にも早期退職などに出くわさず、一つの企業で
70歳までいられる見込みはあっても、早い段階でポストから外され、給
与は下がり、「昔の上司だからなぁ…」と何となく気を遣われながら、70
歳まで働き続けることに、ワクワクしろというほうが酷だろう。こうな
るともう、一体何のために働いているのか分からなくなってしまう。

　でも、事前準備もなく、退職後にやりたいことなど簡単に思いつく訳
でもない。その上、どことなく同調圧力を感じやすい日本人にとって、
皆が働いているのに自分だけ働いていないのは不安だし、やりたい仕事
でなくとも、とりあえず何かしら働いていないとどこか恥ずかしい、と
いう気持ちすら持っている。子供たちに面倒を見てもらおうにも、子世
代の賃金も下落しているし、少子化で子供そのものがいない。さらに国
家の経済運営が芳しくなければ、更なる年金減額も絵空事ではない。

　それでも、現実社会の中で人生は続くことは間違いない。これからの人々にとっては、そのような現実に少しでも早めに気付き、その先のビジョンを持った人生のマネジメント力をつけて、変化にも逞しく対応し生きていくことが求められてくることは、十分ご理解いただけると思う。

必要になってくる人生の「自己コントロール感」

　振り返ると、世界でも類を見ない高度成長の中で、多くの日本人には、社会に出ていくことに「レールに乗る」感覚があったように思う。なるべく良い学校を出て、なるべく安定した良い企業に入り、なるべくいいポストまで頑張り、いい塩梅の年齢でリタイアし、年金をもらって悠々自適に暮らす、これがゴールデンコースだったし、大体の人は乗れる感覚があった。その上、レールというものは行くべき先は決まっているもので、どこへどう行くかはお任せしていれば良かったのだ。

　だが、今日、そんなレールはなくなってしまった。何を頼りにどこへどう行くか、は自分で考えなければいけなくなったのである。ただ、この状況は他国に目を向ければ、ある意味「当たり前」のことで、むしろ考えていないことの方が不自然であり、これまでの日本が特殊だったという見方もできなくない。そんな変化の到来はある意味、予想されている未来であるため、未来志向で人生を切り開いていこうと考えるなら、予測される状況に逸早く対応し、準備していく必要がある。

　これは見方を変えれば、予め敷かれていたレールから、自分の人生のコントロールを取り戻すことに他ならない。これまでの文脈から、どことなく悲劇的にも聞こえてしまうが、自身の創意工夫次第で自分らしい人生を生み出していく楽しさを感じられる可能性がそこにはある。それを辛いと思うか、楽しいと思うかはその人次第なのである。

欲しいのは「自身らしく伸びていくことができる場所」

　筆者の感覚ながら、1990年代以降に生まれた若年世代は、接してみると、すでにその感覚を持っている気がしている。「いつどうなるかわからない人生、自分にとって価値のある経験をさせて欲しい、その代わりキャリアは自己責任で切り開きます」という意識の者も増えているのではないだろうか。

　だから彼らは、会社選びも、「自分らしく働けて、成長できるか」を注視して選んでいて、「雇われうる力＝エンプロイヤビリティをしっかり身に付け、必要ならば転職も辞さずに、自分の人生は自分がデザインしていく」覚悟を持っている。そのため、単純に出世できるかどうかよりも、「何を学べるか」をストイックに希求するとともに、今この職場で、働く意義や、やりがいを得たいと考えている者も多い。

　確かに、早く実力をつけたいと焦る面もあって、旧世代側は、「石の上にも三年というではないか、そんなに焦って選り好みせず、まずは与えられた仕事での下積みから始めよ」と諌めるのだが、全く相容れず、退職してしまうという残念なミスマッチも、時に生じている。

　とはいえ、旧世代では有効だった、「言われたことを頑張っていけば、いいポストや報酬を貰える」という、報酬やポストがメインの外発的な動機よりも、自分の望む未来のために早く実力をつけたいという内発的な動機はむしろ純粋で、自身の自己実現を見据えている分だけ持続性もあり、これからの日本の成長のためには必要な事のようにも思われる。

　いずれにしても、やはり両者が社会的背景も理解し合って協力していくことが望ましいが、本来、年かさの分だけうまく対応すべき旧世代の方が、その背景を理解できずにひずみが解消できないことは、今後の日

本経済界のためにも何とかしていかなければならない。

　旧来の感覚のまま、「しばらく我慢すれば、いい給料と肩書も付くぞ」と外発的な動機づけ一本鎗で、都合よく仕事をさせようとしようものなら、若年層に更なる失望を与えてしまう可能性が高いだろう。

　新世代にしてみれば、わがままで仕事を選り好みしているというよりも、生きていくために、「やりがいのある仕事」と「働きがいのある職場」で「生き残るための実力をつける」ために必死なのである。

　そのような世代の優秀者を惹きつけるには、高い報酬や会社のステータスよりも、「自身らしく伸びていくことができる職場」こそが最大の魅力となる。だから、「給与は高いが心理的安全性のない職場」よりも、「給与はそれほどではなくとも、伸びていけそうな心理的安全性の高い職場」の方が、結果的に優秀な人材を集めていくことにもなる。

人生を過ごす場としての職場

　社会人が職場で過ごす時間は非常に長い。そんな職場での時間が、心理的安全性のない、ただ生きるための報酬を得るだけの時間であったら、リタイア後、自己の人生を振り返るたびに大きな虚無感に苛まれることになってしまうかもしれない。それは、今まさに問題となりつつある、50代あたりで働く意義や自己のアイデンティティを見失うような、「ミッドライフ（中高年）クライシス」の形で現実化しているようにも思える。

　考えてみれば、職場は、「人生の一番いい時間」の大半を過ごす場所でもある。その意味では、「労働力を提供し対価を得る場所」であるだけでなく、「成長と共に人生を味わう場所」でもある。ある程度の年齢になれば、誰しもが大なり小なり思うのは、人は年齢を重ねるほど、味わいのある人生を感じられる場所にいたくなる、ということでもある。

人間が年齢の呪縛から逃れられない生き物である以上、年齢によるものの感じ方の変化は避けようもなく、むしろそれが一種の風流となって人の人生を彩っている。

　今この時代、一つの職場で職業人生を全うすることはもはや難しいかもしれないが、働きがいのある職場には、「仲間との協働作業での目標達成による感動」や、「いい職場にいるという満足感」がちりばめられている。それぞれの職場での人と人との出会いを大切にし、仕事を通じて社会を知り、今まで知らない自分を発見するという喜びを見つけることはできるはずである。

　筆者にとって人生は、一度きりの四季に例えられるように感じている。人は人生の変化の中でそれぞれの季節を生きていて、一度過ぎた季節に戻ることはできないが、その季節ごとの喜びや楽しみがある。季節に抗わず、その季節にふさわしい喜びや楽しみのために精一杯生きることが、後悔の無い人生のためには重要だと感じる。

　そう考えれば、一番脂がのって生命力がみなぎっている、職場での時間を、その季節にふさわしい形で充実させ楽しんだ方がいい、いやむしろそうあるべきだと強く感じるようになってきている。

人生の四季

春… 生まれてから少年期まで「新芽の季節」

夏… 青年期から30代「太陽の季節」

秋… 40代から60〜70代「実りの季節」

冬… それ以降「風流と悟りの季節」

職場は本来、多様な価値観が出会う場所

　戦後の高度成長期までの日本は、国民を強力な外発的動機づけによってモティベートし、驚異的な成長を成し遂げてきた。目に見える所得水準の上昇や、家電、マイホームに乗用車といった、モノの獲得など、わかりやすい指標で成長の成果を競い合い、相乗的に意欲が向上し、成長が促されてきた。この強烈な成功体験に後押しされる形で、賃金やポストによって長期にわたり動機づける、企業の内部競争システムも構築され、長く従業員の競争意識を煽ることで労働生産性を向上させてきた。

　だが、国の経済が低成長に移行し、必ずしも全ての企業において高い昇給は維持できず、ポストの数も増えるところか縮小し始めると、当然ながら以前ほどの果実の提供は難しくなってしまった。とはいえ、雇用慣行も含め、賃金やポストで競わせるスタイルは変わらず運営され、しかもその競争意識のまま定年延長を重ね勤続年数を伸ばしていったために、果実もないのに長く厳しくなる競争に疲弊する者が増えている。

　そうして歯を食いしばって競争に明け暮れた後に迎えた50代で、自分の人生にふと、「何の価値があったのだろう」と虚無感に襲われる心理は理解に難くない。それでも長寿社会では、まだまだ生きていかなければならない。情熱は失われ、日々の仕事が億劫にもなる。それでも生活や世間体を考えると、簡単に辞めるわけにはいかない。

　こんな時にこそ、人生の再生マネジメントは始まる。再生マネジメントはまず、ものの見方、価値観の転換から始まることも多い。職場は本来、様々な人が集い、多様な価値観が出会う場所でもある。その気になれば、様々な人の生きざまを見つめることもできる。

ニーチェが言ったように、物事には絶対不変な良し悪しがあるわけではなく、あるのは「解釈」である。自分は「勝った」のか、「負けた」のか、そのどちらでもないのか…解釈するのは自分なのだ。本来、社会という場所は、人に順位をつけるための場所ではなく、集団、チームで努力し、ともに幸せを享受する場所であってもよいはずなのである。

計画された「偶発性」がチャンスを作る

　「計画された偶発性理論（Planned Happenstance Theory）」というキャリア理論がある。個人のキャリア形成は、予期せぬ偶発的な出来事に大きく影響されるものであり、その偶然に対して最善を尽くし、より積極的な対応を積み重ねることでステップアップできるという考え方で、米スタンフォード大学の教育心理学者であるジョン・D・クランボルツ教授（John D. Krumboltz）によって1999年に提唱されたものである。

　クランボルツ教授らが米国の一般的な社会人を対象に行った調査によると、18歳の時になりたいと考えていた職業に、現在就いている人の割合は、全体のわずか2%にすぎず、社会的成功を収めた数百人のビジネスパーソンのキャリアを分析したところ、約8割の人が、「自分の現在のキャリアは予期せぬ偶然によるものであった」と答えたという。

　VUCAの時代、将来を予測する事は非常に困難である。激しい変化の中、綿密にキャリアを計画し、固執することはむしろ非現実的とも言えよう。そのような時代環境では、長い人生時間を、遠い過去に決めただけの目的意識や意思決定にこだわり、一つの仕事や職業に執着することは、眼前に現れる予想外の機会を見逃し、豊かな可能性を捨ててしまうことにもなりかねない、とクランボルツ教授は指摘している。

　成功者の８割が、予期せぬ出来事や偶然の出会いによってキャリアが形成されたと感じているように、人はその人生に起こる偶発的出来事を避けるより、むしろ自らその機会を創り出せるように積極的に行動し、周囲の出来事に耳を澄ませ、楽しんで偶然を意図的・計画的にステップアップのチャンスへと変えていく姿勢こそが求められよう。これは、何よりも人生の再生マネジメントにおいて、最も重要なことでもある。

人生は競争が全てではない

　現代の社会においては、多くの人が人生を競争と見なしている。幼い頃からあらゆることで競争させられ、勝てば褒められ、負ければもっと頑張れと努力を促され、勝つためには何々をせよと動機づけられてくれば、そうなる。企業社会ではそれがさらに強化され、企業間競争に勝たなければ意味がない、従業員は結果を出さなければ意味がない、とまで言われることも珍しくない。それほど競争はありふれたことだが、だからといって、実のところ競争することが当然ということではない。

　本来、生き物としての普遍的な人間性の観点では、必ず競争に勝たなければいけないわけでなく、仕事が最速でなければ価値がないわけでもない。アドラー心理学者のリディア・ジッハーは、「競争はありふれたこと（usual）ではあるが正常（normal）ではない」「人間は協力し貢献するものであって、生まれながら協力の感覚を持っている」としている（The Collected Works of Lydia Sicher）。

　もし、親が、勉強ができることに価値があると考えていれば、成績がよい子供を褒め、成績のよくない子供は叱りつけるかもしれない。そのため、兄弟間で競争関係が生じるものの、兄や姉があまりに優秀であれば、勉強では勝てないと思って勉強しなくなってしまうこともある。

だが、勉強は本来、競争のために行うものではない。自身の内面にある好奇心を満たし、新たな世界を知る喜びを感じたり、やりたかった何かをできるようになる喜びを感じたりするためのものでもある。勝つから勉強する、負けるからしないというものでもない。スポーツや芸術で努力し力を発揮することも、根本的には同様である。

　以前の日本社会では、わかりやすく、「いい大学へ入る」「いい企業に入る」「いいポストを得る」という単一的な価値観に基づく単純なレールが存在したために、そのレールに乗る競争の勝敗だけが人の価値になってしまうきらいもあった。

　そんな競争に囚われると、「勝てる自分であること」に執着し、競争に打ち勝って結果を出すためには、どんな手段を使ってもいいとまで考えてしまうことにもなりかねない。そんな競争への執着心の強い者ほど、役員ポスト争いの敗北など、人生の後半に訪れる決定的な敗北に心が折れてしまうことも少なくない。

　敗者がいるから勝者がいる。全てにおいて勝ち続ける人生を得ることはなかなかに困難である。行き過ぎた競争は、精神的健康を最も損ねるものだ。自分は負けてはいけない、常に一番でなければならない、あるいは、そうであることを他者から期待されていると考えている人間は、内面ではいつも戦々恐々としながら生きているのである。

　そう考えると、「出世だけに拘らず、自分らしく生きるために自分を伸ばせる環境で頑張りたい」という新世代の若年者の感覚も、競争で負けがついてしまう恐怖ゆえの「逃げ」でない限りは、肯首できる気もする。これからの職場は、そんな「単純競争では括れない価値観」も理解し、多様な価値観を力としていく努力が求められるように思う。

　人は生まれ、いずれ死に至る。これはどんな人間も避けられない運命である。そしてその有限な時間を、変化し続ける心と体の状況に合わせた生き方で、有意義に全うするのが人生である。充実した体力で競争していられる時間ばかりが、人生のすべてではない。

　心身ともに伸びゆく成長の時期、体力も充実し、自己確立に向かって全力で戦う時期、学んできた叡智によって充実感、満足感を感じつつ次世代をも育む時期、体力の衰えを受け入れながらも、人生の風流を楽しみ味わう時期…。あたかも四季を味わうかの如く、その時期ならではの過ごし方がある。ある時期のこだわりだけに執着し続けることは、そのような四季に合わせた無理のない生き方を強引に放棄するようなもので、どうしても不自然さや無理が生じてしまう。

　だが、現代を生きる我々は、「仕事上の昇進」など、本来、人生のある一時期だけの目標追求であって、自分というものの一側面でしかないものを、人生の価値そのものの如く過度に依存してしまうことが少なくない。特に、近年の日本社会のように、努力し、競争し、勝利することにこそ価値があるというプレッシャーの高い世界で、真面目、かつ勤勉であろうとする日本人にとってはむべなるかな、であろう。

　だが、健康寿命が延びた現在、「仕事後」の長い時間が待っている。本来その時間は、やっと築いた経済基盤の上で、人生の楽しさを満喫する黄金の時間であるべきだろう。ところが、どうもビジネスマン上がりの日本人は、心のハリを失い、生きる目的、場所を見失い、やりたいこともなく茫然としたり、現役時代の肩書などのプライドにこだわるあまり、傲慢な態度で他者に迷惑をかけたりという者が少なくない。挙句、コミュニティに溶け込めず、孤独死に至ることにでもなれば、現役時代の華々しさがあればあるほど、どこか哀しく感じるのは筆者だけだろうか。

健康なパーソナリティの規準

　米国の心理学者、ゴードン・オールポート（Gordon Allport、1897-
1967）は、健康なパーソナリティを得る規準として、次の6つを挙げて
いる。これらは、過度の競争主義や、単一的な価値観に基づく極端な優
劣感情などに囚われたりすることなく、限りある人生を、有意義に幸福
感をもって生きるためのヒントにもなるため、記しておこうと思う。

➢ **自己意識の拡大**　自分自身にのみ向けられていた関心を、家族、異性、
　趣味、政治、宗教、仕事へと拡大して、これらにどれだけ積極的に
　参加し、自己意識をどれだけ拡大していくか。他者の幸福を自身の
　幸福と同一視できるほど、重要視できるか。
➢ **他人との暖かい人間関係の確立**　他者に対して、どれほど深い愛情
　を持って親密な関係を築けるか、他者の生きる状態に敬意を払い、
　理解、共感することができるか。
➢ **情緒的安定**　欲求不満の状況でもそれを受容するとともに、その状態
　を適切冷静に処理し、安定した精神状態を保つことができるか。
➢ **現実的知覚、技能および課題**　歪曲されない正確な現実認識と、真
　実追求への構えをどれほどもっているか。
➢ **自己客観化、洞察とユーモア**　自分自身とは何か、自分自身が持っ
　ているものは何か、他人は自分が何を持っていると思っているのか、
　といったことを客観的に知り、洞察しているか。この洞察とユーモ
　ア感覚は強く関連している。
➢ **人生を統一する人生哲学**　人生をいかに生きてゆくか、という目標
　への指向性をどれほど明確にもっているか。そして、自分の生き方
　に一貫性を持たせる哲学や価値観をどれだけもっているか。

おわりに

　人生における究極の目的は何か、と考えるとき、漠然と「成功と幸せを得ること」という思いが頭をよぎる。それでいて、我々は「どうなれば成功で、どのような状態になれば幸せなのか」のしっかりしたイメージ像を意外なほど持てていない。仕事では「目標を明確にし、方針を立てて優先順位をつけ、着実に実行すること」と、あれほど言われているのに、一番大切な自身の人生についてはどうにもぼんやりしている。

　確かに人生 100 年時代、そんな先のことまで見通すことはかなり困難ではある。だが、職場で組織のマネジメントを考える年恰好にもなれば、たとえ変化の多い状況下でも、そのような変化に対応しながら、大きな目標に向かって状況を良い方向へコントロールすることの大切さと、その手法については、それなりに意識と関心を持たれていると思う。

　今日の、混沌さを増す一方のビジネス社会において、誰かの指示のままに、昨日と変わらない仕事を繰り返しているだけでは、変化に対応していけないことは多くの人々が理解している。だが、日本人ビジネスマンは、学校を出て就職する際に「どうしようかな」と一通り考えただけで、その後は入った企業組織から言われるままに仕事をし、時を重ね、それがいつの間にかキャリアと称するものになっている（と思っている）方が多いように思う。

　確かに、かつてはこれと言った人生の目的がなくとも、入った企業 1社で定年を迎え、その後は年金で悠々自適に暮らせればそれが幸せ、という半ば固定的なイメージがあった。そんなイメージの下で言われたこ

とをこなす受け身の人生でも、さほど大きな苦難はなさそうだった。

　ただそれは、戦後日本の高度成長期という、特異的な状況下でのみ実現できた環境だったことが今になって痛感される。打って変わって低成長の社会環境となった今日の日本社会では、企業組織から言われるまま働いていても、夢の定年ライフにたどり着ける保証は何もない。それどころか、人によっては、夢見た定年ライフは、たどり着いてみれば孤独と貧困の世界だった、ということすら現実となり始めている。

　そろそろ、第2次世界大戦戦後の日本の奇跡は歴史本の中にしまって、今日の国際環境における現実世界に、再び強く歩みださなければならない時ではないかと思う。世の仕組みや技術は変っても、変わらないものがある。それは人間の心理である。紀元前のローマ帝国において、辺境の地に赴いた名もなき戦士たちの日記を見ると、驚くほど今日の我々と同じようなことをぼやいている。どんな時代でも人間が集まり、力を合わせて大きな成果を生み出すための原動力は、人間のポジティブな心である。自分を含め、多くの人の心をポジティブに保ち、やる気を一つにまとめ、大きな力とすること、これこそ、組織心理マネジメントである。

　本文でも述べたが、グローバルレベルでフラット化した今日の国際社会では、この組織心理マネジメントの良し悪しが企業、社会、国家の命運を左右することとなろう。幸い、日本は民主主義を高いレベルで維持し続けるだけの高い「民度」を持っている。高いレベルの組織心理マネジメントには、洞察による自己理解や社会観、人生観、さらには道徳観や利他的な心といった概念的＝コンセプチュアルな能力が求められるが、これこそ高い「民度」があってこそのものである。

　現在、日本の産業界は苦しんでいる。劇的な社会経済環境の変化に対し、社会心理面でのパラダイムシフトは道半ばだ。雇用構造や就業観、

自律的なキャリアマネジメント風土の確立など、成し遂げなければならない変革はまだまだ盛り沢山だろう。ただ筆者は、我が国の素晴らしい民度の高さを信じたい。近年の若者の中には、リアルな現実認識を基に合理的、自律的なキャリア形成を図りつつも、熱さや優しさのまなざしも持ち合わせた非常に優秀な者も数多く存在する。

　人間はある程度の年齢になると、自身の人生の残り時間がそう多くないことに気づく。すると、不思議と誰かのために何かを為しておきたいという気持ちが湧いてくる。自分の子、孫はもちろん、社会や国への想いも強まるものだ。筆者も齢を重ね、何か役に立てることはないものかと自問自答することが増えた。そのような想いの中で、自身が悩み、苦しみながら学んできたことが、一人でも二人でも誰かの役に立てるのであれば、という思いに駆り立てられて、本書を記した。

　思えばこれだけの劇的な社会変化は、見方を変えればチャンスの宝庫、でもある。変わらない人間心理への深い理解を武器として、この大変革の世を大きなチャンスに変えられるかどうかは、我々のちょっとした準備と心構えにかかっている。その意味でも、もし本書がその役に立てるのであれば、それだけで望外の喜びである。そうして、本書を手にして下さった皆さんには、これからの日本社会、あるいはグローバルな人類の幸福のためにも、ぜひこのチャンスを大いに楽しんでいただき、素晴らしい人生を歩んでいただければと、切に願うものである。

　なお最後に、本書の出版を快諾して下さった公益財団法人富士社会教育センター理事長の逢見直人氏と、編集をご担当いただいた同センター理事の萩原広行氏に、心から感謝と御礼を申し上げます。また、執筆中に筆者の足元でいつも見守ってくれていたものの、完成を見せることができなかった愛犬にも感謝の思いを捧げたい。

［著　者］

黒澤 克彦（くろさわ　かつひこ）

1965年生まれ、神奈川県出身。大学卒業後、日系大手の素材メーカー、液晶メーカーを経て、自動車部品メーカーで人事部長、産業用設備メーカーの管理部長、機器メーカーの取締役などを歴任、現在は組織人事分野を中心とした執筆、教育活動等に注力している。

E-Mail：ankake-com@memoad.jp

激変時代リーダーの
ヒューマンマネジメント

2023年6月10日　初版発行

著　者　　黒澤克彦

発行所　　公益財団法人富士社会教育センター

〒101-0024 東京都千代田区神田和泉町1-12-15 O・Sビル3階
電話 03-5835-3335

印　刷　　株式会社丸井工文社